KB213935

백마 탄 왕자들은
왜 그렇게
떠돌아다닐까

다른 이야기 다른 역사 시리즈

백마 탄 왕자들은
왜 그렇게 떠돌아다닐까

2024년 10월 17일 초판 1쇄 인쇄
2024년 10월 25일 초판 1쇄 발행

지은이   박신영
펴낸이   조시현
기 획   정희용
펴낸곳   도서출판 바틀비
주 소   서울시 마포구 동교로8안길 14, 미도맨션 4동 301호
전 화   02-335-5306
팩시밀리 02-3142-2559
출판등록 제2021-000312호

홈페이지 www.bartleby.kr
인스타   @withbartleby
페이스북 www.facebook.com/withbartleby
블로그   blog.naver.com/bartleby_book
이메일   bartleby_book@naver.com

ⓒ 박신영, 2024
ISBN 979-11-91959-36-9 03900

다른 이야기 다른 역사 시리즈

백마 탄 왕자들은
왜 그렇게
떠돌아다닐까

박신영 지음

Vol. 1
서양사편

바틀비

　이 책은 2013년에 출간된 『백마 탄 왕자들은 왜 그렇게 떠돌아 다닐까』를 수정, 보완한 개정증보판이다. 청소년 권장도서로 선정 되고 대만에도 번역되는 등 좋은 평가를 받은 책이지만 수정 작업이 필요했다. 초판 원고를 쓸 당시 첫 책을 내는 입장이었다. 내 견해를 더 넣고 싶었지만 초보 작가라, 독자의 호의적 반응을 자신할 수 없 었다. 적당한 선에서 하고 싶은 이야기를 자르고 마무리하곤 했다. 그 부분이 늘 아쉬웠다. 한편, 어떤 부분은 공부가 덜 된 상태에서 쓴 것 같아 부끄러웠다. 의욕만 앞선 거친 문장도 고치고 싶었다.

　개정증보판인 이번 책은 초판본에 비해 역사에 집중했다. 본문 이해를 도와주는 지도도 추가하였다. 새로운 사실이 알려진 부분, 그동안 더 공부한 내용을 넣었고 무리라고 생각되는 부분은 삭제했다. 그러다보니 어떤 이야기는 초판본과 완전히 다른 원고가 되기도 했다. 소외된 사람들의 역사를 강조하는 내 기본 의도도 충분히 살렸다. 작가로서 경험도 쌓였고, 그동안 한국 사회에 많은 변화가 있었기에 내 이야기가 예전처럼 과격하고 이상하게 들리지 않으리라는 확신이 섰기 때문이다. 믿어지지 않겠지만, 지워진 약자의 역사를 이야기하면 삐딱하고 편향된 작가로 몰리던 시절이 불과 몇 년 전이었다.

그러나 명작동화를 통해 쉽지만 깊이 있게 유럽사를 설명한다는 초판본의 기획 의도는 유지했다. 중고교 시절 설렁설렁 옛날 이야기하듯 수업하시는 역사 선생님이 계셨다. 재미있게 듣다보면 수업 시간이 끝나고, 어느덧 한 소단원의 역사 지식이 머릿속에 들어와 있었다. 놀라웠다. 이 책을 쓸 때 늘 염두에 둔 장면이다. 재미있게 읽다보면 역사 흐름이 이해되는 책! 역사를 복잡하고 어렵게 생각하는 독자분들에게 이 책이 흥미를 유발해 더 깊은 본격 역사책으로 이어 읽는 징검다리가 된다면, 역사를 처음 공부하는 자녀와 명작동화 전집 세대 부모가 같이 읽고 이야기 나누며 공통 추억을 쌓는 책이 된다면 글쓴이로서 정말 기쁘고 감사할 것이다.

초판본을 낸 후 "왜 문학이나 명작동화, 설화 등 이야기의 배경을 놓고 역사를 쓰느냐?"는 질문을 종종 받았다. "역사와 이야기는 같다고 생각하기 때문입니다. 라틴어로 역사와 이야기는 둘 다 '히스토리아(Historia)'라고 부릅니다"라고 답하곤 했다. "이 책 때문에 동화에 대한 환상이 깨졌어요. 동심 잃었으니 책임지세요"라는 농담 섞인 항의도 종종 받았다. 글쎄, 나는 백마 탄 왕자가 공주를 만나 한눈에 사랑에 빠지는 것을 믿는 것이 동심이라고 생각하지 않는다. 그보다 어른이 되어서도 아이였을 때의 마음, 약자였을 때의 시선을 잃지 않는 것이 바로 순수한 동심을 유지하는 것이 아닐까. 그러기에 배고픈 고아와 버려진 아이, 추방된 마녀의 이야기를 오래 기억하고 배경 역사를 알아보는 것도 사악한 거인과 같은 현실에 맞서는 중요한 저항이라고 생각한다.

나는 믿는다. 이야기와 역사를 읽고 현실을 의식적으로 새롭게 이야기하는 힘으로 삶을 바꾸고 세상이 나아지는 데에 기여할 수 있다고. 춥고 어두운 다락방에서 토머스 칼라일의 『프랑스 혁명사』를 읽고 나쁜 어른들에게 맞서던 소공녀처럼. 2차 대전 기간 동안 숨어서 쓴 일기를 우리에게 남겨준 안네처럼. 이 책도 그런 역할을 했으면, 나는 기원한다.

그동안 절판된 책을 잊지 않고 기다려주신 독자분들께 감사하다. 변함없는 응원에 두고두고 좋은 글로 보답하고 싶다.

마지막으로 출판사 바틀비에 감사한다. 마음이 통하는 분들을 만나게 되어 행복하다.

2019년 7월
박신영

처음 만난 세상의 역사를 묻다

나의 인생은 계몽사 세계문학전집에서 시작되었다. 지금도 각 대륙, 국가별로 나뉘어져 가지런히 꽂혀 있는 빨간 책등을 바라보면 가슴이 설렌다.

나는 스토리 전개보다 늘 역사나 배경이 되는 다른 이야기가 더 궁금했다. 플랜더스의 개는 어느 나라 개인지, 로미오네와 줄리엣네는 왜 그리 한 도시에서 싸워대는지, 잔 다르크에 대한 평가는 왜 성녀와 마녀 사이를 오락가락하는지, 소공녀 세라가 읽는 『프랑스 혁명사』 속 '카페 미망인'은 누구인지……. 동화 속에는 내가 모르는 것이 너무도 많았다.

성장하면서 스스로 다른 책을 찾아 읽으며 어릴 적 궁금증을 풀어갔다. 행복했다. 그런데 역사서를 조금 읽다보니 불편한 점을 발견하게 되었다. 나는 '황인종 한국 여자'의 입장에서 책을 읽고, 세상을 보고 있지 않았다. 왜 이렇게 되어버린 것일까?

생각해보니, 내가 처음으로 만난 세상이었던 세계문학전집 속 작품들에 문제가 있었다. 일반적인 명작동화가 창작된 시기는 대부분 19세기 제국주의 시절이었다. 나는 나도 모르게 유럽인, 백인, 남성, 기독교인, 제국주의자와 같은 강자의 시선을 배워 그들의 시각에 맞추어 세상을 보고 있었던 것이다.

물론 검증된 명작으로 살아남아 지금까지 널리 읽혀지는 이야기라면 시대와 공간을 떠나 보편적으로 다가오는 이야기 자체의 힘과 교훈, 감동이 있는 것은 분명하다. 그러나 이왕이면 이야기 속에 배경으로 깔린 시대와 역사의 문제점을 알고 읽는 것이 더 좋지 않을까. 더군다나 한 사람이 처음으로 만나는 세계는 명작동화 전집인데…….

사람은 이야기 속에 역사와 사회의 모습을 남겨놓는다. 그리고 이야기는 다시 다음 세대의 세계관과 가치관에 영향을 끼친다. 난 이 점에 대해 이야기하고 싶었다.

그리고 역사라고 하면 연도와 인명 암기, 사건 나열 때문에 무조건 진저리가 난다고 말씀하시는 분들에게, 누구나 읽었을 만한 명작동화로 이야기를 시작해서 관련 역사 배경 이야기를 재미있게 들려드리고 싶었다. 역사에 대한 편견을 조금이나마 덜어드리고 싶었다. 케케묵은 시절의 역사가 현재를 사는 우리에게 무슨 도움이 되냐고 할 수도 있겠다. 그러나 고정 불변의 과거사란 없다. 역사를 보고 평가하는 시각을 보면 그 사람의 현재 이해관계가 얽힌 입장이 명확히 보이기 때문에 역사는 매우 실용적이라고도 할 수 있다. 그래서 선거 때면 후보자들의 역사인식이 주요 이슈로 떠오르고, 이웃 국가와 갈등이 빚어질 참이면 상대국 정치인의 발언이 문제가 되는 것 아니겠는가.

이 지면을 빌려 감사의 말씀을 드려야 할 분이 많다. 내 인생의 선생님들과 가족, 글벗들. 그리고 이름 없는 초보 작가를 믿어주고 도와주신 여러 분들. 정말 감사한 마음이다. 분량상 아시아 지역과 우리나라 이야기를 담지 못해서 아쉽다. 다음 기회가 있으리라 믿어본다.

언젠가는 이렇게 책을 내리라 생각해왔다. 나는 지금껏 살면서 무작정 책 읽고 글 쓴 것밖에 한 일이 없는 사람이기 때문이다. 그러나 실제로 내가 첫 책을 내게 되는 이 순간, 이렇게 많은 친구들이 응원해줄 것이라고는 상상도 못했다. 사랑한다. 지켜봐주길. 아직 못 다한 이야기가 많다.

2013년 1월
박신영

다른 이야기를 알면 다른 세상을 열 수 있다

'다른 이야기 다른 역사 시리즈'를 시작합니다.

먼저, 『백마 탄 왕자들은 왜 그렇게 떠돌아다닐까』를 사랑해주신 독자님들께 감사드립니다. 덕분에 중국과 대만에 번역 출간하고 서양사 속편격인 『고양이는 왜 장화를 신었을까』를 낼 수 있었습니다. 이어 세 번째 책을 준비하다보니 자연스레 시리즈 기획이 가능하게 되었군요.

"나는 믿는다. 이야기와 역사를 읽고 현실을 의식적으로 새롭게 이야기하는 힘으로 삶을 바꾸고 세상이 나아지는 데에 기여할 수 있다고."

"다른 이야기를 알면 다른 선택을 할 수 있다. 다른 세상을 만들

수 있다."

각각 『백마 탄 왕자들은 왜 그렇게 떠돌아다닐까』와 『고양이는 왜 장화를 신었을까』의 서문에 쓴 말입니다. 시리즈 제목은 여기에서 따왔습니다. 제가 읽고 쓰는 의도를 지지받아서 매우 행복합니다. 바틀비 출판사에 고마운 마음을 전합니다.

3권은 동양사, 4권은 한국사, 5권은 여성사를 이야기합니다.
이 여정을 함께 하고 싶습니다.

2024년 10월
박신영

차례

1부
세계사의
악당, 조연,
그리고 마녀

2부
잘난 영웅,
억울한 영웅,
이상한 영웅

세계사의,
악당, 조연,
그리고 마녀,

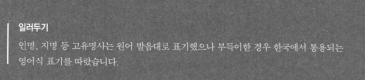

일러두기
인명, 지명 등 고유명사는 원어 발음대로 표기했으나 부득이한 경우 한국에서 통용되는
영어식 표기를 따랐습니다.

백마 탄 왕자들은
왜 그렇게 떠돌아다닐까

★1077년 카노사의 굴욕 사건이 일어나다
★1122년 보름스 협약으로 교황이 성직자 임명권을 갖다
★1618년 신성로마제국 영역에서 30년전쟁이 시작되다
★1648년 베스트팔렌 조약이 체결되다

공주와 왕자가 만나 우여곡절 끝에 결혼하는 명작동화들을 읽으면서 '유럽은 우리나라와 달리 나라도 많고 공주와 왕자도 참 흔하구나'라는 생각을 했다. 궁금했다. 한 나라의 왕자라는 사람이 저렇게 국경을 넘나들며 떠돌아다녀도 되는 걸까? 「잠자는 숲 속의 공주」 삽화를 보면 수많은 왕자들이 불꽃과 가시덤불을 뚫고 공주의 성에 들어가려 한다. 그 많은 왕자들은 다 어디에서 왔을까? 「백설공주」도 마찬가지다. 왕자는 말 타고 지나가다가 우연히 백설공주의 장례식을 본다. 독 묻은 사과를 먹고 유리관 속에 누워 있는 백설공주에게 한눈에 반한다. 도대체 왕자는 자신의 영토도 아닌 그 숲 속을 왜 지나가고 있었던 것일까? 어떻게 한마디 말도 나눠보지 않고 보자마자 공주에게 사랑을 느낄 수 있을까?

공주와 왕자가 흔한 이유

근대 이전 유럽에는 작은 나라들이 많았다. 30년전쟁이 끝난 해인 1648년, 지금의 독일어권 지역은 무려 300여 개나 되는 작은 나라들로 이루어진 영방국(領邦國)이었다는 사실을 예로 들 수 있겠다. 왕만이 나라를 다스리던 우리나라와 달리 중세 유럽에서는 귀족이나 기사들도 영주가 되어 자신의 영토를 각각 다스렸다. 통치자의 봉건적 지위에 따라 왕이 다스리면 왕국, 공작이 다스리면 공국, 백작이 다스리면 백국이었다. 그러므로 큰 나라든 작은 나라든 그 나라를 다스리는 영주의 자녀들은 다 왕자와 공주였던 셈이다.

큰 나라의 경우 왕자들은 태어난 순서대로 왕, 공작, 백작 등의 지위와 평생 먹고살 수 있는 영토를 받는다. 그런데 작은 나라의 경우에는 왕자들이 많으면 문제가 생긴다. 안 그래도 작은 영토를 분할해주면 국력이 약해지기 때문이다. 부모의 지위를 계승하는 맏이를 제외한 다른 왕자들은 스스로 알아서 인생을 개척해야 했다.

열 손가락 깨물어 안 아픈 손가락 없는 것은 예나 지금이나, 동양이나 서양이나 마찬가지인 법. 부모들은 남은 아들들의 장래를 걱정하여 가톨릭 교회의 성직 자리를 사주기도 했다. 당시의 추기경이나 대주교 같은 고위 성직에는 영지가 딸려 있어서 일정 수준 이상의 수입이 보장되었기 때문이다. 공직을 겸하여 정치 참여도 가능했다. 세속의 귀족 지위와 마찬가지라고 보면 된다.

이 때문에 '카노사의 굴욕'처럼 성직자 임명권을 차지하기 위해 황제와 교황이 대립하기도 했다. 아들에게 성직을 사주려는 귀족

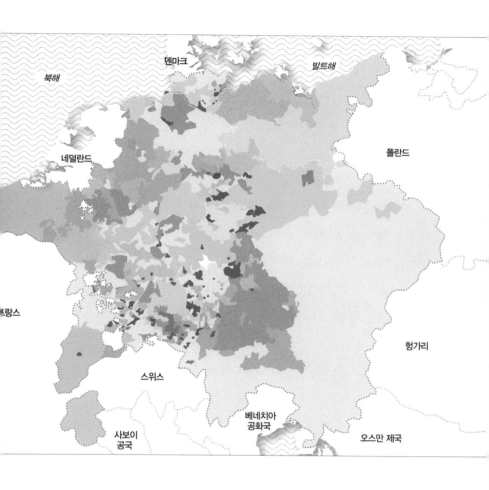

북해

덴마크

발트해

네덜란드

폴란드

프랑스

헝가리

스위스

베네치아
공화국

오스만 제국

사보이
공국

1648년의 신성로마제국

부모들은 늘 있었기에 성직자 임명권을 갖고 있으면 수입에 큰 보탬이 된다. 게다가 성직 자리는 세습이 불가능하므로 성직자가 죽은 뒤 그 자리를 다시 팔아 수입을 또 얻을 수도 있었다. 현재의 독일, 오스트리아, 체코 지역의 고위 성직자들은 신성로마제국의 고위급 관료도 겸했기 때문에 교황은 신성로마제국에 자기편을 심어두려는 정치적인 이유로도 성직자 임명권을 가지려 했다.

한편 따분한 성직이 체질에 안 맞는 둘째, 셋째 왕자들 중 일부는 무공을 떨쳐 큰 나라에 용병 대장으로 고용되기도 했다. 능력에 따라서는 망해가는 나라를 무력으로 차지하여 영주가 될 수도 있었다.

이리하여 '일남이는 지위 계승, 이남이는 성직, 삼남이는 용병 대장'이라는 중세 유럽 중소 규모 영주 부모들의 육아 원칙이 탄생한다.

하지만 장남으로 태어나지 않았어도 왕이 되는 확실한 방법이 있었다. 결혼이다. 이웃 나라의 외동 공주나, 딸만 있는 왕가에서 첫째 딸로 태어난 공주랑 결혼하는 것이다. 그러면 훗날 아내가 여왕으로 즉위할 때 왕에 해당하는 대우를 받을 수 있었다. 우리나라에서는 누가 부모의 지위를 상속했고 누가 결혼해서 그 왕가에 들어왔느냐에 따라서 여왕/왕비, 왕/부군으로 구분하지만 서구 언어권에서는 일반적으로 킹과 퀸, 왕과 여왕으로 불리는 경우가 많다. 단, 여왕과 결혼해서 공동 왕이 된 경우, 여왕인 아내가 사망한 후에는 왕 노릇을 할 수 없다. 왕위 상속권은 자녀에게로 넘어간다. 이런 식으로 왕이 될 기회를 잡기 위해 왕자들은 조건이 좋은 공주를 찾아 이웃 나라의 궁정으로 갔다. 공주를 사로잡기 위해 궁정 무도회에서 달콤한 매력을 보이거나 마상시합에서 용맹을 자랑해야 했다. 젊고 예쁜 공주를 만나지 못하면 남편과 사별하여 넓은 영토를 상속받은 부유한 귀부인에게 구혼하기도 했다. 신붓감이 꽤 나이가 많아도 상관없었다.

왕자들이 떠돌아다니는 또 다른 이유로 중세 기사 수련 방법인 '편력기사 생활'을 들 수 있다. 기사의 아들들은 10세 이전에 부모 곁을 떠나 다른 상위 주군 기사의 시종 노릇을 해야 했다. 웬만큼 배우고 성장하여 기사 자격을 얻으면 모험 여행을 떠난다. 영화나 소설 속 기사들처럼 용과 싸우거나 사악한 마법사를 무찌르러 가는 것은 물론 아니다. 상금을 노리고 기마시합에 나가거나 전쟁에 참가해 전리품을 얻는 것이 목적이다. 그렇다, 다 먹고살기 위해서 하는 짓이었다. 이렇게 집을 나가서 결혼하기까지의 기사 후보생을 유베니스(Juvenis)라고 부르는데, 적당한 결혼 상대를 찾지 못하는 경우가 많았다. 집을 떠난 후 결혼까지 30년이 걸리는 경우도 흔했다고 하니, 중세 기사들이 늦은 나이에 딸 또래의 소녀와 결혼하곤 했던 것도 다 이유가 있었다. 그러니까 동화에 나오는 그 많은 방랑 왕자들, 그들은 정의감이 넘쳐서 용과 마법사를 무찌르러 다니는 낭만적인 모험가들이 아니었다. 편력기사 생활을 하며 일거리와 부자 처갓집을 찾고 있는 떠돌이들이었다.

사윗감 찾기 프로젝트, 무술대회

한편 외동 공주를 둔 나라는 어떤 입장이었을까? 스웨덴 민담인 「유리산의 공주」를 살펴보자.

옛날 어느 임금님이 사냥을 갔다가 난쟁이를 잡아와서 감옥에 가둔다. 임금님은 전쟁에 나가면서 난쟁이를 잘 지키라고 당부한다. 물론 이럴 경우 난쟁이가 풀려나야만 이야기가 진행된다. 왕자는 난쟁이를 풀어준다. 돌아온 임금님은 화가 나서 왕자를 죽이라고 명령한다. 신하들이 왕자를 피신시킨다. 왕자는 마침 외동 공주가 있는 이웃 나라로 도망가서 외양간지기가 된다. 공주가 자라자 나라에서 사윗감을 구하는 무술대회를 연다. 왕자는 은혜를 갚기 위해 찾아온 난쟁이의 도움으로 말과 갑옷을 구해 참가한다. 그 무술대회의 미션은 높고 미끄럽고 가파른 유리산에 완전 무장을 한 채 말을 타고 올라 꼭대기에 앉아 있는 공주로부터 황금 사과를 받아 오는 것. 외양간지기 왕자는 이 임무를 완수하고 공주와 결혼하여 행복하게 산다.

산업혁명 이전은 농업 외에 별다른 산업이 없었다. 식량을 생산하기 위해 농사지을 땅과 일할 사람을 확보하는 것이 중요했다. 공장에서 대량생산하는 것이 아니라 오랜 시간을 들여 사람의 손으로 만들었기 때문에 의식주 관련 물건들이 귀했다. 그렇다면 땅과 사람, 물자를 한 방에 얻을 수 있는 경제활동으로 무엇이 있을까? 전쟁이다. 그래서 옛날에는 영토와 노동력 확보, 전리품 약탈을 위한 전쟁이 잦았다. 왕은 전사 중의 우두머리 자격으로 기사들을 이끌고 직접 전쟁에 참가해야 했다. 이런 현실에서 후계자가 될 왕자가 없다는 것은 장차 군대를 이끌 지도자가 없다는 것을 의미한다. 언젠가 그 나라는 이웃 나라들로부터 위협을 받게 된다. 따라서 외동 공주를 둔 나라의 경우, 사윗감으로 강력한 전사가 필요했기 때문에 무술대회를 열어 능력이 검증된 우승자를 공주와 결혼시키려고 했다. 이렇게 극적이고 즉흥적인 경우보다는 철저한 정치적 계산 아래 정략결혼을 시키는 경우가 더 많기는 했다. 약혼자가 정해지면 마상시합을 열어 그가 우승하게 해주는 방식으로. 물론 다 짜고 참가하는 경기였다.

백마 탄 왕자님의 정체

　난쟁이는 이렇게 말하고, 왕자의 손을 잡고 땅 밑으로 뚫린 굴로 데리고 갔습니다. 굴 밑으로 내려가자 벽에 은으로 만든 갑옷 한 벌이 걸려 있었습니다. 갑옷 바로 곁에는 눈같이 흰 말이 은빛 발굽으로 땅을 차며 입에서는 거품을 내뿜고 있었습니다. 말에는 안장까지 놓여 있었습니다. 난쟁이가 말했습니다.
　"자, 어서 준비를 하고 말을 몰아라. 그리고 네 운을 시험해보아라. 그동안 소는 내가 보아줄 테니."

– 「유리산의 공주」

이 장면에 주목. 동화에 나오는 그 많은 싸돌아다니는 왕자들은 바로 "네 운을 시험해보아라"라며 고국에서 등 떠밀려 쫓겨난 떠돌이 젊은 기사들이었다. 물려받을 유산도 거의 없고 실업자 신세인 이들이 살아남을 수 있는 가장 좋은 방법은 이웃 나라 외동 공주와 결혼함으로써 처가의 왕국을 물려받아 공동 왕이 되는 것이었다. 그래서 왕자들은 공주가 자신에게 한눈에 반할 수 있도록 현란한 말솜씨와 에티켓, 기사도가 몸에 배도록 수련해야 했다. 유리관 속의 백설공주가 자기 스타일의 여성이 아니어도, 심지어 100살쯤 연상인 잠자는 숲 속의 공주가 100년 동안 이를 닦지 않아 입 냄새가 심하게 나도 꾹 참고 한눈에 반한 척 키스를 해야만 했다. 알고 보니 백마 탄 백수. 아아, 슬프지만 이것이 바로 백마 탄 왕자, 프린스 차밍의 정체였다.

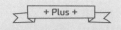

공주는 왜 수도원으로 갔을까

반면 공주들이 많은 가난한 나라의 경우는 어땠을까. 대개 첫째 공주만 국가 안보를 위해 투자하는 셈으로 거액의 지참금을 들여 동맹을 맺은 나라의 왕자나 왕과 정략결혼을 시켰다. 지체에 맞게 시집보낼 지참금을 마련하기가 힘들면 다른 공주들은 결혼 지참금보다 싼 기부금과 함께 수녀원에 평생 맡겨졌다.

격이 떨어지는 귀족 집안과의 혼인이나 평민과의 자유로운 연애결혼은 용납되지 않았다. 지참금이 굳는다는 장점은 있지만, 나중에 뜬금없이 사위나 외손자가 후계자 경쟁에 나서서 왕국을 위협할 문제가 있기 때문이었다. 그렇다고 자유로운 독신 여성으로 혼자 살게 내버려둘 수도 없었다. 스캔들을 일으키면 왕가 망신이 되기 때문이다. 평생 관리하기도 귀찮고 비용도 꽤 든다. 그래서 공주의 아버지나 남자 형제들은 외간 남자를 아예 만날 수 없도록 공주를 수녀원에 가두어두었다.

「인어공주」에서 왕자와 결혼하는 이웃 나라 공주도 원래는 수녀원에 들어가 있었다. 그런데 공주는 바닷가를 산책하다가 인어공주가 해변가에 데려다놓은 왕자를 우연히 발견한다. 왕자는 공주가 자신을 구해주었다고 착각하고 청혼한다. 덕분에 공주는 왕자랑 결혼해 운 좋게 수녀원을 나올 수 있었다.

공주들뿐만 아니라 귀족 집안 딸들의 경우도 마찬가지였다. 그래서 유럽에는 타락한 수녀와 관련된 이야기가 많았다. 돈 후안이나 카사노바 같은 바람둥이와 수녀들 사이의 추문처럼. 하지만 엄밀히 말해 그녀들은 희생을 강요당한 가엾은 하숙생일 뿐 타락한 수녀들이 아니었다. 불행한 결혼생활을 한 공주들뿐만 아니라 자유를 잃고 평생 갇혀 살다 죽은 그녀들 역시 정략결혼의 피해자였다.

왜 숲 속에서 길을 잃으면
괴물과 마주치게 될까

★기원전 58년 카이사르가 갈리아에서 정벌을 시작하다
★9년 게르만족이 토이토부르크 숲에서 로마군을 전멸시키다
★83년 로마가 게르마니아 방벽을 쌓기 시작하다
★260년경 로마가 게르마니아 방벽을 포기하다

'빨간 모자'는 판본이 여러 가지다. 옛날부터 전해 내려오던 민담을 모아 기록했기 때문이다. '빨간 모자' 이야기가 최초로 실린 책은 프랑스 작가 샤를 페로가 쓴 『지난 시절의 이야기 혹은 콩트』(1697년)이다. 내용은 이렇다.

언제나 빨간 모자를 쓰고 있어서 별명도 '빨간 모자'인 소녀가 있었다. 하루는 할머니 병문안을 가다 늑대를 만난다. 소녀는 늑대에게 할머니 집이 어디 있는지를 알려준다. 그러자 늑대는 앞질러 가서 할머니를 잡아먹은 뒤, 할머니처럼 변장하고 침대에 누워 기다렸다가 빨간 모자까지 잡아먹는다.

샤를 페로의 「빨간 모자」는 비극으로 끝나는 것이 특징이다. 가

장 이른 시기에 기록된 이야기이기에 빨간 모자 민담의 원래 모습을 추측하게 해준다.

민담은 어떻게 착해지는가

반면 후대에 독일의 그림 형제가 채록한 「빨간 두건」(1812년)은 페로 판본과는 결말이 다르다.

두건이 달린 빨간 망토를 입은 소녀가 숲에 혼자 사는 할머니 문병을 가다가 늑대를 만난다. 늑대는 먼저 할머니 집으로 가서 할머니를 통째로 삼킨다. 이어서, 할머니로 변장하고 소녀를 기다린다. 빨간 모자가 도착하자 늑대는 몇 가지 문답을 주고받은 후 소녀 역시 통째로 삼켜버린다. 이후 사냥꾼이 와서 늑대의 배를 갈라 빨간 모자와 할머니를 구한다.

1812년에 나온 초판에는 늑대가 등장하지 않았다. 늑대가 잡아먹는 대신, 늑대인간이 등장하여 소녀를 성폭행한다. 재판부터는 늑대인간이 아니라 실제 늑대가 등장하고 성적인 내용이 순화된다. 그림 형제는 초판에서는 구전 민담을 거의 그대로 기록했으나 이후 재판, 증보판에서는 계속 내용을 바꾸었다. 자녀를 둔 성인 독자들이 비교육적이라고 비판했기 때문이다. 판본에 따라 결말도 조금씩 다른데 「늑대와 일곱 마리 아기 염소」의 영향으로, 늑대의 배에 돌을 채워 강물에 빠뜨려서 죽게 만드는 판본도 있다. 아무튼, 구전되던 민담이든 페로나 그림 형제가 기록한 이야기든, 빨간 모자 유형 이야기에는 숲 속에 사는 늑대가 등장한다. 원래는 늑대인간이었던 늑대가.

다음으로 「헨젤과 그레텔」을 보자.

헨젤과 그레텔은 가난한 나무꾼 아빠, 계모와 산다. 먹을 것이 떨어지자 계모는 아빠에게 아이들을 숲 속에 버리라고 설득한다. 아이들은 숲에 버려졌지만 하얀 조약돌로 길을 표시했기에 무사히 집으로 돌아온다. 다시 버려지자 남매는 조약돌 대신 빵 부스러기로 길을 표시했다. 그런데 새들이 빵 부스러기를 주워 먹는 바람에 집으로 돌아가지 못한다. 길을 잃고 굶주린 아이들은 빵과 사탕, 과자로 만들어진 집을 발견하고 허겁지겁 뜯어 먹는다. 그 집의 주인은 아이들을 잡아먹는 마녀였다. 둘은 지혜롭게 마녀를 물리치고 마녀의 보석을 갖고 돌아온다. 계모는 이미 죽고 없었다. 아이들과 아버지는 그 후로 오랫동안 행복하게 살았다.

이 이야기 역시 처음과 이후 판본의 내용이 다르다. 초판에서는 아이들을 갖다버리려는 엄마가 계모가 아니라 친엄마였다. 중세 유럽에서 흉년에 식량이 부족할 경우 영아를 죽이거나 유아를 버리는 것은 흔히 있는 일이었다. 그래서 원본에서는 자연스럽게 친엄마가 남매를 버린다. 그러나 후대에 이르러 못된 계모가 착한 친아빠를 부추겨서 아이들을 버리게 하는 것으로 이야기는 바뀐다. 어떻게 친자식을 버리느냐는 도덕적 비난을 피하기 위해서이다. 아무튼, 이 이야기에서 아이들이 버려지는 깊은 숲 속에는 마녀가 살고 있었다.

성폭행과 아이를 버리는 친엄마. 민담을 바탕으로 한 동화들의 여러 판본을 비교해보면 후대로 내려올수록 폭력적이거나 성적인 면, 비윤리적인 부분이 수정되어 좀 더 '동화적'으로 바뀌는 모습을 볼 수 있다. 그러므로 명작을 통해 역사를 보고 싶다면 익히 알고 있는 이야기들이 교육적으로 순화되기 이전의 모습을 봐야 한다. 거칠고 날것이었던 모습을 봐야 한다.

물론 민담 그 자체는 역사가 아니다. 하지만 도덕적 교훈을 위해 가공되지 않은 옛이야기를 통해 우리는 그 민담을 이야기하고 듣고 전하고 누리던 당시 시대와 사회의 모습을 엿볼 수 있다.「빨간 모자」와「헨젤과 그레텔」을 통해서는 이 이야기의 원형이 만들어진 중세 유럽의 풍경을 볼 수 있다. 그 풍경에는 궁금한 것이 많다. 왜 마을 밖에는 그토록 울창하고 길을 잃기 쉬운 숲이 있었을까? 왜 그 숲에는 늑대가, 그것도 말하는 늑대가 어슬렁거리고 있었을까? 왜 숲 속에는 마녀가 살고 있었을까? 이렇게나 늑대인간과 마녀가 우글거리는 위험한 숲 속에서 빨간 모자의 할머니는 왜 혼자 살고 있었을까? 자, 이제 늑대인간과 마녀가 사는 중세 유럽의 숲으로 들어가볼 시간이다.

검은 숲에 대한 공포

「헨젤과 그레텔」의 배경이 된 숲은 오늘날 독일 남서부에 위치한 '슈바르츠발트'라는 숲이다. 너무나 울창하고 빽빽해 햇빛이 잘 들지 않기에 독일어로 '검은 숲(Schwarzwald)'이란 이름이 붙었다. 이곳을 배경으로 한 민담들은 숲이 이어져 있는 독일, 프랑스, 스위스의 국경을 넘나들며 입에서 입으로 전해졌다. 그래서 프랑스의 페로가 기록한 「빨간 모자」와 독일의 그림 형제가 기록한 「빨간 두건」은 같은 내용을 담고 있다. 실제로 그림 형제에게 이야기를 들려준 여성들은 종교의 자유를 찾아 독일로 이주해온 프랑스 신교도인 위그노들이었다.

유럽 고대사에 기록된 독일의 숲은 무섭고 불길한 지역이었다. 기원전 55년, 갈리아 지방(지금의 프랑스 지역)을 원정 중이던 로마 제국의 카이사르는 검은 숲에 이르러 더 이상 진군하는 것을 포기했다. 당시 로마인들이 보기에 라인강 오른편 기슭의 검은 숲, 슈바르츠발트는 그들의 적인 게르만족이 언제 튀어나와 공격할지 모르는 불안한 곳이었다. 고대 로마인들은 게르만족을 사나운 야만족으로 여기고 경계했다. 서기 9년, 현재 독일 북서부 토이토부르크 숲에서 로마군과 게르만족의 전투가 벌어져 3개 군단, 약 2만~2만 5천여 명이 몰살당한 일이 있었다. 이후 게르만족과 숲에 대한 로마인의 공포는 더 커졌다.

로마 제국의 북쪽 방어선은 라인강과 도나우강이었다. 상류는 검은 숲 속에 있어서 보이지 않는다. 자연 지형을 방어선으로 삼기

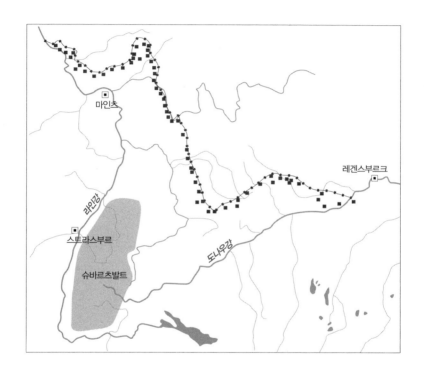

마인츠

레겐스부르크

라인강

스트라스부르

슈바르츠발트

도나우강

게르마니아 방벽

좋아했던 로마인들은 한눈에 들어오는 경계가 없는 이 지역을 늘 불안하게 여겼다. 그래서 도미티아누스 황제는 알프스 북부의 검은 숲에 웅크리고 있던 게르만족을 막기 위해 지금의 독일 마인츠와 레겐스부르크 사이에 게르마니아 방벽(Limes Germania)을 쌓았다. 방벽에는 대략 500미터마다 약 4미터 높이의 요새를 세웠다. 후방에는 주둔 기지와 식민 도시를 세웠다. 은퇴한 병사들을 현지 여성들과 결혼시켜 정착하게 했다. 유럽에는 이렇게 세워진 도시들이 많다. 독일 도시 쾰른은 로마 제국의 식민 도시인 콜로니아(Colonia)에서 유래한다. 말 그대로 식민지 정착촌이란 뜻이다. 이런 철저한 국경 방어에도 불구하고 제국은 기울었다. 3세기 후반부터 방벽과 요새는 무너져내렸다.

역사가들은 유럽 중세의 시작으로 476년 서로마 제국의 멸망을 꼽는다. 로마 군대는 떠나고 고대는 끝났다. 검은 숲을 두려워하던 로마인이 쌓은 고대의 방벽은 허물어졌다. 그러나 검은 숲에 대한 사람들의 경계심까지 허물어지지는 않았다. 검은 숲에 대한 공포는 인근 지역 주민들의 마음속에 그대로 남았다. 그 옛날 로마인을 위협하던 야만족과 같은 게르만족이며 숲 인근 지역 주민인 중세인들 입장에서도 검은 숲은 함부로 발을 들이기 어려운 지역이었다. 주민들은 이제 검은 숲에서 무엇을 두려워하게 되었을까? 고유명사로 쓰는 '검은 숲(Schwarzwald)'뿐만 아니라 마을 근처에 있는 모든 숲들을 바라보며 중세 유럽인들은 어떤 생각을 했을까?

중세 유럽인들의 사고방식은 현재 우리의 사고방식과 사뭇 달랐다. 당시 사람들은 세상을 두 개의 우주로 나누어 보았다. 소우주와 대우주. 자신의 집 안이나 나무판자 벽으로 둘러싸인 마을, 성벽으로 둘러싸인 도시는 안전한 소우주(microcosm)였고 외부의 세계는 대우주(macrocosm)였다. 중세인들은 천재지변, 질병, 흉작, 기근 등이 신과 초월적 존재가 있는 대우주에서 온다고 생각했다. 대우주는 그들이 믿던 신이 사는 곳인 동시에 그들이 무서워하는 괴물과 악령들이 사는 곳이기도 했기 때문이다. 특히 마을 밖의 숲은 대우주의 영역이었다. 늑대인간이나 마녀, 정령, 괴물 등 인간과 다른 무시무시한 존재들이 사는 곳이었다. 중세인들은 자신들이 두려워하는 것들이 마을 밖 대우주에서 온다고 믿었기에 소우주 안에 두려운 대상이 생기면 거꾸로 그 두려운 존재들을 마을 밖 대우주로 몰아내려는 시도를 했다. 즉, 숲으로 내쫓으려 했다.

늑대인간과 마녀의 '인간 선언'

태어날 때부터 늑대인간이고 마녀였기 때문에 그들이 숲에서 살게 된 것은 아니었다. 그들은 어떤 이유 때문에 마을 밖 숲으로 쫓겨났고, 대우주에서 살았기에 더욱 위험한 존재로 여겨졌다. 그들은 소우주인 마을에서 추방되었으므로 어쩔 수 없이 대우주에 속한 늑대인간과 마녀가 되어버린 존재들이었다.

중세 유럽에서 무거운 범죄를 저지른 사람은 '평화상실형'에 처해졌다. 평화상실형이란 그 형벌을 선고받은 인간을 누가 죽이더라도 죄를 묻지 않는 형벌이다. 죽어도 싼 죄를 저지른 인간이기 때문이다. 이 형을 선고받은 사람은 언제 살해당할지도 모르는 마을을 벗어나 숲으로 도망칠 수밖에 없었다. 이런 평화상실자를 '바르구스(Wargus)'라고 했는데, 늑대란 뜻이다. 죄인에게 실제로 늑대 머리를 덮어씌워서 추방하는 경우도 있었다고 한다. 이외에도 어처구니없지만 몸에 털이 아주 많은 사람을 늑대인간이라 여겨 추방하기도 했다. 아무 죄를 짓지 않았음에도 불구하고.

마녀의 경우, 알고 보면 죄 없이 그저 혼자 사는 여인인 경우가 많았다. 특히 약초나 구급비방 등 민간 의학 지식을 가진 지혜로운 여자들이 종종 마녀로 몰렸다. 사람들은 필요할 때에는 그녀들의 도움을 구하곤 했지만, 병이 낫지 않거나 환자가 사망할 경우에는 원망감에 그녀들을 마녀로 의심했다. 단지 약값이나 치료비를 내기가 아까워서 마녀로 고발하는 경우도 있었다.

사람들은 마녀가 어린아이를 납치해서 잡아먹거나 마법의 약 재료로 쓴다고 생각했다. 이는 중세인들이 대우주를 통제할 수 있는 지식을 갖춘 사람들에 대해 갖는 두려움을 잘 보여준다. 당시 사람들은 공동체의 평화를 위협할 것으로 보이는 두렵거나 낯선 존재들은 다 기독교인의 아이를 잡아먹는다고 믿었다. 마찬가지로 사회에서 따돌림당하던 유대인과 집시도 기독교인의 아이를 납치해 잡아먹는다고 생각했다. 결국 마녀로 몰리는 여자들 역시 공동체에서 따돌림을 당했기에 늑대인간처럼 숲 속에서 혼자 살 수밖에 없었다. 그들 중 민간 의학 지식을 가진 이들은 생계 유지를 위해 이따금 찾아오는 환자들을 치료했다. 텃밭을 가꾸거나 약초를 캐어 약을 만들기도 했다.

중세인들은 천재지변이 발생하거나 전염병이 돌거나 흉작이 들거나 가축이 병으로 떼 지어 죽는 이유를 과학적으로 알지 못했다. 이런 일들은 대우주에서 발생하여 소우주인 마을과 자신의 집으로 오는 것으로 생각했다. 그러나 그런 재앙들이 대우주의 신으로부터 온다고 믿지는 않았다. 절대적 존재인 기독교의 신에게는 원망을 감히 표현할 수가 없었기 때문이다. 대신 마녀나 늑대인간 등 대우주의 다른 존재에게서 원인을 찾았다. 마을 밖 숲으로 쫓겨난 사람들은 얼마든지 분풀이 대상이 될 수 있기 때문이다. 그런데 이런 희생양이자 공공의 적이 그냥 늑대 가죽을 씌워 쫓아낸 범죄자라거나 약초를 끓이다 코에 약간의 화상을 입은 할머니라면, 그들이 저질렀다고 믿는 죄악의 크기에 비해 그 존재가 너무 시시하지 않은가. 그래서 중세인들은 이들을 보름달이 떠오르면 늑대로 변해 사람들을 해치는 괴물로, 악마와 계약을 맺고 어린아이들을 잡아먹는 마녀로 상상했다.

그러므로 빨간 모자가 숲에서 만난 존재는 어쩌면 사람이 그리워서 말을 걸었을 뿐인 외로운 늑대인간일 수도 있다. 그러나 어른들은 딸들이 성폭력을 당할 것이 두려워 빨간 모자 이야기를 지어내 들려주었을지 모른다. 헨젤과 그레텔이 숲에서 길을 잃고 만난 할머니는 마녀가 아니라 잠자리를 제공하고 배불리 먹여준 은인이었을지도 모른다. 하지만 사람들은 그녀가 약초를 팔아 모은 보석들을 차지하기 위해 마녀로 몰아 죽였을지도 모른다. 아니, 어쩌면 헨젤과 그레텔이 만난 마녀가 바로 빨간 모자의 할머니였을지도 모른다. 우리가 만난 마녀, 우리가 집을 파괴하고 보석을 빼앗고 불에 태워 죽인 마녀가 실은 우리의 공동체에서 쫓겨난 가장 약한 사람이었을지도 모른다.

그러고 보면, '검은 숲'이 무서운 것은 그 숲이 멀리 마을 밖에 있는 것이 아니라 바로 우리가 사는 사회에 있기 때문인지도 모른다. 편견을 갖고 약자를 대하며 갑질을 일삼는 우리 사회의 울타리 안에.

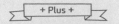

유럽 성당에 괴물이 새겨져 있는 이유

역사가 오래된 유럽 성당에 가보면 기둥이나 벽면에 괴물이 새겨져 있는 것을 볼 수 있다. 왜 신성한 교회에 이런 이교도적인 괴물 조각들이 있는 것일까?

유럽 대륙 전체에 가톨릭이 포교된 시기는 대략 11세기경이다. 교회 측은 이 시기까지 중세인들이 믿고 있던 대우주, 소우주라는 이원적 세계관을 부정하고 하나의 구원자라는 개념을 심어주려 했다. 그러나 거친 자연을 상대하는 농민들은 미지의 세계에 대한 공포를 늘 느끼며 살았기에 두 개의 우주 개념을 여전히 믿고 있었다. 이를 잘 알고 있던 교회 측은 성당 외부에 괴물 조각상들을 배치함으로써 괴물들 또한 가톨릭 교리 안으로 흡수되어 통제 가능한 존재라는 인식을 심어주려고 했다.

이러한 '대우주', '소우주' 개념을 이해하면 유럽 문화를 폭넓게 이해할 수 있다. 프랑스 뮤지컬 <노트르담 드 파리>에서 괴물 조각상들을 이동시켜서 노트르담 성당의 내부와 외부 공간을 표현하는 것이 한 예다.

피리 부는 사나이는
어디로 간 걸까

~~~~~~

★637년 무슬림이 예루살렘을 점령하다
★1071년 셀주크가 예루살렘을 정복하다
★1096년 제1차 십자군 원정이 시작되다
★1284년 하멜른에서 집단 실종 사건이 발생하다

나는 피리 부는 사나이

걱정 하나 없는 떠돌이

은빛 피리 하나 갖고 다닌다

모진 비바람을 맞아도

거센 눈보라가 닥쳐도

입에 피리 하나 물고서

언제나 웃고 다닌다

어릴 적 송창식의 〈피리 부는 사나이〉란 노래를 들었을 때 나는
무서웠다. 「하멜른의 피리 부는 사나이」라는 동화가 떠올랐기 때문
이다. 동화 속 피리 부는 사나이를 따라가던 쥐들처럼 나도 모르게
이 노래 때문에 강물에 뛰어들지는 않을까 두려워했던 기억이 난

다. 지금 생각해보니 당시 1970년대에 이 노래가 인기를 끌었던 이유는 군사독재 시절에 자유를 노래했기 때문인 것 같다. 하지만 시대의 아픔은 둘째치고, 자고 일어나 책만 읽던 어린아이에게 이 노래는 알 수 없는 불안을 안겨줄 따름이었다. 「하멜른의 피리 부는 사나이」 동화의 결말이 워낙 기괴하기 때문이었을까.

독일 하멜른 시는 쥐떼들로 골치를 앓고 있었다. 어느 날 얼룩무늬 옷을 입은 낯선 남자가 나타나 쥐를 없애주는 계약을 시 당국과 맺는다. 그는 피리를 불어 쥐떼들을 강으로 꾀어 가서 모두 익사시킨다. 그러나 시 당국은 약속한 돈을 지급하지 않았다. 화가 난 그는 이번에는 기묘한 붉은 모자를 쓴 사냥꾼의 옷차림을 하고 피리를 분다. 피리 소리를 들은 아이들은 춤추고 노래하며 즐겁게 사나이를 따라간다. 피리 부는 사나이는 이렇게 아이들 130명을 데리고 시 밖으로 나가 어디론가 사라져버렸다.

이상이 기본적인 내용이다. 판본에 따라 여기에서 끝나는 전승도 있고 산속에 있는 굴로 들어갔다는 내용이 덧붙여진 전승도 있다. 이 이야기는 정확히 1284년 6월 26일에 실제로 있었던 일이라고 독일의 옛 문헌에 기록되어 있으며 하멜른 시 곳곳에는 지금도 이 사건과 관련된 흔적이 남아 있다. 아이들이 피리 부는 사나이를 따라 지나간 길은 최근까지 아이들을 애도하는 의미에서 노래하고 춤추는 것이 금지되어 있었다. 심지어 결혼식 행렬조차도 이 길에서는 음악을 연주할 수 없었다고 한다.

어린이 십자군 동원설

그런데 옛 기록이나 전설은 '130명의 아이들이 사라졌다'고만 말하지 '어디로' 갔는지는 말해주지 않는다. 피리 부는 사나이와 그 많은 아이들은 다 어디로 갔을까? 나는 여러 가설 중에 '어린이 십자군설'에 관심이 간다.

10세기 말, 원래 중앙아시아 지역에 살던 튀르크계 오우즈족이 세운 셀주크 왕조가 이슬람교를 받아들이고 이동하기 시작했다. 정복 전쟁으로 영토를 넓혀가던 이들은 1055년 바그다드를 차지하여 이슬람 세계의 실질적인 지배자가 된다. 기독교 성지인 예루살렘을 정복한 후 순례자를 공격하기도 한다. 이에 기독교 세계는 위기감을 느낀다. 1095년, 비잔티움 제국 황제가 로마 교황에게 군사 지원을 요청한다. 교황 우르바누스 2세는 성지 회복을 위한 종교적 열망을 이용하여 교황권을 강화하고자 군대를 파견하기로 결정하고 유럽 전역의 영주들에게 호소한다. 각지에서 모인 사람들은 어깨와 가슴에 십자가 장식을 붙이고 왔다. 그래서 이들을 십자군이라 부른다.

십자군은 예루살렘을 정복하고 지금의 시리아, 레바논, 이스라엘 위치에 한때 예루살렘 왕국 등 서유럽인들의 나라들을 건설하기도 했다. 그러나 대개의 십자군 원정은 실패로 끝났다. 목적지에 도

잉글랜드

프랑스

신성로마제국

헝가리

세르비아

콘스탄티노폴리스

비잔티움 제국

셀주크 제국

마르세유

카스티야

갈

다마스쿠스

아크레

예루살렘

지중해

북아프리카

기독교 세력권
이슬람교 세력권

십자군 전쟁(1096~1204) 당시 세력권

착하기도 전에 노예로 팔려가기도 했고 가는 동안 약탈을 일삼아 오히려 기독교인에 대한 반감을 불러일으키기도 했다. 심지어 4차 때는 그리스 정교이기는 하지만 같은 기독교를 믿는 비잔티움 제국의 수도 콘스탄티노폴리스를 점령하기도 했다.

이렇듯, 십자군 원정은 겉으로는 종교적 신념을 내세웠지만 속으로는 영토 욕심 등 현실적인 이권 다툼을 숨기고 있는 사건이라 내게는 황당하고 슬프게 느껴진다. 그중에서도 가장 황당하고 슬픈 것은 어린이 십자군이다. 1212년 5월, 신의 계시를 들었다는 프랑스의 한 목동이 예루살렘을 정복하겠다며 소년소녀들로 십자군을 구성한다. 이들은 성가를 부르며 행진하여 지중해를 건너가고자 했으나 결국 아프리카 튀니지로 끌려가 노예로 팔리고 말았다. 혹은 바다를 건너가던 중 폭풍우로 모두 사망했다고도 전한다. 과장 섞인 표현에 의하면 그 소년 십자군은 3만 명이나 되었다고 한다. 이 이야기는 최근 연구 결과 사실을 반영한 전설임이 밝혀졌다. 그러나 소년 십자군 소동은 중세에 빈번하게 일어났다. 1212년 독일에서는 열 살의 소년 니콜라우스가 소년 십자군을 이끌고 알프스 산맥을 넘어 제노바까지 가다가 돌아온 사실도 있었다. 일부는 프랑스 남부 마르세유로 갔다가 노예로 팔렸다.

이런 역사 사실을 살펴볼 때, 어쩌면 피리 부는 사나이 전설에서 피리 소리는 소년 십자군 선동가의 연설을, 사라진 아이들은 노예로 팔려가거나 지중해에서 익사한 소년 십자군 아이들을 의미하고 있는지도 모른다.

대량 실종을 둘러싼 변주곡

소년 십자군설 외에도 연구자들은 여러 가설을 제기했다. 아이들이 축제날의 열기에 휩쓸리거나 무도병(舞蹈病)에 걸려 춤추며 돌아다니다 사고로 죽었을 것이다, 혹은 독일 동부로 식민지를 개척하러 떠난 젊은이들일지도 모른다 등등. 정확히 밝혀진 바는 없다. 다만, 독일의 도시 하멜른에서 1284년 6월 26일에 어린이와 젊은이의 대량 실종, 혹은 사망 사건이 있었다는 것은 확실하다. 또한 그 사건 이후 하멜른 시에 정치적·사회적으로 큰 사건이 생길 때마다 '피리 부는 사나이' 이야기에 극적인 내용이 덧붙여져 전해져 왔다는 것도 확실한 기록으로 남아 있다.

이 이야기는 초기 판본일수록 간결한 구조를 보인다. 오래된 판본에서는 피리 부는 사나이 이야기만 나오지만 16세기경부터는 '쥐잡이 이야기'가 더해진다. 여기서 잠깐, 어떤 사건을 계기로 대량 사망과 실종 사건이 벌어졌다는 내용을 담은 전설은 유럽 각지에서 흔히 찾아볼 수 있다. 그런데 왜 하필 하멜른의 경우만 다양하게 바뀌어가며 이렇게 오랫동안 생생하게 전해져온 걸까? 하멜른이란 도시만의 어떤 역사적 특수성이 있기 때문이 아닐까?

16세기의 하멜른은 당시 독일의 다른 지역들처럼 종교 전쟁의 참화를 겪었다. 농민과 하층민은 교회의 부정행위를 비판한 루터를 지지하여 봉기했다. 일부 독일 영주들은 신성로마제국과 교황으로부터 독립하기 위해 농민 전쟁을 이용했다. 개신교 영주들과 기존 가톨릭을 수호하려는 세력 사이의 전쟁으로 농토는 황폐해지고 전염병과 굶주림이 뒤따랐다. 고통을 겪던 하층계급은 무능력하고 이기적인 도시의 지배계급에게 강한 배신감을 느꼈다. 하멜른의 민중들은 기존에 전해지던 피리 부는 사나이 이야기에 시 당국에 배신당한 쥐 잡이가 복수하는 모티프를 추가하여 지배계급의 악덕을 고발하고 대리만족을 꾀했다.

예로부터 하멜른은 물레방아의 도시로 유명했다. 도시의 문장에 물레방아용 맷돌이 디자인되어 있을 정도였다. 방앗간 주위에는 늘 쥐가 들끓기 마련이다. 제분업을 경제적 기반으로 하는 도시에서 수확한 곡물을 보존하고 밀가루로 가공한 후 다시 보존하는 일련의 과정에서 쥐들이 많다는 소문이 나면 그 도시의 경제는 치명적 타격을 받을 수밖에 없다. 하멜른 시 당국은 이 이야기에 예민하게 반응했다. 쥐가 많다는 사실보다 '약속은 꼭 지켜야 한다'라는 교훈을 강조하는 쪽으로 전설을 변형했다. 게다가 당시 사회의 최하층민이던 유랑 악사에게 부정적 이미지를 덧씌웠다.

가혹한 현실이 아이들을 행진하게 만든다

자, 정리해보자. 제분업이 발달한 하멜른에 쥐가 많았으며, 줄무늬 옷을 입은 피리 부는 사나이는 차별받는 유랑 악사였기에 악역으로 등장한다는 것, 한날한시에 행진하여 다 함께 사라진 아이들이 있었는데 그들이 어디로 갔는지는 쥐도 새도 모른다는 것이 이 이야기의 골격이다. 이 기본 골격에 새로 발생하는 재난과 시 내부의 갈등 상황을 반영하여 오랜 시간을 두고 '아이들의 대량 실종혹은 사망'이란 한 고장의 슬픈 역사가 변해가는 모습이「하멜른의 피리 부는 사나이」의 전승 과정에 보인다. 대부분 문맹이어서 문자로 자신들의 역사를 기록할 수 없었던 그 시절의 서민들은 이런 식으로 자신들의 슬픈 과거를 기억했던 것이었으리라.

「하멜른의 피리 부는 사나이」 전설은 현대에 와서도 새롭게 재생산되고 소비된다. 열정에 들떠 맹목적으로 행진하는 소년 십자군의 모습은 제2차 세계대전 전후 나치 독일의 유소년 조직인 히틀러 유겐트와 중국의 문화혁명 당시 홍위병의 이미지를 떠올리게 한다. 아마도 아이들을 선동을 당해 우르르 몰려가 파멸하는 미숙한 존재로 보기 때문일 게다. 하지만 이렇게 피리 소리 같은 작은 마음의 위안에도 쉽게 감동받아 기꺼이 납치될 만큼 중세 어린이들의 일상이 힘들고 팍팍했음을 놓쳐서는 안 된다. 중세의 어린이들은 늘 배고픔과 학대에 시달렸으며 일곱 살, 여덟 살만 되면 어른처럼 경제적으로 자립해야만 했다. 그들에게 일상이란 힘든 것이었다. 브뤼헐의 그림을 보라. 놀고 있는 어린이들인데도 표정이 매우 어둡고 어른스럽지 않은가. 평소에 사는 게 얼마나 힘들고 재미가 없었으면 겨우 유랑 악사의 피리 소리 정도에 춤추며 집과 부모를 버리고 따라나섰겠는가.

아, 이렇게 보면 1970년대 '모진 비바람'이 불고 '거센 눈보라'가 닥치던 박정희 유신독재 시절에 인기를 끌었던 송창식의 노래도 실은 피리 부는 사나이의 노래 같은 것이 아니었을까. '바람 따라 떠돌았던' 당시 어른들의 마음도 피리 부는 사나이를 따라 행진하던 하멜른의 어린이들과 같은 마음이지 않았을까. 대열을 지어 노래한다든가, 더 나은 것을 꿈꾸며 행진하는 모습은 시위와도 비슷하지 않은가. 그렇다면 어릴 적 내가 송창식의 그 노래 〈피리 부는 사나이〉를 무서워했던 것도 전혀 근거 없는 마음은 아닐 게다. 어쩌면, 어린 나는 그 시대가 무서웠는지도 모른다.

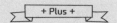

왜 말괄량이 삐삐는 줄무늬 스타킹을 신을까?

이 이야기에 등장하는 피리 부는 쥐 잡이는 왜 얼룩무늬, 혹은 줄무늬 옷을 입고 있을까?

중세 유럽에서 줄무늬는 차별의 상징이었다. 줄무늬는 멀리서도 눈에 확 띈다. 다른 것과의 차이나 이탈을 나타내기 때문에 사회 질서를 어지럽히는 부정적인 의미로 해석되었다. 그 기원으로 구약성경의 「레위기」에 있는 '두 종류의 실로 짠 의복을 몸에 걸쳐서는 안 된다'란 문장을 드는 견해도 있다. 그래서 줄무늬 옷은 차별받던 유대인, 죄인, 어릿광대, 유랑 연예인, 사형집 행인, 매춘부 등이 입는 옷이었다. 현대에 와서도 얼마 전까지 미국의 죄수복은 줄무늬였다는 것을 떠올려보면 이해가 쉽겠다.

한편 줄무늬는 강렬한 시각적 대비로 인해 사람들의 주의를 끈다. 그래서 지금도 서커스단의 피에로는 줄무늬 옷을 입는다. 어떻게 보면 말괄량이 삐삐가 짝짝이 줄무늬 스타킹을 신는 것도 이런 맥락인 것 같다. 삐삐는 너무 튀어서 일반적인 사회에서 받아들여지지 않는 자유로운 소녀의 이미지를 가지고 있으니 말이다.

빨간 머리가
차별받는 이유는?

★793년 바이킹이 잉글랜드 린디스판의 수도원을 약탈하다
★911년 바이킹이 프랑스로부터 북동부(현재의 노르망디)를 할양받다
★985년경 에이리크 라우디가 그린란드를 발견하다
★1066년 노르망디 공작이 잉글랜드를 점령해 왕이 되다

'빨간 머리 앤' 시리즈는 앤의 일생을 담고 있다. 거의 대하소설급 분량이다. 이 글에서는 앤의 소녀 시절을 다루고 있는 1권 『그린 게이블스의 앤』(1908년)만 놓고 빨간 머리카락에 얽힌 소소한 역사 이야기를 풀어보겠다.

매슈와 마릴라 남매는 캐나다 에이번리 마을의 초록 지붕 집(그린 게이블스)에서 산다. 남매는 농사를 도와줄 수 있는 남자아이를 양자로 들이려 한다. 그런데 착오가 생겨 남자아이 대신 여자아이인 앤 설리가 오게 된다. 남매는 아이를 돌려보내려다가 마음을 바꿔 키우기로 한다. 상상력이 풍부하고 머리가 좋은 앤은 아름다운 에이번리 마을에서 다이애나를 비롯한 친구들과 행복하게 지낸다. 그런데 유독 길버트와는 사이가 좋지 않다. 그가 앤의 머리카락을 잡아당기고 '홍당무'라

고 놀렸기 때문이다. 나중에 길버트가 사과하지만 앤은 거부한다. 그에게 지지 않으려고 열심히 공부해서 교원을 양성하는 퀸스 아카데미를 수석 졸업한다. 그러나 파산한 매슈가 심장마비로 사망하자 앤은 대학 진학을 포기한다. 시력을 잃을 위험에 처한 마릴라를 돌보며 초록 지붕 집에서 살기로 결심한다. 이 소식을 들은 길버트는 에이번리 학교의 교사 자리를 앤에게 양보한다. 마침내 둘은 화해한다.

빨간 머리에 대한 편견

앤은 머리카락 색깔을 놀렸다는 이유로 길버트에게 단단히 화가 난다. 길버트가 아무리 사과를 해도 받아주지 않은 채 몇 년을 보낸다. 성분을 알 수 없는 약으로 염색했다가 초록색으로 변한 머리카락을 짧게 잘라내는 소동을 벌이기도 한다. 앤은 왜 이토록 자신의 머리카락 색깔을 혐오할까? 길버트에게 왜 그렇게 오랫동안 화를 낼까?

우리에게는 익숙하지 않지만, 서구인들에게는 빨간 머리에 대한 뿌리 깊은 편견이 있기 때문이다. 1989년에 디즈니 애니메이션 〈인어공주〉를 본 사람들이 공주가 금발이 아니고 빨간 머리인 것에 항의했을 정도다. 빨간 머리카락을 가진 아이는 기본적으로 거칠고 말을 안 듣는 아이로 여겨진다. 그래서 쥘 르나르의 동화 『홍당무』의 주인공은 친엄마에게까지 구박받는다. 유럽 정자은행에서 빨간 머리 남자의 정자 기증을 거부할 정도면 서구 사회에는 우리가 알고 있는 수준 이상으로 빨간 머리에 대해 심한 편견이 있는 것이 분명하다.

서구인들은 빨간색 자체에 대해서는 그다지 부정적이지 않았다. 문제는 생명체의 몸에서 비롯된 빨간색이었다. 중세 기독교인들은 생명체의 붉은 피는 지나친 성욕을 자극한다고 믿었다. 육식을 금하는 사순절에 소, 돼지 같은 '붉은' 고기는 먹지 못하지만 흰살 생선을 먹는 것은 용납되었던 것이 여기에서 기인한다. 물고기는 암수가 직접 몸을 접촉하는 교미를 하지 않기에 성욕을 유발하지 않는다고 본 이유도 있다.

이러한 맥락에서 붉은 피가 몰린 것처럼 보이는 붉은 수염이나 빨간 머리카락을 가진 사람은 성적인 에너지를 과도하게 가진 사람으로 여겼다. 여섯 명의 아내와 결혼하여 그중 둘을 사형시켜버린 비뚤어지고 지나친 에너지의 소유자, 잉글랜드의 헨리 8세도 빨간 머리다. 이런 성적 에너지는 다산으로 이어진다고들 믿었다. 역시 빨간 머리의 소유자로서 첫 남편인 프랑스 왕 루이 7세와 이혼하고, 30세의 나이에 나중에 잉글랜드 왕 헨리 2세가 되는 19세 청년과 재혼한 '아키텐의 엘레오노르'는 여덟 명의 아이를 낳았다. 그러기에 해리 포터 시리즈에서 말포이 일당이 형제 많은 론 위즐리 집안 사람들을 빨간 머리라고 놀리는 것은 다분히 부모까지 경멸하는 저속한 의미를 담고 있다. 론이 흥분하여 싸울 만도 하다. 같은 맥락으로 서양 중세와 근대 회화에서 창녀는 빨간 머리로 그려졌다. 그러므로 자신의 이름인 '앤(Ann)'에 꼭 e를 붙여 왕녀의 이름으로 불러달라고 하는 앤에게, 자신의 빨간 머리는 평생 짊어져야 할 수치로 여겨졌을 것이다. 예민한 소녀 시절에는 더욱 그랬으리라.

빨간 머리는 심지어 악마로 몰리기도 했다. 이런 편견은 바이킹의 유럽 침략을 계기로 널리 퍼졌다. 스칸디나비아 반도에 살던 노르만족인 바이킹들은 인구가 늘고 경작지가 부족해지자 서기 8~11세기에 걸쳐 배를 타고 유럽의 거의 모든 해안을 약탈했다. 이에 대항하여 재산과 땅을 지키기 위해 유럽의 봉건제가 생겼을 정도다. 이들 바이킹 중에 가장 유명한 사람은 그린란드까지 항해해간 에이리크 라우디('빨간 에이리크'라는 뜻)였다. 영국 동북부와 프랑스 서북부 해안가 주민들은 배를 타고 빨간 머리와 수염을 나부끼며 몰려오는 그들을 두려워했다. 지금의 프랑스 노르망디 지방 등 서북부 유럽인들은 그들을 '붉은 떼거리'라고 부르며 악마의 얼굴에 빨간 수염을 그려넣은 그림들을 남기기도 했다. 서구 기독교 문화에서 교리를 설명하기 위한 그림에서 전통적으로 붉은색은 악마의 색으로, 검정색은 지옥의 색으로 사용되었기 때문이다. 그래서 예수를 배신한 유다도 빨간 머리로 그렸다.

이처럼 빨간 머리에 악마의 이미지까지 겹쳤기에 마녀사냥이 절정에 이른 16~17세기에 빨간 머리 여자는 마녀라고 판정받는 일도 많았다. 게다가 민담이 채록되어 동화책으로 출판되는 과정에서 채록자들은 마귀할멈을 거의 매부리코에 꼽추인 빨간 머리로 묘사함으로써 일반인들 사이에 존재하던 빨간 머리 여성에 대한 편견을 더욱 조장했다.

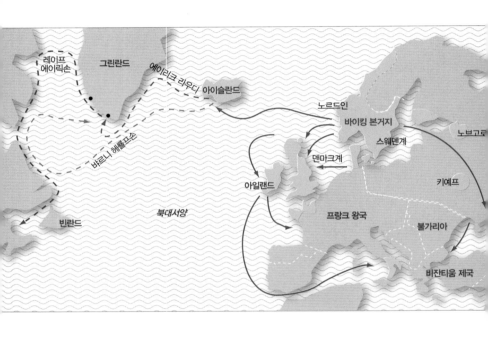

레이프
에이릭손

그린란드

에이리크 라우디 아이슬란드

노르드인

바이킹 본거지

스웨덴계

노브고로

바르니 헤룔프손

덴마크계

아일랜드

빈란드

북대서양

프랑크 왕국

키예프

불가리아

비잔티움 제국

바이킹의 이동과 정착

빨간 머리 혐오의 근원

이러한 빨간 머리에 대한 편견이 서구 문화권 전체에 해당되는 것일까? 여기에서 잠시, 동화책에 등장한 빨간 머리 주인공들을 떠올려보자. 홍당무, 빨간 머리 앤, 삐삐 롱 스타킹, 그리고 최근에는 해리 포터 시리즈에 등장하는 론과 지니가 있다. 다음으로 역사책에 등장하는 유명한 빨간 머리들을 떠올려보자. 바이킹인 에이리크 라우디, 아키텐의 엘레오노르, 스코틀랜드의 여왕 메리 스튜어트, 영국의 헨리 8세와 그의 딸 엘리자베스 1세.

자, 그럼 이번에는 이들의 국적과 민족을 밝혀보자. 영국, 미국, 캐나다, 스웨덴, 노르웨이 사람인 이들은 모두 고대 게르만족에서 갈라져 나온 민족이 지배계급인 지역 출신들이다.

유럽 서북부에 거주하는 게르만족은 남유럽의 라틴족, 동유럽과 러시아의 슬라브족과 함께 유럽을 구성하는 3대 민족이다. 이들 게르만인은 흰 피부와 금발에 푸른 눈을 이상적 외모로 여겼다. 이들에게 빨간색 머리는 매우 드물게 보이는 유전형질이다. 반면 그들이 이동하면서 몰아낸 고대 유럽 원주민인 켈트족에게 빨간 머리는 비교적 흔한 편이다. 영국의 경우, 잉글랜드에는 주로 앵글로색슨인과 노르만인들이 산다. 이들은 고대 게르만족에 속한다. 반면 스코틀랜드와 북아일랜드, 웨일스에는 고대 켈트족의 후손들이 주로 산다. 영국의 일간지 〈더 선〉에 따르면 빨간 머리를 가진 사람이 가장 많은 곳은 스코틀랜드로, 전체 인구의 약 13퍼센트에 해당한다고 한다. 다음으로 북아일랜드, 웨일스를 보면 빨간 머리 비율은 10퍼센트 정도이다. 서구의 다른 지역에 비해 꽤 높은 비율이다.

여기까지 살펴보니 감이 온다. 게르만족의 후예인 서북부 유럽인들과 그들의 후손들인 앵글로 아메리카 대륙의 사람들은 게르만족이 이상적으로 여긴 금발 머리는 아름답고 정상인 것으로 본 반면, 자신들이 몰아낸 켈트족에 흔한 빨간 머리는 추하고 비정상인 것으로 보았다는 것을. 오랜 기간 동안 영국의 내부 식민지 역할을 한 아일랜드, 스코틀랜드인들에 대한 차별의 역사가 반영되었다는 것을. 즉, 빨간 머리 혐오에는 소수에 대한 다수의 박해가 깔려 있다는 것을. 서북부 유럽에서는 빨간 머리가 마녀로 여겨지지만 흑발에 갈색 눈이 다수인 남부 유럽에서는 오히려 푸른 눈을 가진 여자가 마녀로 몰렸다는 사실이 이런 소수자에 대한 박해를 단적으로 보여준다.

소녀들은 모퉁이를 돌아, 앞으로 나아간다

여기까지 살펴보니 빨간 머리 앤 시리즈의 작가가 왜 주인공을 빨간 머리로 설정했는지 알 것 같다. 작가는 앤의 외적인 조건을 모두 마이너리티에 속하도록 설정한 것이 틀림없다. 그래서 앤은 가난한 고아이고, 여자이고, 빨간 머리다. 이런 타고난 악조건 속에서도 앤은 특유의 상상력과 지능으로 주변 사람들과 관계 맺으며 성장해나간다. 앤의 내적인 아름다움은 서구의 뿌리 깊은 편견도 가리지 못한다. 기존 동화에 나오던 금발의 예쁜 여주인공들과 다른 새로운 아동문학의 주인공으로서 그녀는 지금까지 소녀들의 성장에 큰 도움이 되어준 개성적 캐릭터이다.

그런데 여기, 앤보다 더 개성이 강한 빨간 머리 소녀가 있다. 이름은 삐삐. 앤처럼 빨간 머리에 주근깨를 갖고 있으며 고아는 아니지만 아빠와 떨어져 혼자 살아가는 소녀다. 1945년 출간된 『말괄량이 삐삐』(스웨덴어 원제는 '피피 롱스트룸프')는 제2차 세계대전을 겪으면서 변화한 여성상을 잘 보여준다. 남자들이 전선으로 징집되자 텅 빈 후방의 일터에서 성차별 없이 일했던 여성들은 전쟁이 끝나자 다시 집으로, 부엌으로 돌아가라는 명령을 받는다. 그러나 그녀들은 돌아가지 않고 여권운동에 나선다. 이런 현대 여성들의 모습은 정신적인 면뿐만 아니라 육체적으로도 남자 못지않게 강인한 삐삐의 모습을 통해 드러난다. 씩씩한 삐삐의 외적 이미지에 뻗쳐오른 빨간 갈래머리가 큰 기여를 했음은 물론이다. 이제 빨간 머리는 창녀나 마녀가 아니라 독립적이고 당당한, 주체적 여성의 상징이 된다.

1960년대에 들어 빨간 머리 염색하기는 여성해방운동의 한 방법이 된다. 당시 페미니스트들은 가부장적 지배에 복종하는, 긴 금발을 늘어뜨린 유약한 여성의 이미지를 거부하는 집단적 저항의 한 방법으로 머리를 붉게 물들였다. 영국 작가 수 타운센드의 소설 『비밀 일기』 주인공 에이드리언 몰의 엄마는 여권운동에 눈을 뜬다. 브래지어를 착용하지 않고 머리를 빨갛게 염색한다. 그러나 60~70년대는 미국과 소련의 냉전시대였다. 빨간색을 공산주의를 상징하는 색으로 여기던 당시 보수적 시민들은 여성들의 빨간 머리 염색을 체제전복까지 꾀하는 의도로 확대해석하여 매우 부정적으로 받아들였다고 한다. 오늘날에야 머리카락을 빨간색으로 물들이는 행위는 정치적이라기보다 그냥 개인의 취향 정도로 받아들여지고 있지만 말이다. 중요한 것은 사회의 다수가 아름답다고 권하는 미적 기준을 거부하고, 다들 추하다고 여기는 색으로 자신들의 머리카락을 염색할 정도로 적극적으로 자기 목소리를 냈던 여성들 덕분에 빨간 머리 여성들에 대한 사회문화적 편견은 많이 누그러들게 되었다는 점이다.

문학과 역사 속의 빨간 머리 여성들을 고난을 이겨내는 매력적이고 주체적인 주인공으로 기억하자. 그녀들의 빨간 머리카락은 추함이나 성적 방종이 아니라 힘든 순간에도 포기하지 않고 자유를 추구하는 열정이기 때문이다. 빨간 머리 앤 역시 마찬가지다. 1권인 『그린 게이블스의 앤』에서 아직 어린 앤은 이를 모르고 자신의 머리카락 색깔을 혐오하지만, 자신의 빨간 머리카락이 얼마나 아름다운지 깨닫기까지는 그리 오랜 시간이 걸리지 않을 것이다. 다음에 나오는 앤의 대사를 보면 빨간 머리 그녀는 앞으로 닥칠 그 어떤 어려움도 극복해낼 것만 같으니.

이제 전 길모퉁이에 이르렀어요. 그 모퉁이에 뭐가 있는지는 모르지만 가장 좋은 것이 있다고 믿을 거예요. 길모퉁이는 그 나름대로 매력이 있어요, 아주머니. 모퉁이를 돌면 무엇이 나올까 궁금하거든요. 어떤 초록빛 영광과 다채로운 빛과 어둠이 펼쳐질지, 어떤 새로운 풍경이 있을지, 어떤 낯선 아름다움과 맞닥뜨릴지, 저 멀리 어떤 굽이 길과 언덕과 계곡이 펼쳐질지 말이에요.

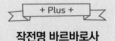

작전명 바르바로사

신성로마제국의 황제였던 프리드리히 1세(1122~1190)는 붉은 턱수염 때문에 '바르바로사(이탈리아어로 '붉은 수염'이라는 뜻)'라고 불렸다. 독일 황제인 그가 이탈리아어로 된 별명을 갖게 된 것은 6차례나 감행한 이탈리아 원정 때문이었다. 독일에서는 '붉은 수염 왕'이라는 의미 정도로 애정을 담은 존칭으로 받아들여졌지만, 침략을 당한 이탈리아 입장에서는 좋은 의미로 붙인 것은 아니었을 것이다.

프리드리히 1세는 제3차 십자군 원정에 참전해 강을 건너던 도중에 사망했지만 사자왕 리처드와 더불어 대표적인 중세 기사의 모습으로 남아 있다. 전설에 의하면, 그는 알프스의 운터스베르크 산에서 충성스런 기사들과 함께 죽지 않고 잠들어 있다고 한다. 앞으로 그의 붉은 수염이 탁자를 세 번 감을 정도로 자라면 황제는 깨어나서 독일 제국을 재건한다고 한다. 그래서 제국의 망상을 지녔던 히틀러는 1941년 6월 유럽 동부전선에서 소련을 침공할 때 작전명을 '바르바로사'로 했다.

마녀 왕비를 위한 변명

★**1507년경** 베네치아에서 유리 거울이 발명되다
★**1558년** 엘리자베스 1세가 즉위하다
★**1686년** 베르사유궁에 거울의 방이 완성되다
★**1793년** 마리 앙투아네트가 참수당하다

그림 형제의 동화집은 세상에 나온 지 200년이 지났지만 여전히 사랑받고 있다. 동화의 기본 내용을 뼈대로 재창작한 책과 영화도 꾸준히 발표되고 있다. 이쪽에 관심이 많은지라 화제가 되는 작품이 나올 때마다 챙겨 보고, 원작을 다시 읽어보곤 한다. 그런데 뭔가 기분이 이상하다. 책을 읽고 영화를 보는 내 마음이 예전과 달라졌다. 젊은 여주인공보다 그녀를 구박하고 위협하는 계모, 마녀 등 나이 든 조연 여성들에게 더 관심이 간다. 나이가 들어서 공주보다는 왕비에게 감정이입을 더 하게 된 것일까? 아니면 나이를 먹는 동안 성장한 덕분에 동화를 보는 시각의 폭이 조금 넓어진 것일까? 못된 짓만 일삼는 조연들이 새삼 친근하게 느껴지고 왜 그런 짓을 하는지 이해가 된다. 그래서 이번에는 늙고 사악한 마녀로 그려지는 조연 여성들을 위한 변명을 해볼까 한다.

마녀는 왜 거울을 볼까

일단 사악한 마녀이자 나쁜 계모의 전형으로 등장하는 「백설공주」의 왕비를 살펴보자.

새로 맞은 왕비는 얼굴은 아름다웠지만, 자존심이 강하고 교만하며, 시기심이 많은 여자였습니다. 그런데 이 왕비는 신기한 거울 하나를 가지고 있었습니다. 그 거울 앞에 서서 들여다보면서,

"벽에 걸린 거울아, 이 나라 안에서 누가 제일 고우냐?"

하고 물으면, 그 이상한 거울은 언제나 이렇게 대답하는 것이었습니다.

"왕비님, 이 세상에서 당신이 제일 아름답습니다."

왕비는 이 대답을 듣고야 겨우 안심을 하였습니다.

동화는 새 왕비가 예쁘지만 교만한 여성이었다는 증거로 거울 앞에 선 장면을 보여준다. 왜 거울을 보면서 자신의 미모를 확인하면 문제가 될까? 중세 유럽의 정신세계를 지배한 가톨릭 사제들은 인간이 자신을 비춰보아야 할 것은 오직 성경뿐이라고 생각했다. 인간 세상에서 아름다운 것은 환상이며 여성이 자신의 육체에 관심을 갖고 아름답게 꾸미는 것은 죄라고 규정했다. 아담을 유혹해 죄를 짓게 한 이브의 예가 성경에 있기 때문이었다. "거울을 많이 들여다보는 여자는 실을 많이 잣지 않는다"라는 유럽 속담에서 알 수 있듯이 거울을 보고 꾸미기를 즐기는 여자는 게으른 여자로 여겨졌다. 1500년경에 그려진 히에로니무스 보스의 세 폭 제단화 〈세속적

쾌락의 동산〉에는 악마의 엉덩이에 놓여 있는 거울을 보는 여인이 그려져 있다. 사치와 오만을 풍자하려는 의도였다. 거울을 보는 여자는 중세 유럽에서 부정적으로 여겨졌다.

한편, 근대 이전 유럽에서 거울은 두려운 힘을 지닌 신비로운 물건이었다. 비싸고 귀한 물건이기에 더욱 신비롭게 여겨진 면도 있었다. 역사에 기록된 최초의 거울은 터키에서 발굴된 흑요석 원반이었고, 최초의 금속 거울은 기원전 6000년경 이집트에서 만들어진 청동 거울이었다. 청동 거울은 동서양을 막론하고 고대에는 지배 계급, 특히 제사장 계급을 상징하는 물건이었다. 청동 거울에 이어 고대 로마인들이 유리 거울을 발명했다. 여전히 거울의 표면은 선명하지 못하고 흐릿했다. 1507년 베네치아에서 유리의 한쪽 면에 주석과 수은의 아말감을 입힌 거울을 만들어내기 전까지 보는 사람에 따라 거울에서 다른 상을 볼 수 있었다. 이런 이유로 중세 유럽인들은 마녀가 거울이나 수정 구슬의 흐릿한 상에서 다른 사람은 보지 못하는 것을 볼 수 있으며 이를 가지고 마술을 부린다고 생각했다. 마녀사냥 당시, 마녀로 고발당한 여자의 소지품에 깨진 거울 조각이라도 있으면 마녀라는 결정적 증거가 될 정도였다. 그러므로 왕비가 거울을 자주 들여다보며 중얼거린 것만으로도 마녀라는 의심을 충분히 받을 수 있었다.

하지만, 거울을 보면서 외모 가꾸기에 많은 시간을 들이고 투자하고 거울 앞에서 말 좀 했다고 해서 왕비에게 마녀라는 낙인을 찍는 것은 너무 가혹하지 않은가. 왕비에게도 거울을 자주 볼 수밖에 없는 사정이 있었을 것이다. 대개 한 나라의 왕비란 정략결혼에 희생당한 외국의 공주 출신인 법. 낯선 나라에 시집와서 사면초가 상태인 왕비가 의지할 사람이라고는 남편인 왕밖에 없었을 것이다. 여성의 가치가 외모로 평가받던 시절, 왕의 사랑을 받기 위해서 왕비는 다른 누구보다도 아름다워야 했다. 그래서 그녀는 거울을 자주 보며 외모에 집착하게 되었을지도 모른다. 그렇게 친정에서 혼수로 가져온 거울을 보다가 자신의 신세가 처량하고 친정이 그리워서 모국어로 몇 마디 중얼거렸을 뿐인데 외국어를 모르는 주위 사람들은 그녀가 거울을 보며 요상한 주문을 왼다고 생각해버린 것은 아니었을까. 왕비의 방을 청소하던 하인들은 보는 각도에 따라 다른 상이 보이는 흐릿한 거울을 닦으며 자신들은 못 보는 무언가를 왕비는 봤을지도 모른다는 상상을 한 것은 아니었을까.

왜 젊으면 착하고 늙으면 악하게 그려질까?

「백설공주」 말고도 마녀 왕비가 등장하는 동화는 많다. 페로 동화집에 실려 있는 「잠자는 숲 속의 공주」에도 마녀 왕비가 나온다. 많이 알려진 바로는, 잠을 자던 공주가 왕자의 키스로 깨어나 결혼해 행복하게 살게 되었다는 식으로 끝이 난다. 그런데 페로의 원작에는 결혼 이후의 이야기도 실려 있었다. 왕자의 어머니, 즉 공주의 시어머니가 마녀였다. 마녀 왕비는 며느리인 공주와 손주인 두 아기까지 잡아먹으려 하다가 벌받아 죽는다.

왕자는 자기의 비밀을 절대로 털어놓지 않았습니다. 그는 왕비인 어머니를 사랑했습니다. 그러나 한편 무섭게도 생각했습니다. 그 까닭은, 그의 어머니가 사람 잡아먹는 귀신의 후손이었기 때문입니다. 그 여자는 퍽 부자여서 왕비로 들어오게 된 것입니다. (중략)

눈 깜짝할 사이에 마귀 왕비는 징그러운 짐승들에게 잡아먹혔습니다. 왕은 퍽 슬퍼했습니다. 어쨌든 자기 어머니였으니까요. 그러나 아름다운 왕비와 귀여운 아기들이 있었으므로, 세월이 흐름에 따라 왕의 마음도 차차 가라앉아갔고, 행복한 나날을 보내게 되었습니다.

왜 세계 각국의 설화에서 젊고 예쁜 공주는 착하고, 늙어가는 왕비는 나쁜 마녀로 등장할까. 왜 마녀 왕비들은 마법이란 강력한 도구와 현실의 권력을 갖고 있음에도 불구하고 애송이 공주들에게 질 수밖에 없을까. 왜 왕들은 모후의 비참한 죽음을 금세 잊고 곧 행복한 나날을 보내게 되는 걸까.

산업혁명 이전의 농경사회에서는 땅과 노동력을 확보하는 것이 중요했다. 쟁기질하는 남성만 존재 가치를 인정받은 것은 아니다. 여성 역시 한 사람으로서의 노동력과 생산성, 그리고 출산을 통한 인구 재생산 능력으로 가치를 평가받았다. 그런데 여성의 생식 능력은 나이가 들어감에 따라 현저히 떨어진다. 연구에 따르면, 여성의 가임률은 20대 전반 여성을 100으로 놓고 볼 때, 30대 전반 여성은 85퍼센트, 40대 전반 여성은 35퍼센트, 50대 여성은 0퍼센트라고 한다. 그러므로 전통사회에서 더 이상 아이를 생산하지 못하는 늙은 여자는 쓸모가 다했으므로 생명력이 넘치는 젊은 여자에게 자리를 내주고 뒷방으로 물러나야만 했다. 이 사실이 전 세계의 민담에 반영되어 늘 이야기 속에서 젊은 여자는 승리하고 늙은 여자는 패배하게 된다. 그렇다, 늙은 왕비가 패배하는 이야기에는 여성을 인구 재생산의 도구로만 여기는 시대에 살던 여성들의 애환이 숨어 있었던 것이다.

하지만 세상은 변했다. 출산 외에도 얼마든지 다양한 방식으로 여성이 사회에 기여하고 자신의 가치를 증명할 수 있는 시대가 되었다. 그러니 이제 나이 든 왕비가 패배하는 이야기들은 좀 변해야 하지 않을까. 현대에 들어와 정치, 역사, 페미니즘 등의 측면에서 올바르게 동화를 읽으려는 시도가 많다. 고전 동화를 새로 고쳐 쓴 작품도 많이 나오고 있다. 이제 공주는 수동적으로 왕자가 와서 구해주기만을 기다리는 것이 아니라 스스로 무기를 들고 싸운다. 예쁜 드레스 대신 종이 봉지를 입고 왕자를 구하기도 한다. 그러나 나이 든 왕비는 아직도 젊은 공주를 돋보이게 하는 조연일 뿐이다. 나이 든 여자는 그 가치를 제대로 평가받지 못하는 현실은, 세상이 아무리 진보적으로 바뀌어도 여성의 기본 가치가 여전히 성과 출산에 있다는 통념을 보여주는 것 아닐까.

공주와 왕비는 다른 사람이 아니다. 왕비는 공주의 미래다. 나이 든 공주가 왕비가 되면 또 다른 젊은 공주에게 패배하고 뒷방 늙은이 신세가 될 운명이라니, 이런 악순환의 고리를 끊기 위해서라도 왕비의 가치는 재평가되어야 한다. 외모나 젊음, 출산 능력이 아니라 한 인간으로서의 장점과 개성이란 가치가.

젊은 왕비가 마녀로 몰리는 경우

그런데 나이 든 왕비뿐만 아니라 젊은 왕비가 마녀로 몰리는 이야기도 있다. 안데르센의 「백조 왕자」에 등장하는 엘리사 공주가 바로 그렇다.

열한 명의 오빠들과 행복하게 살던 엘리사 공주는 부왕이 재혼하자 못된 새 왕비에게 쫓겨난다. 오빠들은 계모의 마법에 걸려 백조로 변했다. 오빠들을 다시 사람으로 만들어주기 위해 엘리사는 천사가 시키는 대로 말을 하지 않은 채 쐐기풀로 옷을 짓는다. 동굴 속에 숨어 옷만 짓던 엘리사를 발견한 다른 나라의 왕은 엘리사의 아름다움에 반한다. 궁전으로 데려가 결혼한다. 그 나라의 대주교는 엘리사를 왕비로 존중하지 않고 마녀라 여기며 모함을 일삼는다. 대주교의 모략에 넘어간 왕은 엘리사의 뒤를 밟다가 한밤중에 그녀가 무덤가와 마녀들 근처를 지나가는 것을 보고 마녀로 여겨 체포한다. 엘리사는 단지 옷을 지을 쐐기풀을 뜯으러 간 것이지만 천사와 약속했기 때문에 이 사정을 설명할 수가 없다. 엘리사가 화형당할 날이 왔다. 화형대에 오른 엘리사에게 열한 마리 백조들이 날아온다. 엘리사가 백조들에게 쐐기풀 옷을 던져주자 옷을 입은 백조 왕자들은 다시 사람으로 돌아온다. 이제 말을 할 수 있게 된 엘리사는 자초지종을 설명한다. 엘리사는 오해가 풀린 왕,

오빠들과 함께 행복하게 살았다.

젊은 왕비가 마녀로 몰리는 경우에는 다른 나이 든 마녀 왕비들의 경우처럼 왕비의 파멸로 이야기가 끝나지 않는다. 그녀가 아직 젊고 예뻐서인지 대개 위기를 극복하고 행복한 결말로 향한다. 그런데 왜 엘리사 왕비는 젊고 예쁜데도 불구하고 마녀로 의심받는 것일까? 대주교는 엘리사가 마녀들이 할 법한 행동을 하기 이전부터 엘리사를 마녀라고 단정했다. 엘리사에게 반한 왕을 보고 마법으로 남자의 맘을 홀렸다고 생각해버린 것이다. 왜 대주교는 축복해주기는커녕, 엘리사에 대한 왕의 사랑을 못마땅하게 여겼을까?

한 나라의 왕은 순수한 사랑만으로 결혼할 수 없다. 혼사는 국가 간, 가문 간의 치밀한 정치적 계산으로 이루어진다. 왕가의 혼사란 집안 일 정도가 아니다. 외교 및 국방의 영역이다. 왕이 동맹국의 공주가 아니라 말 못하는 소녀를 동굴에서 주워와 결혼한다고 했을 때 당연히 신하들이 반대했을 만하다.

그런데 왜 궁정 신하도 아니고 교회에 속한 사람인 대주교가 왕의 결혼에 이렇게 참견을 했을까? 중세 유럽의 고위 성직자들은 귀족 출신 엘리트 집단이었다. 교회 일뿐만 아니라 나라 일도 맡아서 했다. 아마 「백조 왕자」에 등장하는 대주교는 중요한 위치에 있는 관료였을 것이다. 그는 국가의 장래를 위해 왕의 정략결혼 계획을 세우고 추진 중이었을 것이다. 그런데 이를 망가뜨리는 존재가 등장했다. 바로 근본 모를 벙어리 처녀 엘리사다! 대주교는 자신의 주군인 왕을 원망할 수는 없기에 엘리사를 마녀로 몰아버린 것임이 분명하다. 혹은 왕비로 인해 자신의 권력이 약해질 것을 염려해서 왕비를 제거하기 위한 음모를 꾸몄다고 볼 수도 있다. 왕비가 사실은 마녀였기에 마법으로 왕을 홀려 결혼한 것이라고 말이다. 젊은 왕비가 마녀로 몰리는 경우에는 이런 궁 내부의 권력 투쟁 문제가 있었다. 여섯 번 결혼하여 두 왕비를 처형한 잉글랜드 왕 헨리 8세를 보자. 바람둥이 헨리 8세는 나중에 세 번째 왕비가 되는 제인 시모어에게 빠져서 두 번째 왕비 앤 불린과 빨리 이혼하기 위해 마녀로 몰았다. 재판에 참석한 귀족들은 그녀 이후 공백이 생길 권력을 차지하기에 급급하여 왕이 주장하는 대로 판결을 내렸다. 앤 불린은 마술을 써서 왕을 유혹한 마녀였다고. 앤은 사형당했다.

진화하는 마녀사냥

중세에서 근대 초기까지의 유럽 역사를 살펴보면 왕비가 마녀로 취급당하는 예가 꽤 많다. 유럽에서는 국가 안보를 위해 동맹국만이 아니라 적대국과도 정략결혼을 하는 경우가 많았다. 외국인 왕비의 친정 국가에 대한 민중들의 적대감이 왕비에게 반영되는 일도 그만큼 흔했다. 왕비의 사치 역시 실제 낭비한 액수 이상으로 부풀려지는 경우가 많았다. 이는 자국인이며 남성인 왕보다 외국인이며 여성이라 만만했던 왕비를 화풀이 대상으로 삼으려는 의도 때문이다. 그러나 문제의 근본은, 사치스런 왕비의 치장 비용이 아니라 그 나라의 모순된 체제 그 자체였다.

중세에서 근대로 넘어가보자. 루이 14세의 재상 콜베르가 베네치아에서 독점하던 거울 제조 기술을 프랑스에 도입한다. 17세기 후반에는 왕립 유리 제조소와 왕립 거울 제조소가 세워졌다. 가격이 하락하면서 거울은 대중화되었다. 이제 보는 사람에 따라 다른 상이 보이는 희미한 거울이란 없다. 계몽주의 시대를 맞이하여 대규모 마녀사냥도 더 이상 일어나지 않게 되었다. 그러면 이제 왕비가 누명을 쓰는 일은 안 생길까? 아니다. 이제 왕비는 마녀가 아닌 창녀로 조롱당한다.

프랑스 혁명 당시 처형당한 루이 16세의 왕비 마리 앙투아네트를 보자. 그녀는 프랑스 왕가인 부르봉 가문의 전통적인 적이었던 오스트리아 합스부르크 왕가의 공주였다. 프랑스 혁명 이전부터 마리 앙투아네트 왕비는 상당한 양의 포르노그래피 팸플릿에 등장한다. 재판장에서도 왕인 루이 16세는 정치적 범죄만으로 추궁을 받았던 데 반하여 왕비인 마리 앙투아네트는 본인이 짓지도 않은 성적·도덕적 범죄까지 추궁당했다. 근대판 '마녀 왕비'가 되어버린 셈이다. 왕과 살을 맞대는 관계에 있는 왕비를 향한 선정적 모욕은 사실 군주제에 대한 공격이었다. 그러나 적국 출신 외국인 여성이란 이유만으로 마리 앙투아네트가 이 모든 혐의를 뒤집어써야 했던 것은 너무 가혹하다.

다시 「백설공주」로 돌아가 마녀 왕비의 거울 이야기를 해보자. 역사적으로 치장과 화장은 상류 계급과 부의 상징이었다. 왕비처럼 권력의 중심에 있던 사람들에게 아름다운 외모는 권력 유지를 위한 무기였다. 영국의 엘리자베스 1세 여왕은 외모를 이용하여 이미지 정치를 한 것으로 유명하다. 젊은 시절의 그녀는 여러 국가 행사를 이용해서 곱고 화려하게 치장한 모습을 런던 시민들에게 자주 내보였다. 나이 들어서는 실제 모습을 보이는 대신 여전히 젊고 아름답게 그린 초상화를 제작하여 널리 퍼뜨렸다. 요컨대, 왕비-여왕들이 거울을 들여다보는 데에는 나름의 절박한 이유가 있었다. 외모는 바로 권력과 생존의 문제로 직결되었던 것이다.

그렇다면 이야기와 역사 속 그녀들이 마녀로 몰린 것은 외모에 신경을 쓰고 사치한 죄가 아니라, 여자인 주제에 권력을 탐낸 죄 때문이 아닐까. 늙어서 가치가 없는 주제에 물러나지 않고 외모에 신경 써가며 현역에서 버티어서 남성들의 비위를 건드린 죄 때문은 아닐까.

아아, 궁금하다. 거울을 보던 왕비는 정말 자아도취에 빠진 사악한 마녀였을까? 아니면 나라를 보다 잘 통치하기 위해 스스로를 비춰보며 반성하던 훌륭한 여왕이었을까? 거울아, 거울아. 진실을 말해보렴.

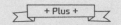
마녀의 거울 속에는 성녀가 있다?

'거울속의나는왼손잡이요'라는 이상 시인의 시구를 굳이 인용하지 않더라도 거울의 반사상은 현실과 정반대의 모습을 보인다. 이를 그대로 적용해서 마녀를 거울에 비추면 성녀가 보이고, 성녀를 거울에 비추면 마녀가 보인다.

고대 다신교의 여신 숭배는 일신교인 기독교의 남성적 색채와 교리에 맞지 않았다. 기독교 이전에 여신 숭배의 전통은 이미 민중의 일상 속에 뿌리내려 있었다. 이에 가톨릭 측은 '성모 마리아 신앙'이라든가 '수호 성녀 신앙' 등으로 여신 숭배 전통을 흡수하여 민중들을 교회로 끌어들였다.

문제가 생겼다. 고대의 여신은 선과 악이 공존하는 모습 그대로 숭배받았다. 반면 가톨릭에서는 여성의 선한 측면만을 숭배의 대상으로 삼았다. 예를 들어 그리스의 아르테미스 여신은 밝은 '달의 여신'인 셀레네의 이미지를 기본적으로 가지고 있었지만 이외에 지하세계와 마법, 괴물을 지배하는 '그믐달의 여신' 헤카테의 이미지도 품고 있었다. 그러나 가톨릭의 성처녀 숭배 신앙은 아르테미스에게서 순결한 여신의 이미지만 추리고 밤과 지하와 관련된 나머지 어두운 이미지는 억압했다.

또한 고대 여신의 이미지에는 순결한 처녀와 자애로운 어머니, 지혜로운 노파라는 여성의 인생 단계가 고루 담겨 있었다. 그러나 늙어서 외모가 추해진 노파의 단계는 기독교의 성녀 이미지에 적당하지 않았다. 기독교의 성녀들은 늘 젊고 아름다운 이미지로만 그려졌다. 예수의 어머니인 성모 마리아는 아들보다도 젊게 그려지곤 했던 것이 대표적인 예다.

가톨릭 교회는 성공적으로 성처녀 숭배 문화를 퍼뜨렸다. 그러나 여전히 여성의 부정적 측면을 담당할 존재는 필요했다. 과연 사회는 누구에게 악역을 맡겼을까? 바로 늙고 추한 마녀다. '거울속의나는참나와는반대요마는또꽤닮았소.' 그렇다, 원래 성녀와 마녀는 같은 존재였다.

알고 보면 억울한
금융업자, 샤일록

★1290년 잉글랜드에서 유대인을 추방하다
★1306년 프랑스에서 유대인을 추방하다
★1492년 에스파냐에서 유대인을 추방하다
★1516년 베네치아에 게토가 만들어지다

셰익스피어의 『베니스의 상인』(1600년)만큼 유대인에 대한 편견을 널리 퍼뜨린 작품이 또 있을까? 당시 베네치아('베니스'는 영어식 표기)의 무역 상황이라든가 법체계 등을 생각해보면, 작품에 담긴 이야기가 말이 안 된다는 것을 알 수 있다. 작가는 왜 이렇듯 당대 현실과 거리가 먼 상황을 설정했을까? 정보 부족 탓도 있었겠지만 아무래도 샤일록을 악인으로 몰아가기 위해서였을 것이다. 그런데 철저히 악인으로 묘사되었음에도 불구하고 샤일록이 가엾게 느껴지는 이유는 무엇일까? 제목이 가리키는 '베니스의 상인'은 과연 누구일까? 다 읽고 나면 작가인 셰익스피어의 집필 의도가 무엇인지 아리송해지는 것은 또 왜 그럴까?

여러 가지 궁금증이 샘솟는 데에는 이 작품의 독특한 구성이 한 몫을 하고 있다. 우리가 보통 알고 있는 『베니스의 상인』 줄거리는 원작의 일부분이다. 원작은 각각 다른 네 가지 이야기로 구성되어 있다. 이 때문에 전체를 관통하는 주제를 파악하기가 어렵다.

베네치아 상인인 바사니오는 지혜롭고 아름다운 포셔에게 구혼하러 가기 위해 친구 안토니오에게 돈을 꿔달라고 한다. 안토니오는 돈을 빌리러 유대인 고리대금업자 샤일록에게 간다. 안토니오에게 공개적으로 모욕을 당한 적이 있는 샤일록은 이 기회에 복수를 하고자 한다. 안토니오에게 '돈을 갚지 못하면 심장에서 가장 가까운 살 1파운드를 제공한다'는 증서를 쓰게 한다. 그런데 안토니오가 전 재산을 투자한 무역선이 돌아오지 않는다. 파산한 안토니오는 제 날짜에 돈을 갚지 못해서 법정에 서게 된다. 이 사정을 알게 된 포셔는 판사로 변장하여 재판을 주관한다. 자비를 권하나 샤일록이 거부하자 '계약서에 있는 대로 살은 베어가되 피는 단 한 방울도 흘려서는 안 된다'라는 판결을 내려 안토니오를 살려낸다. 베네치아 법에 따라 기독교인이자 베네치아 시민을 죽이려 했던 벌을 받아 샤일록은 파산하게 된다. 여기까지가 첫 번째 이야기다. 두 번째는 바사니오가 포셔에게 구혼할 때 금, 은, 납으로 된 세 가지 상자 중 하나를 고르는 이야기다. 바사니오는 화려한 금은 상자보다 소박한 납 상자를 고른다. 상자 안에 포셔의 초상화가 들어 있어서 구혼에 성공한다. 세 번째는 포셔가 결혼 반지로 남편 바사니오를 시험하는 이야기이며 마지막 네 번째 이야기는 샤일록의 딸인 유대인 처녀와 기독교도 청년의 사랑 이야기이다.

『베니스의 상인』 원작은 이 네 가지 이야기가 얽혀 구성되어 있다. 가장 유명한 것은 역시 베네치아의 상인들인 샤일록과 안토니오의 재판 이야기다. 탐욕스럽고 사악한 유대인 샤일록이 안토니오를 잔인하게 죽이려다가 벌 받아 망하는 이야기. 이렇게나 유대인이 부정적으로 그려지게 된 역사적 배경은 무엇일까?

영국의 대문호가 조장한 유대인 혐오

예로부터 서구인들의 유대인 혐오에는 종교적 이유가 있었다. 기독교도들은 구세주 예수를 십자가에 못 박아 처형했다며 유대인을 배척하고 차별했다. 그러다 19세기 이후, 인종적 반유대주의가 등장하여 유대민족은 생물학적으로 열등한 인종이자 증오의 대상이 되었다. 이는 제1차 세계대전에서 패배해 암울해진 독일의 현실과 맞물려 증폭되었다. 히틀러 치하 나치 독일은 유대인 대학살을 벌인다. 전적으로 히틀러 탓만은 아니다. 유럽에 유대인을 혐오하는 오랜 전통이 없었더라면, 유대인에 대한 사회적 박해가 없었더라면, 그래서 당시 유럽인들이 유대인 박해에 암묵적으로 동의하지 않았더라면 10년도 안 되는 짧은 기간에 6백만이나 학살당하는 대참극은 일어나지 않았을지도 모른다. 도대체 유럽에는 왜 이토록 지독하고 무서운 반유대주의가 퍼져 있었을까?

특히 베니스의 젊은 상인 안토니오는 샤일록을 무척 미워했다. 샤일록도 그에 못지않게 안토니오를 미워했는데, 안토니오가 곤경에 처한 사람들에게 종종 무이자로 돈을 빌려주곤 하기 때문이었다. 그래서 자연히 이 탐욕스러운 유대인과 관대한 안토니오는 서로 원수처럼 지냈다. 안토니오는 금전 거래소에서 샤일록을 종종 만나곤 했는데, 그때마다 샤일록을 향해서 혹독하기 짝이 없는 돈놀이를 한다고 맹렬히 비난하곤 했다. 샤일록은 여러 사람들 앞에서 이런 모욕을 받으면 겉으로는 참는 척하면서도 마음속으로는 복수심을 불태우고 있었다.

- 찰스 램·메리 램,『셰익스피어 이야기』, 비룡소

『베니스의 상인』은 유대인이 고리대금업에 종사하기 때문에 모욕과 차별을 받게 된 것처럼 서술하지만, 이는 원인과 결과가 뒤바뀐 서술이다. 차별을 받았기 때문에 고리대금업에 종사할 수밖에 없었던 것이 사실이다. 유대인들은 제한된 농토를 중심으로 조직된 폐쇄적인 중세 경제체제 안으로 비집고 들어갈 수가 없었다. 유대인들은 토지 소유를 금지당했다. 토지나 집을 소유할 기회가 생기더라도, 언제 추방될지 모르는 유대인에게 갖고 떠날 수 없는 부동산이란 큰 의미가 없었다. 그래서 들고 움직일 수 있는 지식과 재산을 이용한 직업에 종사했다.

그중에서도 특히 고리대금업자가 된 이유는 따로 있다. 성경에는 "형제에게 돈을 빌려주거든 이자를 받지 말라"고 명시되어 있다. 이자 수입은 시간이 흘러가면 저절로 생긴다. 수고롭게 농사를 짓거나 물건을 만들어서 돈을 버는 것이 아니다. 시간은 신의 영역이기에 돈을 빌려주고 이자 수익을 올리는 것은 불경스런 짓이었다. 그러나 같은 유일신을 믿고 구약성경을 공유하기는 해도, 유대인은 기독교도들과 같은 종교상의 형제가 아니기에 돈을 빌려주고 이자를 받을 수 있었다.

유대인 금융업자들은 차별받으면서도 사회에 필요한 존재였다. 중세 유럽의 봉건 영주들은 전쟁이나 자녀의 정략결혼 등으로 급한 돈이 필요하면 부유한 유대인 금융업자를 찾아가 융자를 받았다. 그러고는 돈을 갚기 위해 자신의 영토에 살고 있는 농민을 착취해 가혹하게 세금을 걷곤 했다. 민중들은 봉건 체제의 문제점을 비판하는 대신에 만만한 유대인에게 화풀이를 했다. 이에 영주들은 불만을 품은 민중이 유대인 촌락을 습격하고 불 지르는 사태를 방관하거나 오히려 조장하기도 했다. 다툼이 생기면 피해자인 유대인들에게 추방령을 내렸다. 그러면 영주 자신의 대출 상환 의무가 없어지니까 말이다. 그러므로 유대인이 비유대인을 금전적으로 착취하기 때문에 멸시를 당할 수밖에 없다는 관념은 사실 왜곡이다. 이러한 관념은 셰익스피어 이전 시기부터 있었다. 하지만 유대인의 이미지가 고리대금업자에 인격파탄자도 모자라서 추한 외모의 수전노로 완성되기까지는 셰익스피어가 쓴 이 작품 『베니스의 상인』이 큰 역할을 했다. 물론 축약본이 아닌 원전을 보면 셰익스피어는 샤일록에게도 항변의 기회를 주기는 하지만.

이유가 뭐냐고요? 내가 유대인이란 겁니다. 유대인은 눈이 없어요?

유대인은 손도 기관도 신체도 감각도 감정도 정열도 없냐고요? 기독
교인과 같은 음식 먹고 같은 무기로 상처를 입으며, 같은 병에 걸리고
같은 방법으로 치유되며, 여름과 겨울에도 같이 덥고 같이 춥지 않느냐
고요? 당신들이 우리를 찌르면 피 안 나요? 간지럼을 태우면 안 웃어
요? 독약을 먹으면 안 죽어요?

– 셰익스피어, 최종철 옮김, 『셰익스피어 전집1』, 민음사

여기서 잠깐, 과연 셰익스피어가 실제로 유대인 고리대금업자
를 만나본 적이 있었을까? 아마도 없었을 것이다. 셰익스피어의 조
국인 영국은 그가 태어나기도 전인 1275년에 이미 유대인의 고리
대금업을 법으로 금지했고, 1290년에는 자국의 영토에서 유대인들
을 추방했기 때문이다. 기독교로 개종한 일부를 제외한 대다수 유
대인들은 이때 영국을 떠났다. 셰익스피어가 만난 유대인이란 개종
한 의사 정도였을 것이다. 유대인들은 1656년 크롬웰 시대에 이르
러서야 다시 영국에 들어오게 된다. 이미 셰익스피어가 죽은 지 40
년이 지난 시점이었다. 그러므로 셰익스피어는 고리대금업에 종사
하는 고약한 유대인을 실제로 만나본 적도 없이 상상만으로 작품을
썼던 것이다. 이 시점에서 한번 묻고 싶다. 셰익스피어 아저씨, 왜
그러셨어요?

사실과 다른 베네치아 상인

셰익스피어는 유대인 상인의 이미지뿐만 아니라 베네치아라는 도시 자체도 왜곡했다. 『베니스의 상인』에는 당시 현실과 맞지 않는 내용이 상당히 많다.

당시의 베네치아는 지금의 뉴욕처럼 세계 경제의 중심지였고, 베네치아의 유대인들은 고리대금업자가 아니라 국제적인 투자자로서 초기 자본주의 발달에 기여했다. 샤일록처럼 베네치아에 정착한 유대인들이 '세파라딤' 계열이라는 것으로도 알 수 있다. 세파라딤이란 주로 에스파냐와 포르투갈계 유대인을 가리키는 말이다. (독일계 유대인은 '아슈케나짐'이라고 한다. 중세 이후 유대인 세계는 아슈케나짐과 세파라딤으로 분리되었으며, 지금도 이스라엘에는 이들을 각각 대표하는 두 명의 수석 랍비가 있다.) 에스파냐는 1492년에 통일을 완성하고 개종을 거부한 유대인을 추방했다. 이때 이베리아 반도에 살고 있던 약 25만 명의 세파라딤 유대인들은 북아프리카, 이탈리아, 오스만 제국 등지로 이주했다. 이후 유대인들의 자본을 잃은 에스파냐의 경제는 활력을 잃게 되고, 종교적 흑백논리를 떠나 이들을 실용적 목적으로 받아들인 다른 나라들의 경제는 눈부시게 발전하게 된다.

지중해 무역으로 성장하여 상인다운 실용적 세계관을 지닌 베네치아 공화국의 경우, 돈 보따리를 싸들고 이주해온 유대인들을 『베니스의 상인』에 묘사된 것처럼 심하게 차별할 이유가 없었다. 물론 베네치아에 세계 최초의 유대인 격리구역인 게토가 생기기는 했지만, 이는 제2차 세계대전 당시 폴란드에 있었던 게토 같은 '강제 수용소' 개념이 아니었다. 오히려 광신적 기독교인들로부터 유대인들을 보호하려는 의도가 더 강했다. 즉, 이 작품에서처럼 같은 베네치아의 상인인 안토니오가 공개 석상에서 유대인 샤일록을 무례하게 모욕하는 것은 상당히 비현실적이다.

안토니오가 투자한 모든 배들이 동시에 난파되어 망하는 것 역시 비현실적이다. 베네치아 상인들은 무역선에 투자할 때 '콜레간차(Colleganza)'라는 일종의 합자 회사 제도를 이용했다. 콜레간차는 자본가 한 사람이 상업 항해에 필요한 모든 경비를 투자하는 것이 아니라 여러 투자자들이 합자하여 1/n씩 투자하는 방식을 말한다. 베네치아의 상인들은 이런 식으로 여러 지역을 오가는 무역선단에 재산을 분산투자했다. '계란을 한 바구니에 담지 말라'는 현대적 포트폴리오 투자의 원칙을 이미 구현하고 있었던 것이다. 투자한 배가 항해 도중에 값진 상품을 싣고 침몰했다는 이유로 전 재산을 한꺼번에 다 잃는 경우는 없었다. 또 한 지역의 무역로가 전쟁이나 기상이변 등 현지 사정으로 가로막혔다는 이유로 자금 운용상의 낭패를 보지도 않았다. 투자자는 그전에 이미 여러 지역으로 분산투자를 해놓았을 터이니 다른 지역에서 무역선이 시차를 두고 속속 들어오게 될 것이기 때문이다. 작품 속에서 안토니오도 트리폴리, 멕시코, 잉글랜드, 인도 등에 분산투자를 했다. 그런데 시차를 두고 입항, 출항하게 한 사실은 반영되지 않은 듯하다. 이렇게 볼 때 한꺼번에 항해에 나선 배가 돌아오지 않아서 안토니오가 바로 파산하고 샤일록의 칼을 받게 되는 상황은 당시 베네치아의 경제 현실과 맞지 않는다.

겉과 속이 다른 상자의 은유

지금까지 살펴본 대로 『베니스의 상인』은 당시 베네치아의 무역 현실과도, 베네치아의 유대인이 처한 상황과도 맞지 않는다. 이야기의 주요 흐름인 샤일록의 재판 외에 다른 이야기들이 왜 들어 있는지도 의아해진다. 그래서인지 작품 전체를 읽고 나면 셰익스피어의 집필 의도가 무엇이었는지 많은 생각이 든다. 작가의 진짜 의도와 관계없이 『베니스의 상인』 하면 사악하고 잔인한 유대인 샤일록이 먼저 떠오르는 것은 부정할 수 없다. 그러나 바사니오가 포셔에게 구혼하는 이야기에 등장하는 상자들을 한번 떠올려보자.

포셔에게 구혼한 바사니오는 포셔 아버지의 유언에 따라 시험을 치러야 한다. 금, 은, 납으로 된 세 가지 상자 중에 포셔의 초상화가 들어 있는 상자를 뽑아야 합격이다. 앞서 구혼했던 쟁쟁한 왕자들과 달리 바사니오는 초라한 납 상자를 뽑는다. 상자 안에는 포셔의 초상화가 들어 있었다. 포셔는 바사니오의 인품에 반하여 결혼을 약속한다.

바사니오 앞에 놓인 상자들은 겉으로 보이는 가치와 내용물이 일치하지 않는다. 무엇보다 귀한 포셔의 초상화가 가장 값싼 납 상자 속에 있었으니 정반대인 셈이다. 그렇다면 혹시 작가인 셰익스피어는 겉과 속이 다른 상자들을 통해 겉으로는 유대인 상인 샤일록의 패배를 그리고 있으면서도 한편으로는 기독교인들의 이중성을 고발한 것이 아닐까? 판사로 변장한 포셔는 샤일록의 전 재산을 몰수하고 강제로 개종시키라는 판결을 내린다. 심하다. 안토니오의 살 1파운드를 포기하게 만들어 안토니오의 목숨만 구해주면 될 것을. 타인의 목숨을 앗으려 한 죄의 대가를 치르게 하고 싶으면 좀 과한 벌금이나 부과하면 될 것을. 이는 올바르지도, 법의 정신에 맞지도 않다. 재판 전반부, 안토니오에게 복수할 수 있게 되어 의기양양해하는 샤일록에게 포셔는 자비를 베풀라고 여러 번 간곡히 권한다. 그러나 그토록 자비를 말하던 포셔는 샤일록이 불리해지는 재판 후반부의 상황에서는 샤일록을 위해 자비를 베풀라고 안토니오에게 권하지 않는다. 부당하다. 재판 전반 내내 사랑과 자비 등 기독교인의 미덕을 운운하더니 왜 유대인 샤일록에게는 동일한 자비의 원칙을 적용하지 않는가! 그것도 법 앞에서 만인의 평등이 보장되어야 할 법정에서 말이다. 이렇게 볼 때, 겉과 내용물이 다른 상자는 바로 포셔, 안토니오, 바사니오를 비롯한 기독교도 등장인물들의 이중성을 상징하는 것 같기도 하다.

그러나 셰익스피어 생존 당시 기독교도 관객들은 이 재판 장면을 연극으로 보고 즐거워했을 것이다. 정의는 반드시 승리한다는 자아도취적 교훈을 얻고 카타르시스를 느꼈을 것이다. 자신들이 겪는 현실의 팍팍함을 기독교도 공동의 적인 유대인 탓으로 돌리며, 사실은 같은 기독교도인 지배자들에게 받은 스트레스를 풀었을 것이다. 혹시 이런 관객들의 반응을 극작가인 셰익스피어는 무대의 붉은 커튼 뒤에 숨어서 보고 있지 않았을까? "이 겉과 속이 다른 상자 같은 인간들아" 하고 혼잣말을 하면서 말이다.

『베니스의 상인』, 참 여러 가지 생각을 하게 만드는 작품이다. 겉으로는 낭만적 사랑과 이상적 우정이란 주제를 놀라운 반전이 일어나는 재판 과정을 통해 보여주고 있지만, 뚜껑을 열어보면 깊숙이 담겨 있는 내용물은 추악한 기독교도들의 이중성 고발이다. 제목인 '베니스의 상인'이 가리키고 있는 인물은 샤일록도 안토니오도 아닌 포셔 같다. 거래를 통해 가장 큰 이익을 얻는 자가 바로 진정한 '베니스의 상인' 아니겠는가. 포셔는 남편 친구의 생명을 구해주어 남편의 헌신적 사랑을 평생 보장받게 되었기 때문이다. '베니스의 상인'은 교황의 반대에도 불구하고 이교도인 이슬람교도들과도 무역을 할 정도로 현실의 이익을 최우선적 가치로 치는 사람들이므로 시차를 둔 분산투자를 하지 않는 안토니오나 불합리한 조건으로 거액을 빌려주는 샤일록은 베네치아의 상인답지 않다. 그런데도 '베니스의 상인'이라면 샤일록을 떠올리게 되는 것 역시 겉과 속이 다른 상자 같다. 『햄릿』, 『맥베스』, 『리어 왕』, 『오셀로』 등 주인공 이름이 작품 제목인 셰익스피어의 다른 작품들과 같은 식으로 명명한다면, 『베니스의 상인』은 『포셔』가 되어야 마땅하지 않은가.

이런 생각을 하며 이 작품을 읽으니 『베니스의 상인』이란 작품 자체가 겉과 속이 다른 상자 같다.

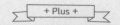

커피 메뉴판을 보면 베네치아 상인이 보인다

에스프레소(Espresso), 아메리카노(Americano), 카푸치노(Cappuccino), 라떼(Latte) 까지…… 우리가 아는 커피 메뉴명은 모두 이탈리아어다. 커피 만드는 전문 가를 뜻하는 말인 바리스타(Barista) 역시 이탈리아어이다. 커피 용어가 전부 이탈리아어인 이유는 무엇일까?

에티오피아가 원산지인 커피는 원래 이슬람권에서만 마셨다. 유럽인은 십자군 전쟁 시기에 이슬람 지역에서 처음으로 커피를 맛보게 되었다. 그런 데 악마의 색인 검은 빛을 띤 데다가 이교도인 이슬람교도들이 마시는 음료 란 이유로 커피를 기피했다.

이후 오스만 제국 지배 하의 콘스탄티노폴리스에서 커피를 맛본 귀족 외교관들과 무역상들이 귀국함에 따라 유럽에서도 커피 문화가 번지기 시 작한다. 그러나 여전히 커피는 공개적으로 마실 수 없는 음료였다. 그러던 1600년경, 교황 클레멘스 8세가 이 '이교도의 음료'에 세례를 주어 당당히 커 피를 즐길 수 있게 되었다는 야사가 생길 정도였다.

1615년, 이탈리아에 이슬람 상인과 정식으로 무역을 해서 커피가 들어오 게 되는데, 이를 담당했던 상인들이 바로 베네치아 상인들이었다. 이 또한 종 교적 편견 없이 실리만을 보고 움직인 베네치아 상인다운 거래다. 1645년에 는 베네치아에 유럽 최초의 카페가 문을 열었다. 커피는 급속도로 유행하여 유럽 전역에 커피하우스가 생겼다.

이처럼 커피가 유럽 대륙에 전파되는 과정을 보면 동지중해 무역에서 베 네치아의 상인들이 대단한 활약을 했다는 것을 쉽게 알 수 있다. 지금까지 커피와 관련된 이름은 대부분 이탈리아어를 사용하고 있을 정도로 말이다.

2부

잘난 영웅,
억울한 영웅,
이상한 영웅,

로빈 후드의 적은
누구인가

~~~~~~~~~~~~~~~~~

★5~6세기 앵글로색슨족이 브리튼에 정착하다

★851년 바이킹이 브리튼에 겨울 막사를 구축하다

★927년 애설스탠이 7왕국을 통일한 잉글랜드의 왕이 되다

★1066년 노르망디 공작이 잉글랜드를 점령해 왕이 되다

약자를 보호하고 사악한 강자에 맞서 싸우며 예쁜 아가씨를 구해주는 우리의 슈퍼맨, 스파이더맨, 배트맨, 아이언맨. 이 모든 영웅들 가운데 최고령자는 누구일까? 원조 히어로는 누구일까? 전세계의 모든 구전 설화와 기록물을 다 살펴보지 못했기에 단적으로 말할 수는 없다. 영국으로 한정시켜 보면, 구전되다가 문헌으로 기록된 가장 오래된 영웅 이야기는 8세기 초에 고대 영어로 기록된 『베오울프』일 것이다. 문학, 연극, 영화 등 여러 장르에 걸쳐 새로운 버전으로 끊임없이 재해석되고 있는 유서 깊은 영웅 이야기를 더 들라면 아서 왕과 로빈 후드가 빠질 수 없다. 이 세 이야기의 주인공들은 모두 영국 역사의 중요한 전환점과 관련된 영웅들이다. 이번에는 이들을 예로 들어 역사와 영웅 이야기가 어떻게 서로 영향을 끼치는지, 영웅은 어떻게 만들어지고 변해가는지, 후세 사람

들에게 어떤 방식을 거쳐 영웅으로 기억되는지를 이야기해보겠다.

영웅 탄생의 역사

빙하시대의 브리튼섬은 유럽 대륙과 붙어 있었기에 도버 해협이 생기기 전에 이미 원주민들이 정착해 살고 있었다(영국은 브리튼섬의 각 지역인 잉글랜드, 웨일스, 스코틀랜드와 아일랜드섬의 일부인 북아일랜드로 구성된 연합왕국(United Kingdom)이므로, 현 영국과 구별하기 위하여 브리튼섬이라 서술한다). 기원전 7~8세기경에는 켈트족이 유럽에서 건너와 정착한다. 이들 켈트족까지가 영국의 선사시대 주민들이다.

기원전 55년에는 로마 제국의 카이사르가 이끄는 군대가 브리튼섬을 침략하는데 이를 로만 인베이전(Roman invasion)이라고 부른다. 로마인들은 400여 년 동안 브리튼을 지배하다가 철수한다. 로마 군인들은 자연스레 현지인이 되기도 했다.

4세기부터 6세기에 걸쳐 유럽 전역은 게르만족의 대이동이란 격변을 맞이한다. 브리튼섬에는 게르만족의 한 갈래인 앵글로-색슨족 등이 침략하여 브리튼인들을 몰아내고 왕국을 세운다. 이를 일컫는 용어가 앵글로-색슨 인베이전(Anglo-saxon invasion)이며 이 시기 원주민인 브리튼인들의 거센 저항의 역사를 반영한 이야기가 바로 그 유명한 아서 왕 전설이다.

이어서 8세기 말부터 바이킹이라고도 불리는 노르만족의 한 갈래인 데인족이 브리튼을 침략한다. 즉, 데인 인베이전(Dane invasion)

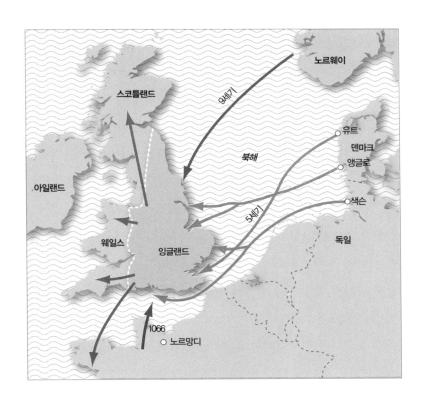

이민족 이동 경로

의 시기다. 앵글로-색슨족이나 데인족이나 크게 보면 같은 서북부 유럽의 게르만족이었기에 브리튼에 들어온 이들은 본거지인 북유럽 게르만족의 신화와 문화를 담은 베오울프 이야기를 구전되던 상태로 가지고 왔다. 이는 8세기에 고대 영어로 기록되어 라틴어가 아닌 자국어로 기록된 가장 오래된 유럽의 영웅 서사시가 된다.

11세기, 노르망디 공작 윌리엄이 영국 왕위 계승권을 주장하며 브리튼을 침략한다. 그는 새로 노르만 왕조를 연다. 노르만 인베이전(Norman invasion)을 끝으로 영국에 대한 유럽 대륙 이민족 침공의 역사가 끝나며 본격적인 영국사가 시작된다. 그런데 노르만 인베이전 시기에 색슨족 주민들은 과거의 침략자 신분이 바뀌어 정복당한 원주민이 되었다. 그리하여 노르만 왕조에 대한 색슨족 주민들의 저항을 반영한 전설이 생겨났다. 바로 『로빈 후드의 모험』이다.

즉, 아서 왕, 베오울프, 로빈 후드 이야기는 모두 실제 외세의 침공과 저항 과정에서 생겨난 영웅 이야기들인 것이다. 그런데 유독 『베오울프』는 후대로 내려오면서 영국 민중 사이에서 다양한 변용과 재해석이 이루어지지 않는다. 침략자들의 역사를 영웅시하고 미화했다는 점에서 생긴 민중의 반감이었을까? 반면 아서 왕과 로빈 후드는 할리우드에서 영화화된 인물 순위를 매길 때 늘 상위권에 있을 정도로 영국뿐만 아니라 전 세계적으로 인기를 끌고 있는 영웅 캐릭터이다. 그들은 비록 이야기 내에서는 사망하지만, 결코 이야기 자체의 완결판은 나오지 않는다. 아서 왕과 로빈 후드는 후대까지 다양한 이야기로 부활을 거듭하여 영국인들의 국민 정체성

형성에 크게 기여하였다. 영국이 유럽 대륙과 맞서 전쟁을 벌이던 프랑스 혁명과 나폴레옹 전쟁 시기에 아서 왕과 로빈 후드 이야기가 최고로 유행했던 사실을 보아도 알 수 있다. 원래, 영웅이란 죽은 후에도 사람들의 기억 속에서 다시 살아가는 법이다.

그러나 아서 왕과 로빈 후드, 둘 사이에는 결정적 차이가 있다. 아서 왕의 경우는 왕과 귀족, 기사 등 지배계급이 즐기던 이야기인 반면, 로빈 후드는 민중들이 좋아하던 영웅 이야기란 점이다. 그래서 후대로 내려오면서 아서 왕의 이야기는 성배 전설과 다른 기사들의 모험 이야기가 포함되면서 점차 체제수호적인 기독교 영웅담과 기사도 문학으로 변해간다. 반면 로빈 후드는 이야기와 연극, 영화 속에서 자신의 적을 계속 바꿔가면서 여전히 민중의 영웅으로 살아남아 발전해가는 모습을 보인다. 민중들은 자신들의 세계관을 대변해주는 영웅으로 베오울프나 아서 왕이 아니라 의적 로빈 후드를 선택한 것이다. 참으로 흥미롭지 않은가? 자, 이제 영원한 민중의 히어로, 로빈 후드에 대해 본격적으로 알아보자.

노르만 정복자 vs 앵글로색슨 민중

로빈 후드 이야기의 정확한 탄생 연도를 알 수는 없다. 분명한 창작자가 있는 것이 아니라 중세에 민요로 전승되던 내용을 기록한 것이기 때문이다. 뿐만 아니라 기록마다 로빈 후드가 살았던 시대나 그의 신분, 주된 활약 등에 대한 서술이 각각 다르다. 일단 이 글에서는 낭만주의가 유행하던 19세기에 아동용으로 만들어진 하워드 파일의 『로빈 후드의 모험』(원제목은 '노팅엄셔 주에서 가장 유명한 로빈 후드의 즐거운 모험'이다)을 놓고 이야기를 계속하겠다. 우리나라 독자들이 동화나 만화로 접한 로빈 후드 이야기는 다 하워드 파일 본의 변형이기 때문이다. 이 판본으로 로빈 후드를 만나려면 우리는 12세기 영국으로 가야 한다.

12세기 영국의 헨리 2세 시절, 로빈 후드는 왕의 사슴을 죽인 죄 때문에 셔우드 숲으로 도망가 의적이 된다. 로빈은 동료인 '유쾌한 패거리'와 숲을 지나가는 고위 성직자, 귀족들의 돈을 빼앗는 등 즐거운 모험을 한다. 법을 위반하며 살기에 왕의 분노를 사 죽을 위기에 처하자 왕비 엘레오노르가 구해준다. 헨리 2세가 죽은 후 왕위를 이어받은 리처드 1세가 셔우드 숲으로 찾아온다. 왕은 로빈을 부하로 삼고 헌팅턴 후작으로 봉한다. 로빈은 리처드 1세를 따라 3차 십자군 전쟁까지 참전한다. 귀국한 로빈은 리처드 1세가 죽고 난 후 왕위에 오른 존 왕의 미움을 받는다. 그는 다시 셔우드 숲으로 돌아와 친구 리틀 존의 품에서 쓸쓸히 죽는다.

하워드 파일의 『로빈 후드의 모험』을 보면 로빈의 주된 적은 노르만 귀족들이다. 1066년, 프랑스 노르망디 공작 윌리엄(프랑스식 이름은 기욤)이 노르만인을 이끌고 영국을 침략한다. 그는 헤이스팅스 전투에서 항전하던 앵글로색슨족 귀족들을 몰살시키고 새 왕조를 열었기에 정복왕 윌리엄이라 불린다. 이때 윌리엄은 대륙의 봉건제를 도입하여 자기 일족과 부하 기사들 위주로 영지를 분배한다. 또한 영국 전체 면적의 3분의 1이나 되는 광대한 숲을 왕실 전용림으로 삼고 그곳에서 사슴이나 토끼 등을 잡는 자는 사형에 처한다. 앵글로색슨족 민중들은 저항한다. 살아남은 앵글로색슨의 귀족 전사들은 숲 속에 숨어 있다가 노르만 귀족을 습격하기도 하고 그들의 재물을 빼앗아 폭정에 시달리는 원주민 백성들에게 나눠주기도 한다. 여기에서 숲 속에 사는 유쾌한 사나이들에 대한 전설이 시작된다.

어떤 사람은 굶주리다 못해 임금님의 사슴을 쏘아 죽인 죄로 귀를 잘릴 뻔했다가 용케 도망쳐왔고, 어떤 사람은 귀족이나 돈 많은 성직자나 지주에게 집과 밭을 빼앗기고 도망쳐오기도 했습니다. 이리하여 로빈 후드의 주위에는 백 명이 넘는 산도둑들이 모여들었습니다. 로빈 후드는 그들의 두목으로 뽑혔습니다.

"셔우드 숲을 지날 때는 조심하라! 푸른 옷을 입은 개가 문다!"

귀족이나 돈 많은 성직자와 지주들은 이렇게 말하며, 로빈 후드의 패거리를 두려워했습니다. 로빈 후드의 패거리들은 엄청난 세금과 땅세와 벌금으로, 가난한 사람들을 괴롭히는 사람들이 셔우드 숲을 지나가면 당장 붙잡아 재물을 털었기 때문입니다.

로빈 후드가 활약했던 12세기는 플랜태저넷 왕조를 연 헨리 2

세와 그의 아들들인 사자왕 리처드 1세, 존 왕이 영국을 다스렸다. 이 시기는 노르만 왕실에 대한 반감이 매우 높았다. 노르만족 지배자의 횡포는 정복왕 윌리엄 이래 변함이 없었다. 게다가 당시의 영국 민중들은 왕의 잦은 외국 출정에 따른 전쟁비용을 대느라 등골이 휠 정도였다. 용감하기로 소문난 사자왕 리처드는 아버지 헨리 2세와 어머니 엘레오노르에게서 물려받은 프랑스 내의 영국 영지 문제로 프랑스 왕 필리프 2세와 전쟁을 벌였고, 3차 십자군 전쟁에 참가하기 위해 멀리 예루살렘까지 군대를 이끌고 원정에 나섰기 때문이다. 설상가상으로 리처드 왕은 원정에서 돌아오는 길에 신성로마 제국 황제 하인리히 6세에게 억류되었기에 영국 민중들은 돈을 걷어서 왕의 몸값까지 지불해주어야만 했다. 이처럼 잦은 조세 징수에다 고율의 토지세 부담 때문에 앵글로색슨계 귀족과 일반 민중이 프랑스계 노르만 지배계급에 대해 품은 반감은 더욱 커져만 갔다.

로빈은 진화한다, 로빈의 적도 진화한다

로빈 후드가 잔을 들고 말했습니다.

"잠깐! 우선 내가 건배의 말을 하겠다. 위대한 리처드 왕을 위하여 건배! 그의 적이 전멸해버리도록!"

모두들 임금님의 건강을 위해서 잔을 들었습니다.

임금님은 자기 자신을 위하여 잔을 들면서 생각했습니다.

'이놈들은 자기들이 전멸하기를 바라면서 잔을 들고 있군.'

위의 인용 부분에서 볼 수 있듯, 로빈과 그의 패거리들은 귀족 지주에 대한 불만은 높아도 국왕에 대해서는 변함없는 충성을 바치고 있다. 또한 그들은 고위 성직자들은 적대시하지만 신앙심은 깊다. 로빈이 생각한 자신의 적은 왕이나 기독교 자체가 아니었다. 국왕이 하사한 특권을 남용하여 백성들을 괴롭힌 노르만족 지주 귀족들과 신이 부여한 임무를 제대로 행하지 않고 있는 부패한 고위 성직자들이었다. 이를 보면 로빈 후드 이야기를 즐긴 민중들은 지배계급 전체를 적으로 보고 있지는 않다는 것을 알 수 있다. 다른 작가가 기록한 로빈 후드 이야기에서는 로빈이 사자왕 리처드를 따라 십자군 전쟁에 참전하여 이슬람교도와 싸우는 내용이 나오기도 한다. 이 판본으로 보면 로빈의 적은 이교도인 이슬람 사람들이다. 그런데 로빈 후드 이야기의 가장 최근 버전이라 볼 수 있는 리들리 스콧 감독의 영화 〈로빈 후드〉(2010년)에서 러셀 크로우가 연기한 로빈은 존 왕을 확실히 적으로 인식하고 있는 반면 이슬람교도들은 같은 인간으로 여기고 있다.

로빈의 적은 왜 시대와 판본에 따라 다르게 등장하고 있는 것일까? 그 이유는 로빈 후드 이야기를 즐기는 사람들이 당시에 품었던 세계관을 각각의 판본에 반영하였기 때문이다. 하워드 파일 판본의 경우 기록된 시기가 19세기 낭만주의 시절이어서인지 숲 속에서의 자유로운 생활에 대한 묘사에 치중하고 왕에 대한 비판은 전혀 하지 않는 특징을 보인다. 기본적인 지배구조의 큰 틀 자체는 건드리지 않는다. 그러나 20세기 초의 사회주의 혁명 직후 새로 로빈 후드 이야기를 쓴 작가들은 로빈을 통해 가진 자와 못 가진 자의 계급 갈등을 강조한다.

이렇게 구비전승된 설화를 바탕으로 한 이야기인 경우, 역사적으로 고증한다든지 원본의 내용을 추적한다든지 하는 것보다 시대별로 다양하게 살아 움직이는 모습 자체가 더 흥미롭다. 배트맨, 스파이더맨, 아이언맨 등 현대 히어로 영화에서도 각 편마다 다른 악당이 나오듯이 로빈 후드가 싸워야만 하는 적들도 시대마다 변화한다. 이 적들을 파악해보면 서구 민중들의 세계관이 변화해온 과정이 보인다.

로빈 후드는 진화한다. 로빈 후드의 적이 진화하는 것처럼. 이 유쾌한 남자가 앞으로 누구의 입장에 서서 어떤 활약을 할지 궁금하지 않은가. 영웅은 과거에 일어난 역사적 사건에서 탄생하지만, 영웅 이야기가 살아남아 활동하는 공간은 후세의 현실 속이니까 말이다.

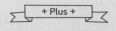

왕에게 별명을 붙이는 이유

『로빈 후드』에 나오는 리처드 1세가 '사자왕 리처드'라는 별명으로 불리는 것에서 알 수 있듯이, 유럽 왕들은 대부분 별명을 갖고 있다. 왜 그런 걸까?

가톨릭 성인이나 성서 속 인물의 이름을 따거나 조상의 이름을 이어받거나 하는 식으로 이름을 짓는 서구권은 한 집안에 동명이인이 많이 생기게 된다. 그래서 구별하기 위해서 각기 다른 애칭으로 부른다. 세 명의 엘리자베스가 있으면 베티, 베스, 일라이저로 부르는 식이다. 혹은 별명을 붙이기도 한다. 프랑스 왕가의 경우 전통적으로 '필리프'라는 이름을 많이 쓰기 때문에 존엄왕 필리프, 미남왕 필리프와 같이 별명을 붙여주어야 구분이 간다.

별명을 붙이는 데에는 왕의 업적이나 외모상의 특징을 단적으로 보여주려는 의도도 있다. 사자왕 리처드는 3차 십자군 전쟁에서 이슬람 측의 살라딘에 맞서 용맹한 기사의 모습을 보여주었기에 '사자'란 별명이 붙었다(영어로 Lionheart이기에 사자심왕이라 번역하기도 한다). 정복왕 윌리엄도 업적으로 인해 붙은 별명이다. 외모 때문에 생긴 별명으로는 대머리왕 카를 2세, 뚱보왕 카를 3세 등이 있다.

유럽 왕의 별명 중에 현대인이 일상적으로 자주 쓰는 단어가 있다. 바로 '블루투스'다. 블루투스(Bluetooth, 푸른 이)는 10세기경 스칸디나비아 지역을 통일한 덴마크 왕 하랄 블로탄(Harald Blåtand)에서 유래했다. 이 특이한 별명의 유래로는 그가 워낙 블루베리를 좋아해 치아가 늘 파랗게 물들어 있었기 때문이라는 설도 있고, 파란색 의치를 해넣었기 때문이라는 설도 있다. 무선 전송 기술인 블루투스를 개발한 회사는 통일의 위업을 이룬 블루투스 왕처럼 자신들이 개발한 기술이 통신장치들을 하나의 무선 기술 규격으로 통일하기를 바라는 마음에서 이런 이름을 붙였다고 한다.

세상을 바꾸는 건
언제나 사랑

★754년 프랑크 왕 피핀이 교황에게 땅을 기증하다(교황령)
★800년 카롤루스가 신성로마제국 황제가 되다
★1177년 교황령이 신성로마제국으로부터 독립하다
★1309년 교황청이 프랑스로 옮겨지다(아비뇽 유수)

이번에 이야기할 작품은 서로 뜨겁게 사랑하지만 가문의 대립과 운명의 장난 때문에 사랑을 이루지 못하는 연인의 대명사, 『로미오와 줄리엣』이다. 이하, 인용하는 부분은 셰익스피어의 원작 희곡이 아니라 찰스 램과 메리 램이 소설로 고쳐 쓴 『셰익스피어 이야기』에서 인용한 것임을 밝힌다.

이탈리아의 베로나라는 곳에 돈 많고 가문 좋기로 이름난 캐퓰렛, 몬터규 두 집안이 살았습니다. 두 집안은 옛날부터 사이가 몹시 나빠 먼 친척이나 하인들까지도 길에서 만나면 서로 욕설을 퍼부었고, 심할 때는 피를 흘리며 싸우는 일까지 있었습니다. 이 두 집안의 싸움으로 베로나의 거리는 언제나 평화롭지 못했습니다.

세계문학전집의 어린이판 『로미오와 줄리엣』을 읽으면서 어릴 적 나는 이 대목이 궁금했다. 왜 로미오와 줄리엣 집안은 이렇게 싸워댈까? 전쟁 때도 아니고 우리나라처럼 나라가 분단되어 있는 것도 아니고 한 도시에 같이 살면서 말이다. 중학교에 가서야 역사 시간에 유럽 중세사를 배우면서 교황당과 황제당 사이의 갈등 때문이라는 것을 알았다. 그렇지만 너무 간단히 배웠기에 여전히 궁금증은 풀리지 않았다. 왜들 이렇게 심하게 싸웠을까?

이탈리아는 왜 진흙탕이 되었나

고대 로마 제국 멸망 후 분열되었던 유럽 세계는 프랑크 왕국의 카롤루스가 800년에 교황 레오 3세에 의해 황제로 추대되면서 일부 통합된다. 비록 지금의 프랑스와 독일, 오스트리아, 이탈리아 일부 지역뿐이었지만 명목상으로는 유럽 사람들의 영원한 제국인 로마가 부활한 셈이다. 후대인인 우리는 편의상 이 제국을 카롤루스 제국이나 서로마 제국이라 부르지만 당시 사람들에게는 그냥 로마 제국이었다. 황제라면 당연히 로마 황제이고, 제국이라면 당연히 로마 제국이었기 때문이다. 그러나 문제가 있었다. 그때 동쪽에는 이미 로마 제국이 있었다. 지금의 이스탄불을 수도로 하는 비잔티움 제국인데, 동로마 제국으로 불리기도 한다.

카롤루스와 비잔티움 제국은 12년간 협상한다. 비잔티움 제국의 황제는 카롤루스를 서로마 제국의 황제로 인정하기로 한다. 베네치아를 제외한 북부 이탈리아에 대한 카롤루스의 지배권을 승인하는 대신 남부 이탈리아와 시칠리아 섬은 비잔티움 제국의 영역으로 삼기로 한다. 중부 이탈리아는 로마 교황령이 되었다.

카롤루스 사후 손자 대에 제국은 서프랑크, 동프랑크, 이탈리아로 분열되었다. 이후 다시금 교황에게 로마 황제 칭호를 얻은 후손이 나왔다. 10세기 말 동프랑크의 왕이 된 오토 1세로, 이때 신성로마제국의 토대가 마련된다. 카를 대제(카롤루스 마그누스의 독일어 표기)를 계승했다고 자부하는 독일 황제들이 계속해서 이탈리아에 간섭하고 이탈리아 내에서 원정 전쟁을 벌이게 되는 명분은 바로 여기에서 싹튼다. 독일 황제뿐만 아니라 프랑스 왕을 비롯한 카롤루스의 후예들은 이탈리아로 진격해 로마를 차지해야만 세계를 다스리는 진정한 황제라는 강박관념을 갖게 된 것이다. '로마 제국의 중심은 당연히 로마'라는 일반적인 인식 때문이었다. 그런데 카롤루스와 그 후계자들의 본거지는 이탈리아 반도가 아니라 알프스 이북이었다. 그럼에도 불구하고 그들이 이탈리아 내의 문제에 정치적·군사적으로 개입하려 드는 것은 바로 서유럽 왕들이 가졌던 이러한 중세적 제국 관념 때문이었다.

반면, 교황 역시 종교 지도자인 동시에 이탈리아 중부 지방에 영토를 갖고 있는 봉건 영주였다. 교황은 이탈리아를 노리는 황제의 야심을 늘 경계했다. 성직자 서임권 등 세속 권력을 둘러싸고 교황과 황제의 갈등은 끊이지 않았다. 두 세력 사이에 위치한 이탈리아 도시국가들에는 교황을 지지하는 교황당(Guelf, 구엘프)과 신성로마제국 황제를 지지하는 황제당(Ghibelline, 기벨린)이란 정파가 생겼다. 원래는 도시국가 내 귀족들의 이권다툼에서 생겨난 정파들이었건만, 각각 교황과 황제라는 더 큰 권력을 뒷배경으로 선택하고 외세를 경쟁적으로 끌어들이면서 갈등은 더욱 깊어져갔다. 교황당과 황제당은 싸우다가 이긴 쪽이 진 쪽의 재산을 몰수하고 반대편을 추방하곤 했다. 추방된 쪽은 다시 힘을 키워 고향 도시로 돌아오기 위해 교황이나 황제의 군사적 후원을 끌어들이고 용병을 샀다. 권력을 다시 잡은 후에는 복수에 나섰다. 후원해준 교황이나 황제에게 보답하기 위해 이권을 넘겨주었기에 도시는 더욱 외세에 종속되게 되었다. 악순환이 계속되었다.

베로나의 경우, 13~14세기에 두 정파의 대립이 최악이었는데 바로 이 시기가 『로미오와 줄리엣』의 시대적 배경이다. 로미오 집안과 줄리엣 집안이 원수 사이인 것을 이해하려면 이 시기 이탈리아 도시국가에 대해 알아야 한다.

추방형을 통해 알아보는 중세 도시의 특수성

로미오는 줄리엣의 사촌인 티볼트를 죽인다. 이때 로미오가 받는 벌은 추방형이다. 현대를 사는 우리가 고대와 중세 유럽의 형벌인 추방형을 보면 이것도 벌인가, 하는 생각이 들기도 한다. 곤장을 맞지도 감옥에 갇히지도 않고 그저 살던 도시를 떠나기만 하면 된다니 말이다. 그러나 하나의 도시가 하나의 국가가 되어 별도의 질

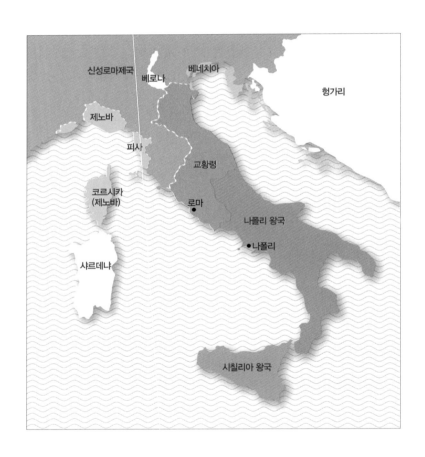

1328년 이탈리아 반도

서를 유지하던 중세 독일이나 이탈리아에서 도시 밖으로 추방된다는 것은 중형을 선고받은 것이다. 중세 사람들은 대개 자신이 태어난 마을의 교회 첨탑이 보이지 않는 곳으로는 평생 나가보지도 못하고 살았다. 지금과 같은 국가나 민족 개념도 없고 교통과 통신이 발달하지 않았던 시절에는 태어나서 자란 도시를 떠나 보호해줄 친척 하나 없는 낯선 지역에 가서 살아야 하는 것은 사회적인 죽음에 해당하는 무서운 형벌이었다.

　로미오 역시 좋지 않은 예감이 들었습니다. 그러나 그는 황급히 떠나가야만 했습니다. 날이 밝은 다음, 베로나의 거리에서 들키면 사형을 당하기 때문입니다.
　로미오와 줄리엣의 사이를 알 리 없는 파리스는 원수인 몬터규가 무덤을 파헤치러 온 줄 알고, 화를 내며 들어가지 말라고 소리쳤습니다. 그리고 베로나의 법률에 따라, 로미오가 거리에서 발견되면 사형에 처할 죄인으로서 체포하려고 했습니다.

　중세 서양에서는 그 지역 영주에게 재판권이 있었지만 별도의 경찰은 없었다. 범죄를 저질러 재판이 열리고 판결이 내려져도 범죄자의 체포와 판결 집행은 대부분 피해자의 가족이나 친척이 맡아서 했다. 도망간 범인을 추적하는 것 역시 피해자의 가족이 알아서 해야 했다. 이때 주변 사람들은 국경까지 범인 추적에 협력해야 한다. 추방령이 내려진 다음 날 베로나의 거리에서 들키면 바로 캐풀

렛 집안 사람 아무나에게 사형 집행을 당하게 되기 때문에 로미오
는 얼른 베로나의 시 경계 밖으로 나가려 한다. 그래서 줄리엣의 무
덤에서 로미오를 발견한 파리스는 피해자의 가족, 즉 줄리엣의 약
혼자 신분이기에 스스로 로미오를 체포하려 드는 것이다. 파리스의
직업이 경찰이어서가 아니다.

이러한 추방형을 통해 중세 도시의 특수성을 살펴보면 이탈리
아 귀족들이 황제당과 교황당으로 나뉘어 대대로 싸워대던 이유까
지 이해할 수 있다. 그들에게는 조상 때부터 살던 그 도시만이 유
일하고 완전한 세계였던 것이다. 익숙한 세계 안에서 편히 살기 위
해서라도 도시를 장악하고 자신들을 위협하는 정적을 몰아내는 데
에 온 가문의 힘을 쏟을 수밖에 없었다. 권력을 잃을 경우 차지하고
있던 공직 자리만 반납하고 살던 대로 그 도시 안에서 조용히 살 수
도 없었다. 사적인 복수를 막아줄 경찰 같은 공권력이란 아예 존재
하지도 않았기 때문이다. 즉, 이들이 살던 도시는 우리나라 조선시
대처럼 조정의 권력 다툼에서 밀려나면 벼슬을 내놓고 시나 지으며
여생을 보낼 수 있는 곳이 아니었다.

사랑으로 중세적 질서에 저항하다

어린이판 『로미오와 줄리엣』을 처음 읽었던 때는 내 나이 열 살
무렵이었다. 열네 살 생일을 맞기 직전인 줄리엣이 사랑에 빠져 처
하게 된 상황을 보면서 '나보다 몇 살밖에 더 안 먹은 어린애가 부

모님 허락도 안 받고 뭐 하는 짓이지?' 하는 생각을 했다. 둘의 사랑 같은 것에는 관심이 없었다. 낭만적 사랑을 꿈꾸던 여고 시절에 다시 읽어도 해피엔딩이 아닌 둘의 비극적 사랑이 전혀 부럽지 않았기에 나는 『로미오와 줄리엣』이 왜 불후의 명작인지 이해하지 못했다. 그런데 나이가 더 들어 독서 이력이 쌓임에 따라 새로운 각도에서 이 작품이 보이기 시작했다. 핵심은 바로 열 살 무렵의 내가 문제라고 생각했던 '부모님 허락도 안 받고'에 있었다.

"오오, 로미오. 당신은 어째서 로미오입니까? 저를 위해 아버지를 버려주세요. 당신의 이름을 버려주세요. 그러기가 싫으시다면 하다못해 저하고 언약한 애인이라고 말씀해주세요. 그러면 저도 캐풀렛이라는 이름을 버리겠습니다."

위의 인용문은 그 유명한 발코니 장면에서 나온다. 로미오는 가장무도회에서 만난 줄리엣을 잊지 못해서 한밤중에 줄리엣의 집에 몰래 들어가서 줄리엣 방의 발코니 아래에 숨어 있다. 역시 로미오를 생각하며 잠 못 들고 있던 줄리엣은 답답한 마음에 문을 열고 나와서 밤하늘에 대고 외친다. 이름을 버려달라고. 그러면 자신도 이름을 버리겠노라고. 여기서 이름이란 패밀리 네임인 성(姓)을 말한다. 성이란 집안의 이름이다. 그러므로 성을 버리겠다는 것은 곧 자신이 속한 집안을 버리겠다는 말이다. 왜 그랬을까? 그들은 사랑을 위하여 집안의 이름으로 행해지는 중세적 질서 자체에 저항하려

했기 때문이다.

　로미오와 줄리엣이 살던 당시 이탈리아는 태어난 가문의 정치적 노선에 따라 삶의 터전을 꾸리고 결혼해야 했던 시기다. 그 시기에 '부모님 허락도 안 받고' 자유롭게 자신들이 사랑하는 상대와 결혼하기 위해 로미오와 줄리엣은 모든 것을 버려야 했다. 자신의 발목을 잡는 집안과 세상의 전부인 도시를 떠나 도망쳐야만 했다. 그들이 위대한 연인의 대명사가 된 것은 사랑 때문만은 아니다. 그들은 교황과 황제가 지배하는 중세적 질서, 자식의 인생길을 정해주는 가장인 아버지의 질서에 저항하여 개인의 권리를 외친 각성한 인간이었다. 즉, 로미오와 줄리엣은 자신들의 시대가 안고 있는 그릇된 질서에 문제를 제기하고 스스로 선택한 뒤 행동할 수 있는 인간이었다. 사랑이라는 표면적인 주제 뒤에 이렇게 멋진 이면적 주제가 있기에 우리는 지금도 두 젊은이를 문학으로, 오페라로, 뮤지컬로, 발레로, 영화로 영원히 만나고 있다.

　어떻게 보면 『로미오와 줄리엣』에는 우리의 『춘향전』과 비슷한 부분이 상당히 많이 보인다. 봉건적 질서에 저항하는 사랑, 그들이 만나는 곳인 발코니와 광한루는 둘 다 현실을 상징하는 땅과 떨어진 곳, 게다가 두 커플 모두 부모님 말씀은 지지리도 안 듣던 10대들이었다! 그들은 아직 어리기에 무서운 줄도 모르고 사랑에 온 존재를 걸었다. 세상을 지배하는 신과 왕과 아버지의 질서에 저항할 수 있었다. 그리하여 마침내 세상을 바꿀 수 있었다. 이처럼 세상을 바꾸는 것은 언제나 사랑이다. 그리고 사랑에 눈이 멀어 저항하는 뜨거운 젊은 피다. 그러기에 나는 『로미오와 줄리엣』을 영웅 이야기로 생각한다.

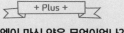

줄리엣이 마신 약은 무엇이었나?

"혼자서 잠자리에 들거든 이 병의 약을 마셔라. 그러면 약의 효험으로 너는 42시간 동안 숨이 끊어져서 죽은 사람이나 똑같은 상태가 되고 만다. 하지만 42시간이 지나면 깊은 잠에서 깨어나듯 저절로 눈이 뜨이는 거야."

로미오가 추방당한 후 줄리엣은 집안의 강요로 파리스와 결혼하게 된다. 줄리엣은 결혼을 피하고자 약을 구해 마신다. 줄리엣을 며칠 동안 죽은 듯한 상태에 놓이게 만드는 이 약은 '만드라고라'라는 약초로 만들어졌다. 만드라고라는 동지중해 지방이 원산지인 허브의 한 종류인데 뿌리가 꼭 인삼처럼 생겼다. 잎은 진통제로, 뿌리는 마취제로 쓰였기에 고대 로마에서 십자가형을 당하는 죄수들은 고통을 덜기 위해 처형 직전에 만드라고라를 술에 타서 마셨다고 한다. 동양에서는 2세기경 화타가 마취제로 사용하여 외과수술을 했다고 전해진다.

'만드라고라'는 서양의 문학작품에 자주 등장한다. 『오디세이아』에서는 마녀 키르케가 이 풀을 써서 오디세우스의 동료들을 돼지로 변하게 만든다. 그래서 키르케 풀이라고도 불린다. 최근에는 해리 포터 시리즈에도 등장했다. 해리의 반 아이들이 약초 실습을 하던 시간을 떠올려보자. 화분에서 어떤 식물을 뽑아 들자 뿌리가 어린아이 얼굴처럼 생긴 식물이 엄청난 소리를 빽빽 질러댄다. 이 식물을 '맨드레이크'라고 부르는데, 이는 '만드라고라'의 영어식 표기다. 전설에 의하면 이 소리를 들은 사람은 즉석에서 사망하거나 미쳐버린다고 한다. 그래서 만드라고라를 채취할 때는 귀를 잘 막아서 만드라고라의 비명을 듣지 않도록 해야 한다는 이야기도 있다.

만드라고라 외에도 르네상스 시대 이탈리아의 문학이나 역사서를 보면 다양한 종류의 약물과 독약이 등장한다. 이는 독약을 이용한 암살이 잦을 정도로 갈등과 경쟁이 치열했던 당시 이탈리아 도시국가들의 정치적 배경을 반영한다. 물론, 무역이 발달해서 세계 각 지역에서 수입해온 물산이 풍부했던 이탈리아의 경제적 배경과도 관련이 있다.

콰지모도가
난간에서 던져버린 것은

★**1475년** 백년전쟁이 프랑스의 승리로 끝나다
★**1789년** 프랑스 대혁명이 일어나다
★**1830년** 7월 혁명으로 샤를 10세가 망명하다
★**1848년** 2월 혁명으로 루이필리프 1세가 퇴위하다

『노트르담의 꼽추』로 더 유명한 이 소설의 원제는 '파리의 노트르담'이다. 노트르담(Notre-Dame)은 '우리들의 귀부인'이란 뜻으로, 성모 마리아를 의미한다. 성모에게 바쳐진 성당은 다 노트르담 성당이라고 부르므로 노트르담은 어떤 특정한 성당만을 의미하는 것이 아니다. 현재 내가 사는 아파트 단지 옆에도 노트르담 성당이 있을 정도니까. 그런데도 우리는 노트르담이라면 파리의 노트르담 성당을 제일 먼저 떠올리곤 한다. 분명 빅토르 위고의 이 소설 덕분일 것이다.

『파리의 노트르담』은 영국에서 번역 출판될 때 『노트르담의 꼽추』로 제목이 바뀌었다. 게다가 같은 이름의 영화가 유명해지면서 원제보다 영어판 제목이 더 많이 알려지게 되었다. 우리나라에서 나온 어린이용 축약본도 대개 『노트르담의 꼽추』라는 제목을 달고

있으며 꼽추 종지기 콰지모도의 사랑과 희생이 주된 내용이다. 하지만 원작의 내용은 매우 방대하며, 작가는 인물과 사건 자체보다 중세에서 근대로 변화하는 시대 배경 묘사에 공을 들이고 있다.

　1482년 파리 노트르담 대성당 앞 광장. 신부 프롤로는 춤을 추는 집시 미녀 에스메랄다에게 욕정을 느낀다. 에스메랄다를 납치해오라고 콰지모도에게 명령한다. 성당의 종지기인 꼽추 콰지모도는 버려진 자신을 아기 때부터 키워주었기에 신부의 명령에 절대 복종한다. 콰지모도가 에스메랄다를 납치하는 순간, 순찰 중이던 국왕경비대의 페뷔스가 에스메랄다를 구해준다. 에스메랄다는 잘생긴 페뷔스에게 반한다. 체포된 콰지모도는 공개적으로 처벌을 받지만 에스메랄다는 그를 용서하고, 이에 그만 콰지모도는 짝사랑에 빠진다. 프롤로는 에스메랄다의 뒤를 밟다가 밤에 여관에서 페뷔스를 만나는 것을 본다. 질투심에 눈먼 프롤로는 페뷔스를 칼로 찌르고 도망간다. 현장에서 에스메랄다가 범인으로 붙잡힌다. 에스메랄다는 페뷔스를 마법으로 유혹한 죄로 고문당한 끝에 마녀라고 자백을 한다. 마녀 에스메랄다가 공개처형당하는 날이 왔다. 군중들 앞에서 콰지모도는 그녀를 구해 성당으로 들어간다. 중세의 성당은 성역이어서 어떤 죄인이라도 일단 그 안으로 들어가면 체포할 수 없다. 그러나 거지들이 에스메랄다를 구하러 성당으로 몰려가자 폭동의 위협을 느낀 프랑스 국왕 루이 11세는 성당에 공권력을 투입하여 에스메랄다를 체포, 처형해버린다. 이때 프롤로는 에스메랄다가 죽는 것을 구경만 하고 있다. 콰지모도는 분노하여 프롤로를 성당 난간에서 던져버린다. 그 후 2년이 지나 에스메랄다가 묻힌 몽포콩 지하 납골당에서 사람들은 두 몸이 한 몸처럼 붙어 있는 유골을 발견한다. 그중 하나는 분명 꼽추의 유골이었다.

먼저 시간적 배경부터 이야기해보자. 대개 서양의 중세는 로마 제국의 멸망부터 르네상스까지 약 1,000년의 시기를 말한다. 1453년 오스만 제국이 동로마 제국(비잔티움 제국)의 수도 콘스탄티노폴리스를 함락시키자 동방 무역로가 막힌 유럽의 국가들은 신항로를 찾아 나선다. 대항해시대가 시작되고 서구 위주의 근대세계가 형성된다. 이 소설의 배경인 1482년은 콜럼버스가 아메리카 대륙에 도달하기 딱 10년 전이다. 노트르담 대성당이 있는 파리 시의 역사로 본다면 루이 11세가 백년전쟁의 폐허를 딛고 절대왕정의 기초를 다져가던 시기이다. 즉, 중세 말에서 근대로 이행하던 과도기라고 할 수 있다. 위고의 대작 『파리의 노트르담』에는 바로 이 과도기의 도시 파리와 도시 민중들이 변화하는 모습이 생생하게 담겨 있다. 그리고 이 모든 변화의 모습을 늘 묵묵히 지켜보고 있는 노트르담 성당의 변함없는 모습도.

꼽추, 서양 중세의 신분제도를 던지다

서양 중세를 구성하는 세 가지 신분은 기도하는 사람인 성직자, 싸우는 사람인 기사, 일하는 사람인 농노이다. 이 소설에서 에스메

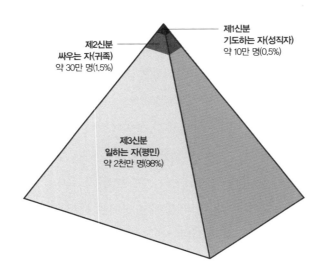

제1신분
기도하는 자(성직자)
약 10만 명(0.5%)

제2신분
싸우는 자(귀족)
약 30만 명(1.5%)

제3신분
일하는 자(평민)
약 2천만 명(98%)

프랑스 왕정 당시의 신분제

랄다라는 여인에게 사랑을 느끼는 세 남자의 신분은 이 세 가지 신분에 딱 들어맞는다. 노트르담의 신부인 기도하는 사람 프롤로, 국왕경비대 소속 귀족인 싸우는 사람 페뷔스, 그리고 성당에서 일하는 사람인 콰지모도. 중세 서양의 개인은 죽을 때까지 자신이 속한 신분을 벗어날 수 없었다. 낮은 신분의 사람은 높은 신분의 사람에게 절대적으로 복종해야만 했다.

그런데 콰지모도는 달랐다. 처음에는 프롤로에게 무조건 복종하다가 뒤에 가서는 그의 명령을 듣지 않는다. 마지막에는 은인이자 양아버지격인 프롤로를 성당의 난간에서 던져서 죽이기까지 한다. 콰지모도는 왜 변했을까? 이런 콰지모도의 변모 과정을 통해 작가는 무엇을 말하고 싶었던 것일까?

그 찡그린 얼굴은 분장한 얼굴이나 가면이 아니라 진짜 사람의 얼굴이었던 것이다. 게다가 흉측한 것은 얼굴만이 아니었다. 등에는 혹이 불거져 있었고, 가슴은 바짝 오그라붙어 숨 쉴 틈도 없어 보였다. 게다가 심하게 휜 안짱다리는 마치 자루에 낫 두 개가 붙어 있는 것처럼 보였다.

콰지모도는 추한 외모에 장애가 있다. 그래서 태어나자마자 성당에 버려졌다. 아무리 정성껏 돌봐주어도 그는 잘생긴 페뷔스에게 반한 에스메랄다의 마음을 돌리지 못한다. 추한 외모와 종지기라는 낮은 신분은 콰지모도의 사랑을 방해한다. 여기서 콰지모도가 못생긴 꼽추로 등장하는 것도 의미심장하다. 왜 귀족인 페뷔스는 눈부시게 잘생겼고, 성당의 허드렛일을 하는 종지기 콰지모도는 괴물에 가까울 정도로 못생긴 꼽추일까?

구전되던 북유럽 신화를 기록한 『에다』에는 게르만족의 계급 탄생을 설명한 「리그의 노래」라는 이야기가 있다. 리그라 불리는 신은 인간 세상을 여행하던 중에 세 집을 방문해 하룻밤씩 묵는다. 세 집에서 그의 피를 이어받은 사내아이가 각각 한 명씩 태어난다. 첫째 아들인 스렐(Thraell)은 얼굴이 추하고 등은 굽었으며 수호신은 없다. 커서 농노가 된다. 둘째 아들인 카를(Karl)은 피부도 머리칼도 빨갛고 호미를 사용한다. 수호신은 토르이며 커서 자작농민이 된다. 마지막 셋째 아들인 야를(Jarl)은 금발에 멋진 외모로 태어난다. 말을 타고 칼을 쓰며 룬 문자를 익힌다. 수호신은 오딘이며 자라서 귀족 전사가 된다. 세 아들의 이름은 근대 영어에서 각각 농노(thrall), 최하층 자유농민(charl) 그리고 태수 혹은 백작(earl)의 어원이다.

즉, 꼽추 콰지모도의 못난 외모는 곧 그의 계급을 말해주는 것이다. 하지만 그는 잘생긴 페뷔스나 사지 멀쩡한 프롤로처럼 위선자는 아니다. 에스메랄다가 마녀로 몰려 죽게 되었을 때, 페뷔스와 프롤로는 그녀를 외면하지만 콰지모도는 사랑을 실천한다. 사형장에서 에스메랄다를 구하고 음욕을 품은 프롤로에게서 지킨다. 아무것도 모른 채 그저 거둬준 프롤로를 은인으로 여겨 복종하던 콰지모도, 그는 이제 현실을 바로 보고 더 이상 프롤로를 존경하지 않으며 반항까지 한다. 그러므로 프롤로를 던져버리는 콰지모도는 단순한 살인자가 아니다. 그는 프롤로와 함께 중세적 신분질서의 굴레도 던져버렸기 때문이다. 천한 종지기 꼽추가 고귀한 신부를 던져버리는 이 순간, 기도하는 사람, 싸우는 사람, 일하는 사람이라는 중세적 신분 구분은 사라지고 자신의 순수한 욕망만을 추구하는 근대적 개인이 새롭게 탄생한다.

성역을 침범하는 공권력

그 괴물 같은 구경꾼이 바람처럼 난간을 뛰어넘더니 밧줄을 휘어잡고는 주르르 아래로 내려왔다. 그는 두 명의 사형 집행인을 동시에 때려눕히고는 에스메랄다를 가뿐히 안고 성당으로 뛰어 들어갔다. 그는 바로 콰지모도였다.

"성역이다! 여기는 성역이다!"

콰지모도의 외침에 군중도 우레와 같은 박수를 보냈다.

원래 소설에서 '성역'을 뜻하는 단어는 '아질(Asile)'이다. 이 단어는 중세에 존재했던 피난처로서, 일종의 치외법권 지역을 의미했다. 살인자라도 일단 이곳으로 도피하면 어떠한 공권력도 그 사람을 체포할 수 없었다. 고대 삼한의 소도 같은 개념이라고 보면 된다. 중세 서양에는 이런 성역이 여러 군데 있었다. 대표적인 공간이 바로 교회였다. 공간뿐 아니라 시간의 성역도 있었다. 예를 들어 축제나 시장이 서는 동안은 신성한 시간이다. 이 기간에는 싸움도 금지된다.

그런데 루이 11세는 에스메랄다를 체포하기 위해 성역인 노트르담 대성당에 공권력을 투입한다. 이 장면도 중세에서 근대로의 이행이라는 소설의 시대 배경을 잘 보여준다. 중앙집권국가가 형성되는 이 시기, 국가는 성역을 없애고 경찰이나 군대를 이용하여 시간과 공간에 대한 권력을 장악했기 때문이다. 프랑스 역사에서 루이 11세는 백년전쟁의 피해를 복구하고 절대왕정의 기반을 확립한 인물로 평가받는 왕이다. 잔 다르크 덕분에 대관식을 치르고 간신히 프랑스 왕이 된 아버지 샤를 7세와 달리 아들인 루이 11세는 부르고뉴 공국 등 기존 봉건 영주 세력을 제거하고 중앙집권을 이루었다. 상공업 육성 정책을 통해 대상인들의 이익을 보장해주면서 세금 수입을 올리기도 했다. 그래서 루이 11세는 에스메랄다를 구하려는 파리 시내 거지들의 단체행동을 막아야만 했다. 도시는 국왕에게 막대한 수입을 제공했기에 왕은 도시를 육성하는 한편 하층민의 집단폭동을 막아야 하는 의무를 지니게 되었기 때문이다.

숙명적으로 각성한 콰지모도

여관에서 칼에 찔린 채 발견된 페뷔스는 목숨은 건졌지만 면목이 없다. 그래서 여관에 간 이유를 집시 에스메랄다가 마법을 걸었기 때문이라고 설명한다. 마녀에게 죄를 돌려 도덕성을 지키려 한 것이다. 부잣집 약혼녀도 있었기에. 이때 에스메랄다는 너무도 쉽게 자신이 마녀라고 인정한다. 왜 그랬을까? 어차피 처형당할 바에야 고문을 받기 전에 미리 자백하고 빨리 처형당하는 편이 낫다는 생각을 했기 때문이다. 그런 생각을 상식으로 갖고 있을 정도로 당시에 마녀사냥은 흔했으며 고문은 악랄했다.

여기서 다시 한번 이 소설의 배경인 1482년을 떠올려보자. 에스메랄다는 우리가 상식적으로 생각하는 것과는 달리 중세 암흑기에 마녀사냥을 당하지 않았다. 마녀사냥은 중세가 아니라 중세에서 근대로의 이행기와 근대 초에 집중적으로 일어났다. 특히 종교개혁 시기에 많이 일어났다. 이로 보아 마녀사냥의 여건은 종교적 광신이 아니라 사회불안이라는 것을 알 수 있다. 특히 정치적 혼란은 지배계급에게 마녀사냥을 빌미로 사회질서에 도전한다고 생각하는 사람들을 제거할 수 있는 기회를 주었다.

빅토르 위고가 이 작품을 쓴 1831년은 7월 혁명을 막 겪고 난 후였다. 작가는 프랑스 대혁명과 7월 혁명까지 말없이 모두 지켜본 노트르담 대성당의 벽에 새겨진 ΆΝΑΓΚΗ('숙명'을 뜻하는 그리스어)라는 낙서를 보고 이 소설을 구상했다고 소설 서두에 밝히고 있다. 숙명. 그렇다, 숙명. 당시 시대 상황에서 볼 때, 숙명적으로 몰락해가는 사제 계급의 프롤로에 맞서 천한 종지기 콰지모도는 자신의 사랑 덕분에 숙명적으로 각성한다. 태생적인 추함과 계급의 한계를 딛고 아름다운 사랑의 승리자로 거듭난다. 그렇다면 작가는 죽어서 유골이 되어서까지 하나가 되는 불멸의 사랑이라는 표면적인 주제 아래, 더 이상 지배계급이 강요하는 가치에 순종하지 않고 개인의 욕망과 가치에 눈뜨는 근대인의 변모 과정을 소설에 담고 싶었던 것은 아니었을까. 작가가 소설을 쓰던 당시에도 수많은 콰지모도들이 파리 시가에 바리케이드를 치고 수많은 프롤로들을 길바닥에 내던지고 있었을 테니까.

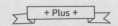

트럼프 카드에 서양 중세의 신분제가 남아 있다

각 카드의 귀퉁이에 있는 스페이드, 하트, 다이아몬드, 클로버는 중세의 신분을 상징한다.

스페이드는 이탈리아어로 칼을 뜻하는 '스파다(spada)'에서 유래했으며 전사 귀족의 상징이다. 하트는 성직자들을 상징하는 성배의 변형이고, 다이아몬드는 상인을 상징하는 화폐의 변형이다. 마지막으로 클로버는 농부를 상징하는 곤봉의 변형이라고 한다. 옛날 카드에는 농부의 곤봉에 클로버가 붙어 있는 모습으로 그려져 있었는데 후대로 내려오면서 곤봉은 생략되고 클로버만 남았다고 한다.

조국을 구한 죄로
화형당하다

~~~~~~~~~~~~~~~~~~~~~~~~~~~~~~~~

★1429년 잔 다르크가 거듭된 승리로 전세를 역전시키다

★1430년 포로가 된 잔 다르크가 잉글랜드의 종교재판을 받다

★1431년 잔 다르크가 화형에 처해지다

★1453년 백년전쟁이 프랑스의 승리로 끝나다

누구나 어린 시절 읽어봤을 법한 세계명작을 놓고 관련된 역사 배경을 알아보는 이 책에서 실존 인물인 잔 다르크의 삶을 살펴본다는 것이 좀 어색할 수도 있겠다. 하지만 잔 다르크에 대한 신빙성 있는 사료는 재판기록 정도다. 위인전으로 읽었기에 당연히 사실인 것으로 알고 있는 내용은 거의 후대에 창작된 문학 작품에서 비롯된 것이다. 독일의 프리드리히 실러가 지은 『오를레앙의 처녀』가 대표적이다.

100년 전쟁이 아니라 116년 전쟁

잔 다르크는 백년전쟁을 프랑스의 승리로 이끈 애국 소녀로 유명하다. 백년전쟁은 이름대로 100년 동안 싸운 것은 아니다. 1337

년에 시작하여 1453년에 끝났으므로 116년 전쟁이라 하면 정확할까? 하지만 116년 내내 양국이 계속해서 전쟁을 벌인 것도 아니다. 당시 봉건제의 계약에 의하면 기사는 주군에 대해 1년에 약 40일 정도의 종군 의무를 졌다. 날수만 채우면 기사들은 아무리 전쟁 중이더라도 자신의 영지로 돌아가곤 했기 때문에 중세의 전쟁은 연속적이지 않았다. 또 14세기 중반 유럽에는 페스트가 창궐했다. 양국 모두 전쟁을 중단할 수밖에 없었다. 이처럼 전투와 휴전을 반복하면서 전쟁 기간이 길어졌기에 대략 백년전쟁이라 불리게 되었다.

친척끼리의 왕위 다툼

프랑스의 샤를 4세가 후계자 없이 사망하여 카페 왕조가 단절되자 사촌인 필리프 드 발루아가 필리프 6세로 즉위하여 발루아 왕조를 연다. 이에 샤를 4세의 조카인 잉글랜드의 에드워드 3세가 프랑스 왕위 계승권을 주장하며 군대를 이끌고 프랑스에 상륙한다. 잉글랜드는 강력한 군사력으로 군사적 요충지인 칼레를 빼앗은 후 프랑스 영토를 3분의 1이나 차지한다. 여기까지가 백년전쟁의 전반기다. 후반기에 들어서면 프랑스 내 귀족들 사이에 내란이 일어난다. 프랑스는 정신병 발작을 일으킨 프랑스 왕 샤를 6세를 대신해 부르고뉴 공작을 지지하는 부르고뉴파와 왕의 동생인 오를레앙 공작을 지지하는 아르마냐크파로 분열된다. 단순하게 설명하자면, 당시 프랑스는 지금과 달랐다. 프랑스 내 잉글랜드 영토와 사실상 독

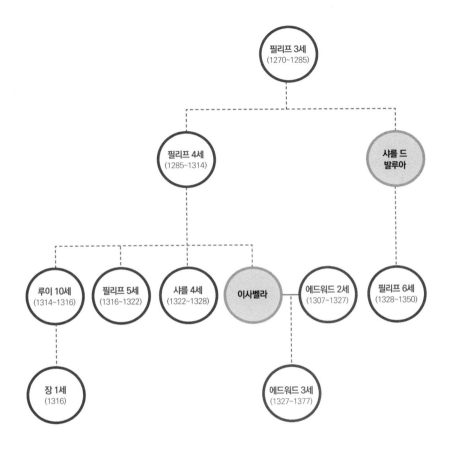

필리프 3세
(1270~1285)

필리프 4세
(1285~1314)

샤를 드
발루아

루이 10세
(1314~1316)

필리프 5세
(1316~1322)

샤를 4세
(1322~1328)

이사벨라

에드워드 2세
(1307~1327)

필리프 6세
(1328~1350)

장 1세
(1316)

에드워드 3세
(1327~1377)

프랑스 왕가 가계도(백년전쟁 전후)

립국이었던 부르고뉴 공국, 그리고 국왕령 프랑스라는 세 개의 나라로 나뉘어져 있었다.

이러한 내분의 시기인 1415년, 또다시 잉글랜드 왕이 프랑스 왕권을 요구하며 프랑스 침략에 나선다. 이번에는 에드워드 3세의 고손자인 헨리 5세였다. 프랑스 왕세자 신분이던 샤를 7세는 북부 프랑스에 있는 영토의 대부분을 잉글랜드와 부르고뉴 공국에 빼앗기고 도피하게 된다. 이때 샤를 7세를 찾아가 사기가 바닥에 떨어진 프랑스군을 이끌고 잉글랜드군을 격파하여 백년전쟁을 끝낸 이가 바로 시골 처녀 잔 다르크(1412?~1431)였다. 10대 후반 나이였다.

1453년, 프랑스는 칼레와 일부 지역을 제외한 전 국토에서 잉글랜드군을 몰아낸다. 드디어 백년전쟁이 끝났다. 앞서 말했던 것처럼 백년전쟁은 처음에는 경쟁 관계에 있고 혼맥이 얽혀 있는 왕조끼리의 왕위 계승권 문제로 발발했다. 잉글랜드의 플랜태저넷 왕조와 프랑스의 발루아 왕조 간 5대에 걸친 전쟁이었다. 당시 지배자들에게 국가의 영토란 자신들의 사적 영지였기 때문이다. 그러나 전쟁이 장기화되면서 잉글랜드군이 프랑스 영토 내에서 저지른 횡포에 질린 프랑스 국민들 사이에서 점차 민족과 민족국가란 의식이 자라나기 시작했다. 전쟁이 끝난 후 전쟁에 참가한 귀족들의 세력은 약화된 반면 프랑스 국민들의 국가에 대한 충성심은 강해졌다. 결과적으로 백년전쟁을 계기로 하여 프랑스는 중앙집권적 국민국가로 성장하게 된다.

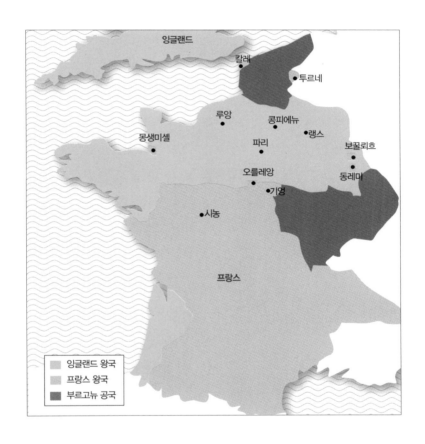

잉글랜드

칼레
•투르네

루앙
•
콩피에뉴
•
랭스
•
보꼴뢰흐
•

몽생미셸
•

파리

동레미
•

오를레앙
•
시농
•
•기영

프랑스

잉글랜드 왕국
프랑스 왕국
부르고뉴 공국

1429년 프랑스

그 음성은 누구의 것인가

잔 다르크가 태어난 연도는 정확히 기록되어 있지 않다. 프랑스 북동부의 작은 마을 동레미에서 태어난 잔은 프랑스를 구하라는 신의 계시를 받고 샤를 7세를 찾아간다. 샤를 7세에게서 군사지휘권을 받은 잔은 오를레앙에 있던 잉글랜드군을 격파한다. 이어서 샤를 7세가 대관식을 할 수 있도록 랭스까지 진격한다. 왜 샤를 7세는 대관식을 하러 랭스까지 가야만 했을까? 프랑스에는 랭스 대성당에서 대관식을 올려야만 정식으로 프랑스의 왕으로 인정받는 전통이 있었다. 과거 프랑크 왕국의 첫 번째 왕인 클로비스가 서기 496년에 랭스 대성당에서 세례를 받고 가톨릭으로 개종했기 때문이다. 랭스에서 '왕의 도유식'이란 의식을 치르면 왕은 신에게서 정당한 권력을 받은 자가 된다. 때문에 왕의 권위에 도전하는 모든 행위는 반역죄일 뿐만 아니라 신성모독으로 간주되었다. 그러므로 샤를 7세의 랭스 대관식은 백년전쟁의 흐름을 바꿀 만한 중요한 사건이었다. 비록 분열된 나라의 왕위에 올랐지만 왕은 이제 다른 귀족들이 감히 저항하지 못할 정도의 권력과 명분을 얻은 것이다. 대관식을 치른 샤를 7세는 어린 시골 처녀 잔에게 큰 빚을 지게 되었다.

그러나 잔 다르크가 전투에 져서 부르고뉴 군대에 포로로 잡혀 잉글랜드군에 넘겨지자 샤를 7세와 그 측근들은 굳이 비싼 몸값을 지불하며 잔을 구해줄 필요를 느끼지 않았다. 잔 덕분에 오를레앙에서 승리하고 랭스에서의 대관식을 올렸으며 권력을 강화해갔음에도 불구하고. 그들은 전투에서 잔이 승리할 때는 성녀라고 믿었지만, 잔이 패배하자 신의 계시를 받았다는 것을 의심하기 시작한다. 결국 잔은 루앙에서 재판을 받고 1431년 마녀라는 죄목으로 화형당한다. 샤를 7세는 이를 외면한다.

잔 다르크의 죄목은 다음과 같다. 마녀, 이단, 우상 및 악마 숭배자, 배교, 유혈 선동, 심지어 남장. 어처구니없게도 바지를 입은 것까지도 죄목이었다. 종교재판관들은 잔이 환영을 보고 계시 음성을 들은 것 자체를 이단으로 여기지는 않았다. 당시 사람들에게 그런 일은 있을 수도 있는 기적이었다. 중요한 것은 '그 음성이 누구의 것인가? 신인가, 악마인가?' 하는 점이었다.

잔 다르크가 신의 음성을 들은 성녀인지, 아니면 악마의 음성을 들은 마녀인지를 판단하는 기준은 각자의 입장에 따라, 즉 각자의 현실적 이익에 따라 달랐다. 잔 다르크가 잉글랜드군을 무찔렀을 때 프랑스인들은 그녀에게서 성녀를 보았다. 신이 성녀를 보내서 전쟁에서 이기게 돌봐주셨다고 믿었기 때문이다. 반면 전투에 진 잉글랜드인들은 잔에게서 마녀를 보았다. 신은 자신들의 군대를 편드시는 것이 분명한데 이를 훼방 놓는 존재는 분명 마녀일 것이라고 생각했기 때문이다.

"스스로 '처녀' 잔이라 칭하던 그 여자는 2년이 넘는 기간 동안 신의 법칙과 여성의 지위를 거스르며 남장을 하고 돌아다니면서, 자기가 하느님의 심부름꾼이며 낙원의 성자와 친분관계가 있다고 떠벌렸다. 경박한 백성들은 그 때문에 미신과 이단사상에 빠져들었다. 그 여자는 또

전쟁에서는 병사들을 이끌며 인간으로서 하지 못할 흉악한 짓을 저질렀다. 그러나 하느님은 길을 잘못 든 인간들에게도 큰 자비를 베푸셔서 그 못된 여자를 우리 손에 넘기셨다. 하느님의 영이 그 여자에게 거하시지 않는다는 것을 밝히시려는 뜻이었다."

— 잉글랜드 왕 헨리 6세(헤르베르트 네테의 『잔 다르크』에서 재인용)

"고결한 사람 잔 다르크는 증명해주었다. 나라의 독립이 위험에 처한 순간 프랑스의 수호신이 모든 기적을 이루어주신다는 것을."

— 나폴레옹 보나파르트(앞의 책에서 재인용)

이렇게 프랑스와 잉글랜드, 양측 모두 신은 자신들의 편이라고 믿었던 점에서 바로 잔의 비극이 시작되었다. 잔이 마녀였는지 성녀였는지, 그냥 종교적 열정이 넘친 소녀였는지는 중요하지 않았다. 잔을 이용하고 자신들의 이익에 따라 해석해서 보는 시선들 때문에 잔은 마녀로 몰려 죽게 된다.

그녀가 죽어야만 했던 진짜 이유

하지만 잔이 죽어야만 하는 진짜 이유는 다른 곳에 있다. 바로 잔이 미천한 계급 출신의 교육받지 못한 여성이라는 점, 그 주제에 남성 귀족 지배자들도 지키지 못한 나라를 지키겠다고 나섰으며 남성 사제들이 지배하는 교회를 통하지 않고 신과 직접 만나는 경험을 했다고 주장한 점에 있었다.

프랑스 왕 샤를 7세는 잔 덕분에 정당한 계승자로 인정받아 왕위에 오르고 왕국을 얻게 되었다. 그러나 그는 천한 신분 출신 여자의 도움을 받았다는 사실을 수치로 여겼다. 프랑스 민중들에게 잔이 지나친 인기를 얻어 정치적 영향력을 행사하거나 성녀로까지 추앙받는 상황은 외세인 잉글랜드군만큼이나 왕에게 위협적이었다. 프랑스의 왕은 잔을 버린다. 그러나 잔이 마녀란 죄목으로 화형당한 것 역시 샤를 7세에게는 정치적인 약점이 되었다. 마녀의 도움을 받아 왕위에 오른 셈이 되었기 때문이다. 그래서 이후 프랑스군이 루앙을 회복하자 샤를 7세는 1455년 파리의 노트르담 대성당에서 열린 복권 재판을 통해 잉글랜드군이 그녀에게 내린 유죄 판결을 무효로 한다. 왕은 잔 다르크의 명예를 회복시켜주고 싶었던 것일까? 아니다. 잔 다르크에 대한 복권은 그녀를 위한 것이 아니었다. 마녀의 도움으로 왕위에 오른 국왕 샤를 7세 자신의 명예 회복을 위한 것이었다.

중세 말 유럽에는 여성 신비주의자들이 대거 출현했다. 성모나 천사의 환영을 보고 신의 계시 음성을 들었다고 주장하는 이들 여성들은 이단으로 의심받고 마녀로 몰려 종교재판을 받기도 했으나 일부는 성녀로 인정받기도 했다. 성녀로 인정받은 여성들은 귀족 출신의 교양 있는 여성인 경우가 많았다. 그러나 제대로 교육받지 못한 시골 처녀 잔은 자신의 신비 체험을 남성들이 지배하는 기성 교회의 언어로 설명할 수가 없었다. 잔은 스스로 변호할 수 없었으며 자신의 말과 행동이 어떤 의미를 가지는지, 어떤 결과를 가져올 지도 정확히 알지 못했다. 성경에서 금하는 남장을 하지 않기로 교회 측과 약속한 잔은 감옥 안에서 간수들의 강간 위협을 받자 다시 남자 옷을 입는다. 자신을 보호하기 위해서였지만 교회는 약속을 어긴 잔을 화형대에 세운다. 오랜 시간이 지나 1920년, 잔을 불태웠던 가톨릭 교회는 잔을 성자로 시성한다. 이제 잔은 생 드니에 이어 프랑스의 두 번째 공식 수호성인이 되었다. 하지만 이 역시 교회 측이 자신들의 과오를 뉘우치는 의미만은 아니었다. 샤를 7세와 마찬가지로 정치적 이익을 계산한 결과도 있어 보인다. 제3공화국 출범 이후 프랑스가 시행한 정교분리 원칙 때문에 껄끄러워진 프랑스와의 관계를 회복하려는 로마 교황청의 의도가 엿보이기 때문이다.

이렇게 잔의 처형과 복권 과정을 지켜보면 그녀가 죽어야만 했던 진짜 이유가 명확히 보인다. 천한 시골 출신 여성인 잔 다르크의 존재와 활약은 정치적·종교적 남성 지배자들에게 그들의 권위를 부정하는 위험으로 여겨졌던 것이다. 성과 계급과 종교와 봉건제의 경계를 훌쩍 넘어버린 잔 다르크. 그래서, 그녀는 '일단', 죽어야만 했다. 그녀가 마녀인가 성녀인가와는 본질적으로 상관없는 문제였다.

잔 다르크의 이미지와 싸우는 잔 다르크

잔 다르크의 죽음은 역설적으로 여러 갈래의 부활로 이어진다. '일단' 화형대에서 죽은 잔은 이후 세월이 흐르면서 시대적 필요성과 정치세력의 이해관계에 따라 다시 살려지기 때문이다. 이 과정에서 잔 다르크의 이미지는 끊임없이 조작되고 변형된다. 살아 있는 영웅은 위험한 존재이지만 죽인 후 되살려낸 영웅은 다루기 쉽고 체제 유지에 도움이 되는 존재가 되기 마련이므로.

1871년, 프로이센-프랑스 전쟁(보불전쟁)에서 패배한 프랑스에서 잔 다르크는 전투적 국가주의의 상징이 된다. 프랑스 곳곳에는 잔의 동상이 세워졌다. 프로이센에게 빼앗긴 알자스 지방이 보이는 언덕에도 깃발을 높이 든 잔 다르크의 기마상이 건립되었다. 1875년에는 파리의 피라미드 광장에 잔 다르크의 기마상이 세워졌다. 이 동상 앞은 지금도 국민전선 등 프랑스 극우파 민족주의자들의 시위 집결지로 사용되고 있다. 제2차 세계대전 당시 나치 독일 지배하의 괴뢰 정부인 비시 정부는 독일 협력과 반유대주의를 선동하는 포스터의 모델로 잔을 등장시키기도 했다.

잔 다르크의 이미지는 조국 프랑스에서만이 아니라 전 세계에서 소비된다. 독립전쟁 중의 미국은 백년전쟁 때의 프랑스와 마찬가지로 잉글랜드와 전쟁하고 있다는 맥락에서 잔을 애국심을 고취하는 전쟁 포스터에 그려 넣는다. 독일에서는 잔이 과거 신성로마제국의 영토였던 로렌 출신이니 독일 국적이라는 주장이 나오기도 했다. 메이지 시대의 일본에서는 국왕과 조국에 대한 충성을 강조하는 의미로 잔의 이야기를 교과서에 싣는다. 그리고 제국주의 열강의 식민지가 된 많은 약소국가에서 잔은 애국 소녀의 이미지로 등장한다. 우리나라의 경우 『애국 부인전』이란 제목으로 잔 다르크

전기가 소개되었다. 1907년 장지연이 번안했다. 이 글을 쓰는 나는 전두환 정권 시절에 유관순 누나와 잔 다르크를 예찬하는 「3월 1일의 하늘」이라는 박두진 시인의 시를 중학 국어 교과서에서 배운 기억이 있다.

이렇게 죽은 잔 다르크는 대중을 움직이고자 하는 후세의 권력에 의해 다시 살아난다. 결국 잔 다르크는 죽어도 죽은 것이 아니고, 여전히 전사로서 자신의 왜곡된 이미지와 싸우고 있는 셈이다. 이에 대해 프랑스의 작가 아나톨 프랑스는 이렇게 말했다.

"처녀 전사, 예견자, 술사, 주님이 보내신 천사... 사람들은 그렇게 보았다. 괴물을 본 사람도 있다. 모두 자기 식으로 보았다. 자기 형상대로 꿈꾼 것이다. (중략) 사람들은 언제쯤에야 잔 다르크 모습의 진정한 윤곽을 제대로 감당할 수 있을까?"

— 아나톨 프랑스(앞의 책에서 재인용)

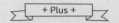

칼레의 시민, 노블리스 오블리주의 원조라지만

프랑스 북부에 위치한 칼레 시는 영국과 프랑스 양쪽의 역사에서 모두 중요한 전략적 요충지로 등장한다. 도버 해협을 사이에 두고 마주보고 있는 영국의 도버까지 34km 거리밖에 안 되기 때문이다.

칼레는 백년전쟁 중인 1347년, 11개월 동안이나 완강히 저항하다가 잉글랜드군에게 함락된다. 칼레의 오랜 저항에 분노한 잉글랜드 왕 에드워드 3세는 칼레 시민들을 모두 죽이려 한다. 이에 시민 대표는 왕에게 자비를 구한다. 잉글랜드 왕은 칼레 시에서 가장 부유하고 명망 높은 시민 여섯 명이 교수당할 밧줄을 목에 걸고 맨발에 셔츠 차림(당시에는 속옷 개념)으로 잉글랜드군 진영에 와서 도시 성문의 열쇠를 바치는 항복을 상징하는 의식을 하고 스스로 교수형을 당한다면 다른 시민들은 용서해주겠다고 말한다.

이에 칼레에서 제일가는 부자인 외스타슈 드 생 피에르가 가장 먼저 자원한다. 시장 등 칼레 시의 상류층 인사 여섯 명이 이어서 자원한다. 모두 일곱 명이었기에 다음날 아침 가장 늦게 나오는 한 사람을 빼기로 결정한다. 그런데 다음날 아침, 뜻밖에 가장 먼저 자원한 생 피에르가 나오지 않았다. 그는 다른 사람들의 결심이 흔들릴까봐 집에서 스스로 목을 매어 자살했다. 다른 6명이 조건대로 잉글랜드 왕 앞에 나가 처형당하는 순간, 잉글랜드 왕비의 편지가 도착한다. 필리파 왕비는 임신 소식을 알리며 왕에게 간곡히 자비를 요청했다. 설득당한 잉글랜드의 왕은 이들을 살려주었다. 이후 '칼레의 시민'은 국가가 위기에 처하면 앞장서서 기득권을 포기하고 시민의 의무를 행하는 '노블리스 오블리주'의 전형이 되었다.

하지만 역사가들은 이 일화의 사실성을 의심한다. 칼레의 사건을 당대에 기록한 20여 건의 사료를 살펴보자. 사료들은 칼레 시민 대표들의 행위가 사형수의 행진 장면을 연출하여 항복을 표현하는 의식이었다고 말한다. 시민 대표들은 목숨을 내놓고자 자원한 사람들이 아니었던 것이다. 이를 실제 의미 이상으로 과장한 기록은 연대기 작가인 장 프루아사르가 썼다. 그는 왜 그랬을까? 필리파 왕비가 프루아사르의 후원자였다는 데에 단서가 있지 않을까? 작가는 왕비의 역할을 강조하려면 상황을 보다 극적으로 꾸며야 할 필요를 느꼈을 것이다.

후대로 가면서 실제 상황보다 프루아사르가 왜곡한 상황이 사람들의 주목을 끌기 시작했다. 19세기 민족주의 시대에 이르러 역사 교과서들은 칼레의 시민을 희생을 무릅쓴 영웅으로 묘사했다. 문학과 예술 또한 이 드라마틱한 순간을 소재로 삼곤 했다. 대표적인 예술 작품으로 <칼레의 시민>이 유명하다. 1895년, 칼레 시는 이들의 용기를 기리기 위한 조각상을 오귀스트 로댕에게 의뢰했다. 완성된 작품이 바로 <칼레의 시민>이다. 이 작품은 청동으로 열두 벌 주조되었다. 처음 주조된 작품은 당연히 칼레의 시청 광장에 있다. 그중 하나, 마지막으로 주조된 작품이 지금 서울의 로댕 갤러리에 있어서인지 우리나라에서도 칼레의 시민 일화는 유명하다. 물론 대중의 민족주의 정서에 호소한 이런 허구들은 역사적 사실과는 거리가 있다.

루마니아의 영웅,
드라큘라

★1299년 오스만 1세가 오스만을 건국하다
★1453년 오스만 제국이 동로마 제국을 멸망시키다
★1529년 오스만군이 신성로마제국의 빈을 포위하다
★1538년 오스만 제국이 지중해 해상권을 장악하다

드라큘라 백작은 실존 인물이었다

영국의 변호사인 조나단 하커는 동유럽 트란실바니아 지방에 있는 드라큘라 백작의 성에 찾아간다. 백작이 런던 부동산을 구입하는 일을 의뢰했기 때문이다. 성에 도착한 후, 하커는 드라큘라가 흡혈귀라는 사실을 알게 된다. 그는 간신히 탈출하여 영국으로 돌아간다. 그러나 드라큘라가 먼저 영국에 도착하여 약혼녀인 미나의 친구 루시를 공격한다. 루시를 사모하던 청년들은 흡혈귀 퇴치 전문가인 반 헬싱 박사를 중심으로 협력한다. 흡혈귀로 변한 루시를 처단하고 드라큘라에 맞서 싸운다. 미나까지 피해를 입자 반 헬싱과 청년들은 미나를 이용해 드라큘라를 잡을 계획을 세운 다음, 트란실바니아에 있는 성으로 돌아간 드라큘라를 찾아내 제거한다.

브램 스토커의 소설 『드라큘라』(1897년) 내용 요약이다. 드라큘라는 외국에는 잔인한 영주로 알려졌지만 자국 내에서는 용맹한 장수로 존경받는 인물이다. 국내 부정을 근절하고 이슬람 세력에 맞서 싸운 강직한 영웅으로 여겨지고 있다. '아니, 흡혈귀 드라큘라 백작이 실존 인물이었다니?' 하고 놀라실 독자가 있을지도 모르겠다. 실존 인물 맞다. 영국 작가 브램 스토커는 어릴 적부터 공상 소설에 관심이 많았다. 당시 유행하던 흡혈귀 소설이었던 『카밀라』(1872년)를 즐겨 읽었다. 새 작품을 구상하던 중 헝가리 부다페스트 대학교 동양어과 교수이면서 동유럽의 역사와 설화에 해박한 아르미니우스 밤베리를 만난다. 그에게서 15세기 왈라키아 공국의 영주 블라드 3세에 대한 이야기를 듣고 영감을 받아 드라큘라 백작이라는 불멸의 캐릭터를 창조한다. 이 과정은 소설 『드라큘라』 본문에도 나와 있다.

"부다페스트 대학에 있는 제 친구 아르미니우스에게 그에 관한 기록을 만들어달라고 부탁했습니다. 그는 모든 수단을 동원해 드라큘라의 과거 현신에 대한 정보를 모아주었습니다. 그는 터키 접경 지역의 큰 강을 건너 터키족을 상대로 무훈을 세워 이름을 얻은 드라큘라 백작이 틀림없습니다. 만약 그렇다면 그는 보통 사람이 아닙니다. 그 당시는 물론이고 이후 수백 년 동안 그는 '숲 너머 땅[트란실바니아]'의 아들 중 가장 용감하고, 가장 영리하고, 가장 교활한 인물로 회자되었습니다. 비상한 머리와 강철 같은 의지력이 그의 몸과 함께 무덤 속으로 들어갔고,

그것들이 지금 우리와 맞서 싸우고 있습니다. 아르미니우스 교수의 말에 따르면, 드라큘라는 위대하고 고결한 가문의 자손이었습니다. 악마와 거래한 조상의 후예라는 말이 이따금 돌기는 했지만 말입니다."

블라드 3세는 1431년에 트란실바니아 지방의 시기쇼아라에서 태어나 1456년에 왈라키아의 영주가 되었다. 일반적으로는 '블라드 체페슈(말뚝왕 블라드)'로 알려져 있다. 체페슈는 루마니아어로 꼬챙이나 말뚝을 의미한다. 전쟁 포로나 국내 정적, 범죄자들의 몸에 긴 꼬챙이를 박아 잔인하게 처형해서 붙은 별명이다. '드라큘라'라고 부르는 것은 아버지인 블라드 2세가 '용의 기사단' 대표로 임명받아 황제에게서 용 문장을 받은 사실에서 유래한다. 루마니아어로 용은 '드라큘(Dracul)'이다. 그래서 블라드 3세는 루마니아어로 '~의 아들'이란 뜻의 '~a'를 붙여 드라큘라(Dracula)라고 불렸다.

드라큘라는 오스만 제국과 전쟁 중이던 1476년에 전사했다. 시체는 참수당했다. 잘려진 머리는 이스탄불에 있던 오스만 제국의 술탄 메흐메트 2세에게 보내졌다. 스나고브 수도원에 매장한 드라큘라의 머리 잘린 시신은 곧 사라졌다. 이에 그가 죽지 않는 흡혈귀가 되었다는 전설이 생겨난다. 생전의 잔인했던 모습들도 전설을 더욱 생생하게 만들어주었다. 게다가 루마니아어 드라큘은 용이지만 악마를 의미하기도 했다. 비를 내려주는 신적 존재이자 제왕의 상징인 동양 문화권에서와 달리, 서구 기독교 문화권에서 용의 이미지는 부정적이었다. 용과 싸우는 성자나 기사의 전설이 많은 것에서도 알 수 있다. 누구의, 어떤 입장에서 보느냐에 따라서 드라큘라는 용감한 '용 기사단'에 속한 사람이 될 수도, 사악한 '악마'에 속한 사람이 될 수도 있었다.

현재 루마니아 역사에서 드라큘라는 오스만 제국에 맞서 용감하게 싸운 민족 영웅으로 평가받고 있다. 민중의 역사인 구전 설화에서는 용맹한 전사로 그려진다. 잔인하기는 하지만 지주 귀족 등 부자에게만 거침없고 가난한 자들은 도와준다. 20세기 후반 루마니아를 30년 넘게 지배했던 독재자 차우셰스쿠가 드라큘라 동상을 여러 곳에 세워 자신의 권력을 정당화하는 데에 이용했을 정도로 인기가 많다. 차우셰스쿠는 나중에 권력을 잃어 헬리콥터를 타고 도망갈 때도 스나고브에 있는 별장으로 향했다. 드라큘라의 무덤이 있다고 전해지는 곳으로.

드라큘라와 메흐메트 2세의 역사적 대결

드라큘라의 나라, 왈라키아 공국이 있던 발칸 반도 지역은 고대에는 그리스와 페르시아의 세력 다툼에 끼어 있다가 로마 제국의 지배를 받았다. 로마 제국이 동과 서로 분리되자 동로마 제국, 즉 비잔티움 제국의 영향권에 들어가게 된다. 7세기 이후에 슬라브족의 이주가 시작되어 현재 발칸 반도의 주민인 남슬라브족이 이 지역 역사에 등장한다. 이후 발칸 반도는 오스트리아, 헝가리의 지배를 받다가 15세기부터 오스만 제국의 침략을 받는다. 15세기, 바로 드라큘라가 활약한 시대다.

13세기, 아나톨리아에 거점을 둔 튀르크계 이슬람 전사단이 성장하기 시작했다. 이들은 오스만 1세의 이름을 딴 오스만 제국을 건설한다. 비잔티움 제국이 쇠약해지는 틈을 타서 유럽 쪽으로도 영토를 확장해간다. 1453년, 메호메트 2세는 콘스탄티노폴리스를 함락한다. 수도 중심으로 명맥만 유지하던 비잔티움 제국이긴 했으나 1000년 역사를 가진 로마 제국을 멸망시킨 것이니, 이 과정을 지켜보던 유럽 전체는 충격을 받았다. 팽창하는 이슬람 세력에 대한 공포를 느낀다. 계속해서 동유럽으로 진군하는 튀르크에 맞서 교황 비오 2세는 성전을 선포하고 십자군을 모집한다. 그런데 신성로마제국과 헝가리, 이탈리아, 동유럽 등지의 군주들은 각자의 내부 사정 때문에 전쟁에 응하지 않았다. 이때 혼자 전쟁에 나선 발칸 지역의 영주가 바로 드라큘라다. 후에 헝가리의 도움을 받는다.

드라큘라는 어린 시절에 동생과 함께 오스만 제국에서 6년간 인질로 잡혀 살았다. 아버지 블라드 2세가 오스만 제국과 화평 조약을 맺었기 때문이다. 인질 생활 중 아버지와 형이 암살당하자 튀르크는 드라큘라를 왈라키아의 허수아비 군주로 세우려 한다. 드라큘라는 탈출하여 헝가리의 지원을 받아 영주 자리에 오른다. 이후 튀르크에 대한 속국의 의무를 행하지 않는다. 술탄을 위한 병사가 될 소년 5백 명을 바치라는 명령을 거부하고 튀르크 병사들을 말뚝을 박아 죽여버린다. 1461년 다뉴브 전투에서 왈라키아가 오스만군과 싸워 이기자, 드라큘라는 기독교 세계를 지키는 십자군 장수로 유럽 전역에서 추앙받는다. 메흐메트 2세는 다음 해, 직접 군대를 이끌고 왈라키아를 침공한다.

역사에 운명적 라이벌이 있다면 바로 이 두 명이 아닐까. 이슬람 세력을 대표하는 술탄 메흐메트 2세의 생몰 연도는 1432~1481년, 그에 맞서 기독교 세계를 지키는 공작 드라큘라의 생몰 연도는 1431~1476년이다. 거의 겹친다. 인질로 잡은 외국 상류층 자제를 자국의 왕자들과 같이 교육시키던 당시 풍습으로 보면 둘은 성장기를 같이 보냈으리라 추측된다. 메흐메트 2세는 콘스탄티노폴리스 함락 이래로 가장 큰 규모의 군사를 소집했지만 한때 친구였을지도 모르는 두 사람의 정면 대결은 이뤄지지 않았다.

오스만 제국의 대군 앞에 열세였던 드라큘라는 전면전을 피했다. 늪과 숲 등 루마니아 지형을 적극 활용하여 게릴라 전술에 나섰다. 마을을 소개하고 도시를 불태웠다. 곡식과 가축을 옮기고 우물에 독을 풀었다. 당시 외국을 침략한 군대는 약탈하여 식량을 얻었기 때문이다. 세균전도 꾀했다. 사망을 앞둔 전염병자들에게 오스만 제국의 군복을 입혀서 튀르크 쪽으로 잠입시켰다. 심리전에도 능했다. 드라큘라를 찾아 진군하던 오스만군이 1.6킬로미터에 걸쳐 시체 2만여 구가 말뚝에 꿰여 전시된 좁은 계곡을 지나가게 유도한다. 제국의 대군은 사기가 떨어지고 전의를 상실한다. 이에 메흐메트 2세는 회군을 명령한다. 세균전 덕분에 병사들 사이에 전염병이 돌기 시작한 사실도 고려해 내린 결정이었다. 이후 메흐메트 2세는 전쟁을 피하고 왈라키아 공국 내 분열을 조장하는 쪽으로 대처한다.

보헤미아
왕국

헝가리 왕국

오스만 제국에 병합됨

트란실바니아

오스만 제국

16세기 오스만 제국 세력권

오스만 튀르크 쪽에서는 드라큘라를 두려워했다. 튀르크인들에게 드라큘라는 이름 그대로 악마였다. 외교 사절로 온 튀르크인들이 터번을 벗지 않으려 하자 드라큘라가 머리에 쇠 징을 박아버린 일화도 있다. 당시는 전염병 환자는 죽은 후 불사귀가 된다고 믿어서 시체의 심장에 말뚝을 박아 태워버리던 시절이었기에 세균전도 엄청난 심리적 효과를 거두었다. 이스탄불 주민들은 드라큘라가 습격해올까봐 공포에 떨었다. 시민들을 안심시킬 목적으로 전사 후 잘려서 메흐메트 2세에게 보내진 드라큘라의 머리가 이스탄불의 성문 앞에 높이 전시될 정도였다. 그러니 드라큘라의 적국이었던 지금의 터키 쪽에 드라큘라를 악마로 여기는 부정적인 전설이 많이 남아 있는 것은 당연했다.

드라큘라가 흡혈귀로 소문난 이유는?

그런데 이상한 점이 보인다. 왜 아군인 서유럽 지역에도 드라큘라의 악명이 널리 퍼지게 된 것일까? 드라큘라가 활약했던 발칸 반도 중부 지역은 오스만 제국에 맞선 기독교 세력의 최전선이었다. 서유럽 기독교인들의 입장에서 보면 지금의 루마니아, 헝가리 지역의 영주들은 이슬람 세력의 침략을 막아주던 고마운 존재들이었다. 당시 서유럽인들의 3대 공포는 페스트, 늑대 그리고 튀르크이던 시대였기 때문이다. 드라큘라, 그는 어쩌다가 아군 쪽에게까지 흡혈귀로 기록되었을까?

국내 지지 기반이 약했던 드라큘라는 영주가 된 후 공포정치를 한다. 즉위하자마자 아버지와 형을 암살하는 것을 돕거나 방조했다는 의심이 가는 보야르 500여 명을 말뚝형에 처한다. 보야르(Boyar)는 봉건 시대 동유럽 지역에서 군주 다음 계급에 있던 귀족을 말한다. 말뚝에 꽂힌 시체는 몇 달 동안 썩도록 내버려두었다. 보는 사람들이 공포에 질려 자신에게 복종하도록. 그런데 어떻게 이 사실이 유럽 전역에 드라큘라 괴담으로 퍼져나가게 되었을까?

반대파 보야르들을 제거한 후 드라큘라는 왈라키아에서 독점 행위로 부를 축적하고 있던 독일계 상인들의 활동을 제한한다. 이에 반발하자 3만여 명의 독일계 상인과 시민들을 학살한다. 대부분은 말뚝형으로 처형했다. 동족을 잃은 독일 상인들은 유럽 각지에 드라큘라의 만행을 전파한다. 15세기 후반 대중화된 활판 인쇄술과 저렴해진 종이 덕분에 드라큘라의 만행을 기록한 팸플릿이 대량으로 인쇄될 수 있었다. 말뚝에 박혀 죽은 사람들을 바라보며 식사하는 판화 등 끔찍한 이미지와 선정적 문구를 사용한 드라큘라 설화집은 당대의 베스트셀러였다. 독일 상인들이 유럽 전역을 연결한 한자 동맹의 연락망도 드라큘라 악명의 빠른 전파를 도왔다. 드라큘라는 생존 당시 이미 모국보다 서유럽과 중부 유럽에서 더 유명한 인물이 되었다. 점차 실제 했던 행동 이상의 악행이 부풀려져 기록되었다. 결국 드라큘라 전설을 서유럽 지역에 과장되게 퍼뜨린 주역은 학살당하고 이권을 빼앗긴 복수에 나섰고, 이를 장삿속으로 이용한 독일 상인들이었다.

그런데 동유럽과 러시아 지역은 왜 드라큘라를 악마로 여겼을까? 드라큘라가 활약하던 15세기부터 현재까지 발칸 반도의 종교는 가톨릭, 정교, 이슬람교다. 원래 동방 정교회 신자였던 드라큘라는 헝가리의 군사적 지원을 받을 때 가톨릭으로 개종했다. 그래서 정교회 측은 드라큘라를 배신자로 여겨서 악마로 기록했다. 한편 드라큘라는 가톨릭으로 개종했지만 독일계 가톨릭 수도원을 탄압하고 재산을 몰수했다. 저항하는 수도사들을 말뚝에 박기도 했다. 탈출한 수도사들은 가톨릭의 수호자인 신성로마제국 황제에게 박해받은 사실을 보고했다. 결국 드라큘라는 세 종교 문화권 모두에게 악마로 배척받아 잔인한 전설의 주인공으로 기록된다.

영국 소설 「드라큘라」에 담긴 서유럽인들의 편견

발칸 반도는 역사적으로 기독교 세력 대 이슬람 세력, 게르만 세력 대 슬라브 세력 등 여러 종교와 민족, 문화의 대립과 갈등이 심한 지역이었다. 잦은 전쟁은 전염병 창궐과 대량 학살을 초래했고, 그 결과 이 지역만의 독특한 전설과 민간신앙이 생기게 되었다. 서유럽인들은 유럽을 지키는 방파제 구실을 했지만 이후 튀르크의 지배하에 놓여 이슬람의 영향을 받은 발칸 반도 사람들을 같은 유럽인으로 여기지 않았다. 산업혁명과 과학혁명을 거쳐 나날이 발전하고 있는 서유럽인들은 기울어져가는 오스만 제국과 그 치하에 있는 발칸 반도 주민들을 미신 신봉자로 여기고 멸시했다. 이에 따라 드라큘라 전설은 점점 기괴하고 이국적인 방향으로 왜곡되게 되었다. 그래서인지 『드라큘라』에서 드라큘라의 성으로 찾아가는 반 헬싱과 하커, 청년들은 자신들을 이교도에 맞서는 '십자군'으로 여긴다.

『드라큘라』에서 드라큘라의 외모를 묘사한 부분에도 서유럽인들의 편견이 엿보인다. 조나단 하커는 백작을 찬찬히 살펴보다가 매부리코에 송곳니가 길게 튀어나온 그의 골상이 특이하다는 것을 발견한다. 게다가 드라큘라의 손바닥에는 긴 털이 나 있었다. 골상학은 동양의 관상학과 비슷한데, 다윈의 진화론과 함께 서구인의 우월성을 증명하는 학문으로 쓰였다. 그런데 매부리코는 유대인의 특징이며, 뻐드렁니와 손바닥의 긴 터럭은 늑대인간의 특징이다. 작가 브램 스토커는 오랜 세월을 두고 서구인들이 혐오하거나 두려워하던 존재들의 특징을 드라큘라 한 몸에 다 모았다. 대영제국을 위협하는 존재들에 대해 영국인들이 갖는 공포가 당시 영국에서 흡혈귀 소설 유행이 일어난 배경임을 드러내준다.

결국 『드라큘라』와 실존 인물 드라큘라의 역사에서 읽을 수 있는 것은 흡혈귀가 아니라 각자가 세상을 보는 방식이다. 타자와 타문화에 대한 뿌리 깊은 차별과 편견, 불안과 공포가 육체를 입어가는 과정이다. 상대를 모르면 무섭고, 무서우면 상대를 악한 존재로 만들어버리게 된다. 그래서 프랑스의 작가 앙드레 말로는 "드라큘라는 현대에 창조된 유일한 신화"라고 말한 것이리라. 신화는 그것을 향유하는 사람들의 '세계에 대한 인식'을 비춰주는 거울이니까.

드라큘라의 시대에서 500여 년이 지나, 그가 활약했던 발칸 반도에서 제1차 세계대전이 시작된다. 전쟁의 원인은 주변 강대국 사이의 이권 다툼과 종교, 민족 갈등이었다. 드라큘라가 살던 시대와 마찬가지로.

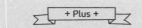

드라큘라의 또 다른 모델, 바토리 백작 부인

드라큘라 백작의 또 다른 모델은 헝가리의 바토리 에르제베트 백작 부인이다. 그녀는 여성들을 재미로 고문하고 피를 받아 목욕하는 등의 잔학행위를 일삼았다는 소문이 돌자 고발당했다. 1611년에 재판받은 후 폐쇄된 독방감옥에 갇힌다. 전설에 의하면 그녀는 죽어서도 피를 찾아 계속 나타났다고 한다.

약 300여 명의 증인에 의하면 바토리 백작 부인의 잔학 행위는 사실이었던 것으로 보인다. 역사 속 드라큘라처럼, 자기 영토 내부의 적을 다스리는 한편 외부의 적인 이슬람 세력과 싸워야 했던 그녀는 현실적으로 공포 정치를 펼 수밖에 없었을 것이다. 백작 부인은 남편이 죽은 후 혼자 영지를 다스리며 튀르크와 전쟁하던 중이었다. 상속자가 될 아들은 아직 어렸다. 객관적 사료를 접할 수 없어 뭐라 단언할 수는 없지만, 이 점에서 어떤 학자들은 음모설을 주장하기도 한다. 그녀를 고발하고 제거해서 현실적 이득을 얻게 될 사람은 과연 누구였을까?

바토리 에르제베트의 범죄를 조사하고 수습한 사람은 사촌인 투르조 백작이었다. 황제가 이 사실을 알게 되면 바토리 가문의 영지는 몰수될 가능성이 높다. 남편은 없고 아들은 아직 어린 형편이기 때문이다. 투르조 백작이 상속권을 챙기기 위해 나섰을 수도 있다고 볼 수 있는 이유다. 그렇다면 백작 부인의 죄목은 다 사실이었을까?

돈 키호테는
머리가 돈 기사인가

～～～～～～～

★**718년** 무슬림들이 이베리아 반도를 점령하다
★**1492년** 무슬림들이 이베리아 반도에서 축출되다
★**1533년** 스페인이 잉카 제국을 멸망시키다
★**1588년** 에스파냐 무적함대가 영국 해군에 대패하다

창피한 고백부터 먼저 해야겠다. 어린 시절 『돈 키호테』란 책 제목을 처음 들었을 때 '돈 키호테'가 '머리가 돈, 미친' 키호테인 줄 알았다. '돈(Don)'이 에스파냐 귀족 남성에 대한 존칭이라는 것을 몰랐기 때문이었다. 그런데 나만 이상한 착각을 했던 것은 아닌 모양이다. 돈 키호테의 시종인 산초 판사의 직업을 판사라고 여긴 사람들이 종종 있는 것을 보니 말이다. 스페인어로 '판사(Panza)'란 볼록한 배란 뜻이다. 그러니까 산초 판사란 '뚱보 산초' 정도의 별명이다.

민폐 노인 돈 키호테
돌지 않은 키호테 노인과 판사 아닌 뚱보 산초의 모험을 그린

『돈 키호테』 원작은 워낙 방대하지만 대강 내용을 간추리면 아래와 같다.

'돈'이라는 칭호가 붙지만 에스파냐의 흔한 하급귀족 신분인 50대의 알폰소 키하노. 그는 밤낮으로 기사에 관한 이야기책을 열심히 읽다가 살짝 정신이 이상해진다. 고향인 라 만차(아랍어로 '메말랐다'는 뜻) 지방의 이름을 따서 '돈 키호테 데 라 만차(라 만차의 돈 키호테)'라는 멋들어진 이름을 스스로에게 붙인다. 물려받은 구닥다리 고물이지만 기사답게 갑옷까지 갖춰 입은 돈 키호테는 약한 자를 도와주고 정의를 구현하고자 로시난테라 이름 붙인 앙상한 말을 타고 모험을 떠난다. 기사도 소설에 등장하는 구색을 맞추기 위해 이웃 농부인 산초 판사를 시종으로 거느리고 사랑을 바칠 귀부인도 찾는다. 알돈사 로렌소라는 시골 여성을 둘시네아 공주라고 이름 짓고 그녀의 명예를 위해 싸울 각오를 한다. 이후 파란만장한 모험을 하며 여러 번 죽을 위기를 넘긴다. 그의 모험 중 풍차를 거인으로 보고 덤비는 장면, 죄수들을 풀어주는 장면, 매 맞는 하인을 구해주는 장면, 양떼들을 군대로 보고 덤비는 장면 등이 특히 유명하다.

작가 세르반테스는 이 작품을 당시 유행하던 기사도 소설을 풍자하기 위해 썼다고 한다. 그래서인지 소설에 묘사된 돈 키호테를 보면 거의 '민폐 노인'에 가깝다. 전통적 해석으로는 이미 소멸해간 중세 기사도에 대한 환상을 품고 착각 속에 살면서 사고만 저지르는 시대착오적 인간 정도로 돈 키호테를 평한다.

한편, 요즘 들어 새로운 시각에서 돈 키호테를 바라보는 견해도 나오고 있다. 유명한 뮤지컬 〈맨 오브 라 만차〉에서는 그를 구시대의 한물간 기사라기보다는 현실의 벽에 좌절하면서도 끊임없이 이상을 향해 나아가는 인간으로 그리고 있기도 하다. 이제야 우리의 돈 키호테는 자신이 품었던 숭고한 이상을 인정받게 된 것일까?

에스파냐의 영광과 몰락

500~600년 전의 서유럽은 이슬람 세계의 변방 중 한 지역에 지나지 않았다. 전성기의 고대 로마 제국처럼 이슬람 세력이 지중해를 둘러싸서 지배하고 있었다고 보면 이해하기 쉽다. 반면 유럽인들의 세력권은 동쪽으로는 오스트리아에서 서쪽으로는 에스파냐의 북부 정도까지였다. 현재 에스파냐가 있는 이베리아 반도의 남부는 이슬람교도인 아랍계 무어인들이 점령하고 있었다. 이에 맞서 가톨릭 왕국들은 레콘키스타('재정복'이라는 에스파냐어)라고 불리는 국토회복 운동을 벌였다. 말이 운동이지, 영토를 차지하기 위한 전쟁이었다.

15세기 당시 이베리아 반도에는 포르투갈, 아라곤, 카스티야란 세 가톨릭 왕국이 있었다. 이 중 아라곤의 페르난도 왕자와 카스티야의 이사벨 공주가 결혼하여 현재의 에스파냐가 성립되었다. 이어서 두 가톨릭 왕은 마지막 남은 이슬람인의 왕국인 그라나다까지

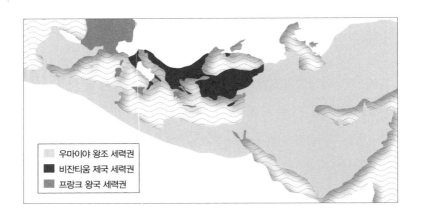

8세기 우마이야 왕조 세력권

우마이야 왕조 세력권
비잔티움 제국 세력권
프랑크 왕국 세력권

점령하여 레콘키스타를 완성한다. 이때가 1492년이다. 콜럼버스가 아메리카에 도착한 해이기도 하다.

이후 에스파냐의 왕위는 두 왕의 외손자인 합스부르크 가문의 카를 5세에게 넘어간다. 그는 신성로마제국의 황제로서 에스파냐, 독일, 이탈리아 북부, 네덜란드에 이르는 광대한 영토를 지배했다. 카를은 신성로마제국의 황제답게 가톨릭 세계의 수호자로 나서기를 좋아했으므로 에스파냐에는 전쟁과 종교적 광신의 그림자가 드리우게 된다. 바로 이 카를 5세의 통치 말기인 1547년에 세르반테스는 태어났다.

카를 5세의 아들인 펠리페 2세 시절, 광대한 식민지를 개척한 에스파냐 제국은 전성기를 누린다. 필리핀이라는 나라 이름도 이 시절의 국왕인 펠리페 2세의 이름에서 따서 붙인 것이다. 사회 분위기는 문학에 반영되었다. 제국의 활력과 자신감은 당시의 베스트셀러인 기사도 소설로도 표현되었다. 에스파냐 사람들은 고귀한 기사가 승승장구 성공하는 이야기를 읽으며 자기만족에 빠졌다. 그러나 식민지 착취와 네덜란드의 모직물 산업으로 모인 막대한 은은 그저 에스파냐를 거쳐 다른 지역으로 흘러갔을 뿐, 에스파냐 본국의 산업 발전은 이루어지지 않았다. 에스파냐의 경제력은 기울어만 갔다. 폭력 조직에 빗대어 말하자면, 식민지에서 정당하지 못한 방법으로 갈취한 돈을 영국을 비롯한 다른 조폭들은 사업에 투자하여 새로운 이익을 얻어냈지만 에스파냐는 그저 흥청망청 먹고 놀며 쓰기에만 바빴다고나 할까. 1588년, 에스파냐의 자랑인 무적함대가 영국 해군에 패배한 것을 계기로 에스파냐 제국은 기울기 시작한다. 이런 에스파냐 제국의 영광과 몰락의 시대를 다 살고 지켜본 세르반테스는 1605년 『돈 키호테』를 발표하고 1616년 사망했다.

세르반테스가 살았던 이 시기는 중세에서 근대로의 이행기였다. 중세 유럽의 지배계급이었던 기사는 14~15세기 백년전쟁 때부터 장궁과 대포, 총포의 발명과 중앙집권국가의 출현으로 인한 전쟁의 감소로 서서히 예전의 명성과 일자리를 잃고 몰락해가고 있었다. 영국과 프랑스는 백년전쟁과 장미전쟁을 거치면서 자연스레 자국 내 전사 귀족들의 수가 줄게 되었다. 그러나 세르반테스의 조국인 에스파냐의 경우, 레콩키스타 과정을 거치면서 이슬람 세력과의 잦은 전쟁 때문에 오히려 하급 기사들의 수가 지나치게 늘어나게 된다.

1492년, 그토록 꿈꿨던 통일은 이루었건만 그 많던 에스파냐의 기사들은 졸지에 실업자 신세가 되어버렸다. 이는 무장한 사회불만 세력이 늘 폭력을 행사할 준비를 하고 대기하고 있었음을 의미한다. 이에 페르난도와 이사벨은 이들을 식민지 개척을 위해 아프리카와 남아메리카로 보내버린다. 말하자면 왕과 여왕은 폭력을 수출했으며 기사들은 외화 획득을 위한 산업전사가 된 셈이다. 물론 식민지 개척에 나선 집단의 구성을 보면 기사들보다 상인 부르주아와 일반인들의 비율이 더 높았다. 그러나 이들 귀족 전사들은 다른 참여 집단과 달랐다. 오직 돈벌이를 찾아 일종의 벤처사업가처럼 굴었던 상인이나 일반인들과 달리 이들 기사들은 레콩키스타의 경험

15세기 이베리아 반도

과 기사도의 영향으로 어디까지나 기독교와 정의의 수호자라는 명분을 중요시했기 때문이다. 그래서 해외로 진출한 이들 에스파냐의 기사들은 이슬람교도나 아메리카 원주민들에 대한 학살을 신의 이름으로 합리화하는 이상한 기사도를 실천하게 된다. 약자 존중과 보호라는 기사도의 또 다른, 더 중요한 의무는 잊은 지 오래였다.

불가능한 꿈을 위해 싸우다

당시 하급 귀족들의 이러한 모습과 비교해볼 때 돈 키호테는 달랐다. 그가 이미 몰락한 구시대의 계급인 기사가 되어 약자의 편을 들고 정의를 수호하려는 꿈을 꾼 것은 내가 보기에는 결코 시대착오적이지 않다. 오히려 지중해 너머 북아프리카의 모로코에서 현지인 학살을 일삼으며 자신을 십자군이라고 여긴 같은 시대의 다른 기사들이 훨씬 시대착오적 사고를 하고 있는 것처럼 보인다. 국가 내부의 문제를 외국으로 수출하여 자국의 문제를 해결하려 하는 동시에 실리를 얻으려 하는 집단, 거기에 터무니없이 종교적으로 정의로운 명분을 내건 세력은 역사 이래 언제나 있었다. 그 시절 에스파냐 역시 마찬가지였다. 그런데 돈 키호테는 머나먼 이교도들의 나라가 아니라 자신이 발 디딘 에스파냐의 현실을 보다 올바르고 정의롭게 고치려고 했다. 주인에게 부당하게 매 맞고 있는 어린 하인을 구해주고 끌려가던 죄수들을 해방시켰으며 악명 높던 에스파냐의 종교경찰을 노상강도라고 꾸짖었다.

하지만 이런 식의 정의는 이미 절대왕정이 성립하고 부르주아들이 권력을 잡은 당시 에스파냐에서 통하지 않았다. 돈 키호테의 패배는 예정된 것이나 마찬가지였다. 그럼에도 불구하고 그는 끝까지 자신이 품은 이상을 실현하기 위해 행동했다. 낡은 창을 들고 풍차로 돌진했다. 자, 이렇게 볼 때 어느 편이 진정한 기사도의 실천자였을까? 돈 키호테였을까, 식민지로 진출한 다른 전사 귀족들이었을까? 어느 편이 더 시대착오적인 구악(舊惡)의 계승자였을까?

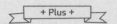

기사들은 왜 귀부인을 숭배했나?

중세 기사도 이야기를 읽어보면 기사들은 귀부인을 짝사랑한다. 젊은 아가씨도 아니고 주군의 부인인 엄연한 유부녀를 말이다. 그 원인으로는 서구의 성모 마리아 숭배와 더불어 약자인 여성을 보호하는 기사의 의무를 들 수 있다. 그러나 이런 귀부인에 대한 사랑은 실제로 존재했던 사랑이 아니라 기사들이 공동으로 품는 판타지 같은 것이었다.

가난한 가문에 장남 아닌 아들로 태어나 상속권이 없는 젊은 기사들은 자신의 배필을 만날 기회조차 잃고 언제 죽을지도 모르는 전쟁에 자의반 타의반으로 나가야만 했다. 그들은 자신들의 소외감과 분노를 귀부인 숭배를 통해 승화했다. 귀부인 숭배는 일종의 연애 유희가 되기도 했다. 영악한 주군들 중 일부는 자신의 젊고 아름다운 아내를 이용하여 기사들 간의 경쟁심을 유발시키고 충성심을 확보하여 능력 있고 용맹한 기사들을 자신의 성에 붙잡아두려 하기도 했다.

현재 남아 있는 '레이디 퍼스트'라는 서양 예절도 중세 기사도의 귀부인 숭배에서 유래했다.

장갑은 던져졌다, 칼을 들어라

★1598년 앙리 4세가 종교의 자유를 선포하다
★1618년 30년전쟁이 일어나다
★1626년 재상 리슐리외가 중앙집권을 추진하다
★1648년 프랑스가 30년전쟁에서 승리하다

　　알렉상드르 뒤마의 『삼총사』는 당대의 배경을 많이 반영한 두꺼운 소설이라는 점에서는 빅토르 위고의 작품과 비슷하지만 보다 술술 읽힌다. 워낙 작가가 대중적으로 쓰기도 했지만 앞뒤 안 가리고 사건을 향해 돌진하는 등장인물들의 성격 덕도 보는 것 같다. 특히 가스코뉴 지방 출신의 혈기왕성한 젊은이 달타냥이 총사가 되기 위해 파리로 가다가 사소한 시비가 붙어 삼총사와 차례로 결투하게 되는 장면, 또 삼총사와 의기투합하여 추기경의 친위대원들과 단체로 싸우는 대목은 『삼총사』에서 매우 인상적인 장면이다. 이렇게 서로 티격태격하는 인물들이 주는 재미와 뚜렷한 갈등 구조 덕분인지 『삼총사』는 영화나 뮤지컬로 끊임없이 제작되는 것 같다.

　　『삼총사』의 전체 줄거리는 간단하다. 주인공 달타냥과 삼총사가 리슐리외 추기경의 음모에 맞서 프랑스와 안 왕비를 위기에서 구해낸다는 이야기이다. 제목인 삼총사는 국왕의 근위대인 총사부대 대원인 아토스, 포르토스, 아라미스를 말한다. 그런데 이상은 어린이나 청소년용 축약본의 내용이다. 완역본 원작으로 보면 궁정 내의 연애와 갈등, 총사들의 과거 이야기, 첩자 밀라디의 숨은 사연, 신교도를 지원하는 영국 버킹엄 공작의 이야기 등등이 복잡하게 얽혀 있다.

어릴 적 축약본 동화책으로 이 소설을 읽으면서 나는 정말 궁금한 점이 많았다. 왜 삼총사인데 세 명이 아니라 네 명이 나오는지, 총사(銃士)인데 왜 총은 안 쏘고 칼로만 싸우는지, 같은 프랑스 사람인데 달타냥을 가스코뉴 촌뜨기라고 부르며 놀리는 이유는 뭔지, 또 달타냥은 왜 그 말에 그토록 심하게 화를 내는지, 결투를 외치는데 장갑은 왜 연달아 던져대는지, 왜 리슐리외 추기경은 안 왕비를 그리도 미워하는지… 정말 많은 것들이 굳게 닫힌 비밀의 상자 안에 들어 있는 소설이었다. 자, 그럼 지금부터 이 모든 의문을 풀기 위해 준비한 열쇠 꾸러미로 하나하나 『삼총사』의 비밀 상자를 열어보자.

리슐리외 추기경과 안 왕비의 갈등

일단 리슐리외 추기경이 왜 그리도 안 왕비를 미워하는지부터 시작해보자. 『삼총사』의 배경은 17세기 전반, 루이 13세 시절의 프랑스다. 이때는 앙리 4세가 종교의 자유를 인정하는 낭트 칙령(1598

년)을 선포함으로써 프랑스의 구교와 신교(위그노) 간 갈등을 매듭 지은 후다. 내정이 안정된 프랑스를 이어받은 루이 13세는 유럽에 서 패권을 잡고 해외 식민지로 뻗어가던 중이었다. 이 시기에 차근 차근 쌓은 성과를 바탕으로 훗날 루이 14세 시절에 프랑스 절대왕 정은 절정에 이르게 된다.

그런데 이 시기의 프랑스에서 실질적으로 여러 정책들을 결정 하고 이끌어간 인물은 왕이 아니라 총리인 리슐리외였다. 그는 가 톨릭 추기경이었다. 뒤마의 소설에서는 리슐리외가 왕비를 박해하 는 악독한 음모꾼으로 등장하지만 사실 리슐리외는 프랑스의 절대 왕정 확립에 큰 기여를 한 인물이다. 현재 프랑스 해군 전함 중에 '리슐리외함(艦)'이 있을 정도로 프랑스에서 존경받는다. 우리나라 도 구축함에 이순신, 최영 등 존경받는 장군들의 이름을 붙이지 않 는가. 리슐리외 추기경이 소설에서처럼 그렇게 부정적 인물이었 다면 루이 13세와 안 왕비가 그의 후임으로 그의 후계자이자 추기 경인 마자랭에게 국정을 맡길 리도 없었을 것이다. 그리고 종교인 인 추기경이 고위 관직에 올라 나라를 다스리는 것이 당시에는 전 혀 이상하거나 부정적인 일이 아니었다. 가톨릭 성직의 경우 자손 이 지위를 세습할 수 없으므로 권력이 당대에 그친다. 왕실의 입장 에서는 일반 귀족들에게 권력을 맡기는 것보다 왕실의 권력을 유지 하기에 안전한 선택이었다. 게다가 근대 이전까지는 성직자 계층이 가장 교육을 많이 받아 학식이 높은 엘리트 집단이었다.

그렇다면 『삼총사』에서 리슐리외 추기경이 부정적인 인물로 등장하는 이유는 뭘까? 루이 13세의 왕비인 안 도트리슈는 에스파냐 합스부르크 왕가의 공주였다. 당시 프랑스의 부르봉 왕가는 유럽의 패권을 차지하기 위해 에스파냐와 오스트리아를 지배하던 합스부르크 왕가와 경쟁하고 있었다. 그런 까닭에 외교와 내정을 맡은 리슐리외는 합스부르크 왕가가 친정인 안 왕비와 대립할 수밖에 없었다. 소설 속에서는 이런 국가 간 경쟁과 외교 관계가 리슐리외 추기경과 안 왕비 사이의 음모와 갈등으로 그려졌다. 즉, 작가는 달타냥과 총사들이 안 왕비에게 충성을 바치는 과정을 서술하다보니 실제로 안 왕비를 견제했던 리슐리외 추기경에게 자연스레 악역을 맡기게 된 것이다.

네 명인데 삼총사? 총 안 쏘는 총사?

다음으로 소설의 제목과 관련한 점을 알아보자. 제목은 삼총사인데 왜 네 명이 등장하는가, 하는 점부터. 원작을 읽어보면 이 이야기는 훗날 총사가 된 달타냥이 과거를 회상하는 장면으로 시작한다. 청년 시절 파리에 가서 총사들과 함께 모험을 한 뒤 수련생이 되었다가 공을 세워서 결국 정식 총사가 되는 것으로 끝난다. 즉 『삼총사』의 주된 이야기 안에서 달타냥은 아직 총사가 되지 않았다. 그래서 비록 넷이 뭉쳐 다녀도 진짜 총사는 셋이었기 때문에 제목이 '삼총사'인 것이었다.

또 의아한 것은 그들의 직위 명칭이 총사(銃士)인데 총은 쏘지 않고 칼로 싸운다는 점이다. 『삼총사』의 프랑스어 원제는 'Les Trois Mousquetaires', 즉 '머스킷 총을 찬 세 사람'이라는 뜻이다. 물론 소설 속 총사들은 전장에 나가 싸우는 것이 아니라 비밀임무를 수행하는 중이기에 칼을 주로 쓸 수밖에 없기는 하다.

게다가 당시 머스킷 총은 실전에서 널리 사용될 수 없었다. 우리에게 익숙한 예를 들어 설명해보자면, 이 총은 임진왜란 때 왜군의 조총('나는 새도 떨어뜨린다'는 뜻. 화승총, 뎃포라고도 부른다)을 개량한 총이라고 보면 된다. 머스킷 총은 너무 무거웠을 뿐만 아니라 일일이 부싯돌로 불을 붙여서 쏘아야 했다. 비가 내리면 사용할 수도 없었다. 후대에 가서 보다 개량된 머스킷 총이 등장하기는 하지만, 17세기의 머스킷 총은 총을 쏘아서 그 소리에 말을 놀라게 하고 군중을 집중시키는 정도의 효과만 있었을 뿐이다. 결국 왕이 자신의 근위부대인 총사들에게 내려준 머스킷 총은 실전용이라기보다는 우리나라 암행어사의 마패처럼 신분의 증거이거나 예장용이었다. 그래서 총사들은 총이 아니라 칼을 뽑아 들고 싸운다.

가스코뉴에서 온 예민한 남자, 달타냥

달타냥은 가스코뉴 지방 시골 귀족의 아들이다. 그는 남들이 '가스코뉴 촌뜨기'라고 놀리는 것에 매우 예민하다. 가스코뉴는 프랑스 혁명 이전에 프랑스 남서부 지방을 부르던 이름이다. 피레네 산맥을 사이에 두고 에스파냐와 붙어 있는 지역을 일컫는다. 원래는 산맥을 넘어 이주해온 바스콘 사람들의 이름을 따서 바스코니아였는데 시간이 흘러가면서 바스코뉴, 가스코뉴로 불리게 되었다. 파리를 비롯한 프랑스 중심부의 사람들은 지리적으로 에스파냐와 가까운 데다 독특한 방언과 풍습을 가지고 있던 이 지역 사람들을 자신들과 다르다고 생각했다. 가스코뉴인은 충동적이고 무모하고 허세를 잘 부리고 촌스럽다는 편견을 갖기도 했다. 대표적인 가스코뉴 기질을 가진 남자로 프랑스 사람들이 달타냥과 시라노를 떠올리는 이유가 여기에 있다.

그러나 이런 무모한 용기와 허영심도 쓸데가 있어서 '카데 드 가스코뉴'라는 루이 13세의 친위부대가 생기기도 했다. '카데(cadet)'는 프랑스 가스코뉴 지방에서 생겨나 중세 이후 전 유럽에 퍼진 말로, 봉건 귀족의 둘째 이하 아들을 가리킨다. 중세 유럽의 봉건 귀족들이 거의 다 그러기는 했지만, 특히 가스코뉴 지방의 귀족들은 지위와 재산을 모두 장남에게만 몰아서 상속했기 때문에 둘째 이하 아들은 성직이나 군대에서 살길을 찾아야만 했다. 여기에서 유래한 '카데'라는 말은 오늘날 원래의 뜻은 사라지고 사관학교나 경찰학교의 생도를 가리키는 의미로 쓰이고 있다.

달타냥은 남들이 미소만 지어도 그것을 모욕으로 착각하고, 남들이 바라보기만 해도 그것을 도전으로 착각했다. 그 결과, 타르브에서 묑까지 오는 동안 그는 줄곧 주먹을 불끈 쥐고 있었고, 하루에도 열 번은 칼자루로 손을 가져가곤 했다.

그래서 가스코뉴 출신의 달타냥 역시 살길을 찾아 파리로 간다. 가스코뉴 남자가 환영받는 국왕 친위대에 들어가서 총사가 되기 위하여. 고향에 대한 외지 사람들의 편견을 알고 있기에 여행길에 오른 달타냥은 조금만 이상한 느낌을 받아도 자신과 고향의 명예를 지키고자 예민하게 반응할 수밖에 없었다.

결투하려면 장갑을 던져라

고향 가스코뉴를 떠나 독이 든 복어처럼 잔뜩 긴장하고 파리로 온 달타냥은 세 명의 총사들에게 연달아 장갑을 던져대며 결투를 신청한다. 서양의 역사소설이나 시대극 영화에 자주 등장하는 결투란 무엇일까?

고대 게르만족은 개인 간의 분쟁을 사적으로 해결하는 풍습이 있었다. 이들은 죄가 없으면 신이 돌봐주셔서 결투에서 이기게 된다고 생각했다. 바그너의 오페라 〈로엔그린〉에 나오듯, 여자가 결투 신청을 받은 경우에는 대리 기사가 대신해서 싸워주기도 했다. 이러한 대리 기사를 지칭하는 단어로부터 '챔피언'이란 말이 나왔다. 영어 단어 챔피언(champion)에는 운동경기의 우승자라는 뜻 말고도 옹호자나 대변자 혹은 전사라는 뜻도 있는데, 결투와 관련한 이런 유래를 반영한 것이다.

가톨릭 교회 측에서는 무력행사로 인한 사회 혼란을 막기 위해 결투에 인도적인 규칙을 정해주거나 기사도란 명분을 부여하여 긍정적인 방향으로 이끌어가려 했다. 그러나 어떤 형태든 이런 폭력이 성행하는 것은 국가 입장에서는 매우 곤란한 일이었다. 오직 국가만이 무력을 갖고 있어야 나라의 질서가 유지되기 때문이다. 그래서 왕은 결투를 금지한다. 달타냥과 삼총사가 프랑스 국왕의 명령을 어긴 죄로 루이 13세 앞에 끌려가는 것도 이런 이유다.

근대로 들어서면서 사적 이익을 지키기 위한 결투보다 명예를 지키기 위한 결투가 프랑스에서 성행했다. 프랑스의 유행이 유럽을 지배하는 것은 패션뿐만 아니었는지, 결투 풍습도 전 유럽에 퍼졌다. 칼의 시대가 저물고 총의 시대가 되어서도 결투는 사라지지 않았다. 특히 미국 서부 개척시대에는 총잡이들의 권총 결투가 자주 벌어졌다. 물론 이때도 나름의 규칙은 있었다. 서부영화에서 결투자들 간에 서로 등 돌리고 몇 걸음을 걷다가 돌아서기로 약속하자느니, 비겁하게 한 걸음 덜 걸었다느니 하는 장면이 종종 등장하는 것이 이런 이유에서다.

그런데 결투를 신청하는 방법이 꽤나 낭만적이었다. 상대에게 장갑을 던지는 것이 바로 결투를 신청한다는 신호였다. 이때 상대가 던진 장갑을 집어 들면 결투 신청을 받아들인다는 의미가 된다. 문학작품에는 흰색 천 장갑이 자주 등장하지만, 원래는 중세 기사의 갑옷과 한 세트로 만들어진 건틀릿(Gauntlets)이라는 전투 장갑을 던지는 것이었다고 한다. 재미있는 것은, 나라 사이에 선전포고를 할 때에도 사신을 보내 상대 국왕 앞에 장갑을 실제로 던지게 했다는 점이다. 이런 전통이 남아 있어서 1, 2차 세계대전 발발 당시 유럽의 신문들은 "장갑은 던져졌다"라는 헤드라인으로 선전포고 기사를 쓰기도 했다.

하지만 사랑하는 여인 앞에 장갑을 살짝 떨어뜨리면, 그건 결투 신청이 아닌 구애를 의미하는 것이었다. 장갑 역시 구두처럼 한 사람의 존재를 담는 기능이 있어서였으리라. 혼동하지 않도록 조심, 또 조심. 결투 신청과 구애를 착각해 혹시라도 일생일대의 기회를 놓치면 안 되니까 말이다.

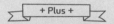

리슐리외 추기경은 왜 결투를 금지시켰을까

『삼총사』에는 달타냥이 결투를 하려 하자 리슐리외의 친위대가 나타나 체포하려 드는 장면이 있다. 실제로 리슐리외는 결투 금지령을 내렸다. 1626년 6월 2일이었다. 물론 당시 귀족들은 거세게 반발했다. 귀족의 무력을 행사할 권리를 막고, 귀족들의 분쟁을 국왕의 재판정으로 가져와서 왕의 판결에 복종하게 하여 왕권을 강화하는 정책이었기 때문이었다. 리슐리외는 결투를 금지하여 왕의 사법권을 강화하는 한편, 억눌린 호전성을 왕의 군대에서 발휘하도록 이끌었다.

리슐리외가 가톨릭 추기경인 것도 이유 중 하나였다. 중세 가톨릭 교회는 기사들의 폭력 행위를 억제하여 사회를 안정시키려 노력했다. 11세기의 종교회의에서는 일요일이나 축일의 전투를 금지하는 '하나님의 휴전'과 여성, 농민, 사제 등 비전투원에 대한 공격을 금지하는 '하나님의 평화'를 선포하기도 했다.

리슐리외가 결투 금지령을 내린 데에는 사적인 이유도 있었다. 뤼송 주교였던 시절, 리슐리외는 테민 후작을 모욕했다. 성직자에게는 결투 신청을 할 수 없었기에 테민 후작은 기회를 노리다가 대신 리슐리외의 형에게 결투를 신청한다. 형은 결투로 사망한다. 리슐리외는 권력을 쥔 후 결투 금지 칙령을 내린다. 칙령을 무시하고 결투를 한 부트빌 백작을 처형하는 등 귀족들을 엄벌한다. 그는 개인적 아픔 때문에 결투자들을 극히 혐오했다고 전해진다.

결투 금지와 관련한 리슐리외의 업적은 더 있다. 양식을 먹을 때에 사용하는 나이프는 끝이 뭉툭하다. 이 식사용 나이프를 고안한 사람이 바로 리슐리외 추기경이다. 1637년 그는 집 안에 있는 모든 나이프 끝을 둥글게 깎아내도록 하인에게 명령한다. 리슐리외가 명령을 내린 이유나 리슐리외형 나이프가 프랑스 귀족 사회에 퍼진 이유로는 두 가지 설이 있다. 하나는 손님이 나이프의 끝으로 이를 쑤시는 모습을 보고 더럽게 여겼기 때문이라는 설, 두 번째는 술에 취한 귀족들이 식탁에 있는 나이프를 들고 싸우는 것을 막기 위해서라는 설이다. 여하튼, 리슐리외는 여러 방법으로 귀족들의 칼싸움을 막은 셈이다.

1669년 루이 14세는 프랑스의 칼 제작자들에게 뾰족한 나이프를 만들지 말라는 칙령을 내린다. 나이프 칙령을 내린 후 10년이 지나, 루이 14세는 1679년에 결투 칙령을 발표한다. 루이 13세 시절 리슐리외가 내린 결투 금지령을 재확인하고 엄벌을 공포한 이 칙령 이후 프랑스의 결투는 마침내 줄기 시작했다. 그리고 프랑스 요리, 식탁 에티켓과 함께 결투를 할 수 없는 리슐리외형 나이프는 전 세계로 퍼졌다.

아이를 어른으로
성장시키는 연금술

★1317년 교황이 연금술을 금지하다
★1418년 필경사 니콜라스 플라멜이 사망하다
★17세기 니콜라스 플라멜이 연금술사로 유명해지다

이번에 살펴볼 작품은 동시대 작가의 작품이다. 바로 2007년에 완간된 해리 포터 시리즈다. 나는 이 시리즈의 신작 소설 발간일과 영화 개봉일을 손꼽아 기다리면서 10년이란 세월을 보냈다. 책을 읽다가, 영화를 보다가 감동을 받아 눈물을 흘리기도 했다. 하지만 내가 이 소설에 빠져 있는 이유를 다른 사람들에게 설명하기란 쉽지 않았다. 보통 성인들은 아동 판타지 소설에 대해 편견을 갖고 있기 마련이다. 그래서 어린 나이도 아니면서 애들 보는 판타지에 열광하느냐고 핀잔을 주는 주위 사람들에게 나는 이런 말을 해주곤 했다. 작가 조앤 롤링은 훌륭한 작가이기 이전에 훌륭한 독자였으며, 해리 포터 시리즈에는 그리스로마 신화, 고대 켈트족과 게르만족의 문화와 역사를 비롯하여 중세 유럽의 오컬티즘도 잘 반영되어 있기에 어른이 읽어도 재미있다고 말이다.

그런데 이 정도만으로는 이 작품이 엄청나게 인기를 얻은 비결을 충분히 설명할 수 없다. 서구의 역사문화뿐만이 아니다. 해리 포터 시리즈가 전 지구적으로 성공한 이유는 비현실적으로 보이는 배경과 사건 아래에 모든 이들의 마음에 보편적으로 호소하는 인류 공통의 코드가 깔려 있는 점에 있다. '미숙한 아이의 성장과 그 과정의 모험'이라는 코드. 시리즈 제1편의 제목인 『해리 포터와 마법사의 돌』에서부터 그 코드는 뚜렷이 보인다.

어떤 어른으로 성장해야 하는가

해리 포터 시리즈는 현대 영국을 배경으로 한 판타지 소설이다. 그런데 판타지라고 해서 허황된 마술과 흥미로운 소동으로 일관하지는 않는다. 해리는 뛰어난 능력을 지닌 마법사 부모에게서 태어났지만 어려서 부모를 잃고 이모 집에 맡겨져 사랑받지 못하고 성장한다. 이후 마법학교 호그와트에 입학하여 1년에 한 번씩 목숨이 위태로워지는 모험을 겪는다. 도와주는 어른들을 만나지만 그들은 결국 해리의 곁을 떠나게 된다. 제5편 『해리 포터와 불사조 기사단』에서는 대부인 시리우스 블랙을, 제6편 『해리 포터와 혼혈 왕자』에서는 덤블도어 교장 선생님을 잃게 되는 것이다. 그러나 끝내 해리는 볼드모트를 물리치고 친구와 학교, 세계를 구하고 살아남아 좋은 어른으로 성장한다.

이러한 해리 포터 시리즈의 전체 구조를 보면, 작가는 '어떤 어른으로 성장해야 하는가'라는 문제를 마법사들의 대결에 빗대어 재미있게 들려주고 있음을 알 수 있다. 이름을 불러서는 안 될 그분 따위가 실제로 어디 있겠는가. 소년은 성장하면서 변모하는 자신을 받아들이기 어렵다. 그에게 가장 무서운 상대는 자기 내면의 어둠이다. 주인공 해리와 같은 운명을 지닌 볼드모트의 존재가 바로 그것을 의미한다. 미숙한 소년은 부모, 교사 같은 주변 어른들의 도움으로 성장기의 어두운 현실과 맞서게 된다. 그러나 그들은 소년 곁에 영원히 함께해줄 수는 없는 존재다. 언젠가 소년은 세상에 어른으로서 혼자 나서야 한다. 그래서 소설에서 해리의 부모도, 시리우스도, 덤블도어도 모두 죽어서 해리의 곁을 떠나게 된다. 절망에 빠진 소년은 사랑했던 사람들과의 이별을 겪으면서 스스로 삶에 대한 해답을 찾고자 몸부림친다. 자신에 대한 믿음과 친구들의 우정에 힘입어, 드디어 소년은 자기 내부의 어두운 면을 극복하고 완전한 어른으로 거듭나게 된다.

이렇듯 보편적인 인간 성장 단계의 중요한 과업과 해결 과정을 어린 마법사의 모험을 통해 흥미진진하게 보여주었기에 우리는 이 시리즈에 빠져드는 것이 아닐까. 같은 고아 처지이면서 해리와 다른 성장의 길을 간 볼드모트, 톰 리들과 비교해보면 '자기 내면의 어둠을 극복하고 올바로 성장하기'란 이 소설이 주는 메시지가 더욱 뚜렷하게 보인다. 해리가 증오했던 존재인 스네이프 교수의 역할을 보면 아이의 성장 과정에서 아이를 사랑하지만 악역을 맡을 수밖에 없는 어른들의 딜레마도 보인다. 어른들을 이해하게 되면 아이의 성장은 완성된다. 마지막 편에서 해리는 평소 자신을 구박하던 스네이프까지도 이해하게 된다.

이야기를 관통하는 연금술의 원리

그런데 이러한 성장소설의 공식을 담고 있는 작품은 많기에, 흔한 성장소설 구조만으로는 해리 포터 시리즈에 대한 전 세계 독자들의 열광을 설명해낼 수 없다. 그렇다면 해리 포터 시리즈만이 가지고 있는 독특한 성장의 공식, 그것은 무엇일까?

시리즈의 첫 편인 『해리 포터와 마법사의 돌』부터 살펴보자. 영국판의 원제는 '철학자의 돌(Philosopher's stone)'이다. '철학자의 돌'은 '현자의 돌'이라 불리기도 한다. 이때 철학자나 현자는 모두 연금술사를 의미한다. '철학자의 돌'이란 연금 작업의 최종단계에서 만들어지는 물질이다. 연금술사들은 이 물질이 있어야 흔한 금속을 금으로 바꿀 수 있다고 믿었다. 또한 그들은 이 돌을 인간을 젊어지게 하고 병을 낫게 하는 불사영생의 약으로도 보았다. 소설에서는 니콜라스 플라멜이라는 연금술사가 이 돌을 만들어내고 복용해서 영생을 누리는 것으로 나온다.

"니콜라스 플라멜은," 그녀가 연극 대사를 읊듯이 말했다.
"마법사의 돌을 만든 유일한 사람으로 알려져 있어!" (중략)
"뭐라구?" 해리와 론이 말했다.

"야, 너희 둘은 눈도 없니? 봐…… 여길 읽어봐, 여기."

헤르미온느가 그 책을 그들에게 밀자, 해리와 론이 읽어 나가기 시작했다.

고대의 연금술 연구는, 놀라운 힘을 가진 전설의 물질인 마법사의 돌을 만드는 것과 관련되어 있다. 그 돌은 어떤 금속이라도 순금으로 변화시킬 것이다. 그것은 또한 마시는 사람이 죽지 않고 영속하는 '불로장수 약'을 만들어낸다.

수세기에 걸쳐 마법사의 돌에 대한 많은 보고가 있었지만, 현재 존재하는 유일한 마법사의 돌은 저명한 연금술사이자 오페라 애호가인 니콜라스 플라멜이 갖고 있다. 플라멜 씨는 작년에 665번째 생신을 보냈으며, 아내 피레넬(658세)과 함께 데본에서 조용한 삶을 살고 있다.

－『해리 포터와 마법사의 돌』

대개 연금술에 대해 알려진 일반적인 상식은 이렇다. 연금술은 값싼 금속을 금으로 만들려는 헛된 작업인데 그 과정에서 화학이 발전하기도 했다는 정도. 고대 이집트에서 발달했고 이집트를 점령한 이슬람 세력에 의해 보존, 발전되어 유럽에 전해졌기 때문에 알칼리, 알코올 등 아랍어의 정관사 '알(Al)'이 붙는 화학 용어가 많다는 정도이다.

그런데 흔히들 생각하는 대로 연금술은 단순히 납 같은 싸구려 금속을 황금으로 바꾸어 일확천금을 얻으려는 목적으로만 행해졌던 것은 아니다. 중세와 르네상스 시기의 사람들은 동식물뿐만 아니라 광물과 금속도 계속 활동하며 성장한다는 자연관을 갖고 있었다. 그들은 숯이 다이아몬드가 되는 것처럼 금속도 가장 완벽한 상태의 금속인 황금으로 스스로 변할 수 있다고 믿었다. 그러기에 연금술의 실험 과정은 어떤 금속을 전혀 다른 금속으로 바꾸는 것이 아니라 금속의 자연적 성장 과정을 촉진하여 스스로 가진 완전성에 이르게 하는 작업이었다. 이러한 연금술의 과정을 우의적으로 그려 놓은 그림들을 보면 각각의 화학적 단계들이 인간의 탄생, 죽음, 부활을 상징하기도 한다는 것을 알 수 있다.

즉, 연금술은 인간의 영적인 변화와 성숙을 탐구는 철학적 학문이기도 했다. 한마디로 완전하지 못한 무언가를 화학적 변화가 상징하는 자기 시련과 고양의 단계를 거쳐 완전한 상태에 이르게 하는 것이 연금술의 궁극적 지향이었다. 그래서 진정한 연금술사는 황금만을 만들어내기에 혈안이 된 다른 연금술사를 '퍼퍼(puffer)'라고 부르며 '현자(Philosopher)'인 자신들과 구별했다. 당시에는 실험 기구에서 연기가 뿜어져 나오는 소리를 본떠 붙였을 뿐인 '퍼퍼'라는 단어가 현대 영어에서는 '사기꾼, 야바위꾼'이라는 의미로 쓰인다는 점을 보아도 진정한 연금술은 우리가 현재 생각하는 '황금 제조술'과 거리가 있음을 알 수 있다.

이렇게 볼 때, 1편에서 해리가 완전한 금속인 황금을 만들게 하는 촉매인 '철학자의 돌'을 이미 손에 넣었다는 것은 전체 시리즈의 나아갈 길을 알려준 것처럼 보인다. 중세에 가톨릭 교회 측에서 이단으로 단죄한 연금술 이론 중에는 그리스도의 수난과 죽음, 부활을 연금술 과정에 빗대어 설명한 이론도 있었다. 해리도 시리즈 마지막 편에서 볼드몰트에 의해 죽었다가 다시 살아난다. 끝내 그를 이겨 최후의 승리를 얻는다. 어딘지 연금술 이론과 닮아 있지 않는가?

해리를 둘러싼 영웅 신화의 구조

한 아이가 훌륭한 어른으로 성장해나가는 과정은 동서고금의 영웅 신화에서 일반적으로 보이는 구조이기도 하다. 이를 '영웅의 일대기 구조'라고 하는데, 조동일 교수의 『한국 소설의 이론』에 따르면 이 구조는 다음과 같다. 영웅은 (1) 고귀한 혈통을 지니고 태어나는데, (2) 비정상적으로 잉태되거나 출생하며 (3) 보통 사람과 다른 탁월한 능력을 타고난다. (4) 어려서 버려져 죽을 고비를 겪지만 (5) 구출자와 양육자의 도움으로 위기에서 벗어난다. (6) 자라서 다시 위기에 부딪히지만 (7) 위기를 투쟁으로 극복해서 승리자가 된다. 이상의 7단계 구조는 고대 신화에서부터 고전 소설을 거쳐 근대 이전의 많은 이야기들에 일관되게 적용할 수 있다.

하지만 사람이 알에서 태어난다거나 아버지가 올림푸스의 신이라든가 영웅이 바다 위를 걷거나 구름을 타고 이동하는 등의 이야기는 더 이상 과학의 시대인 근대 독자들에게는 먹히지 않는다. 더군다나 영웅이 새로 이상적인 나라를 건설할 미개척지도 지구상에는 존재하지 않는다. 우리는 반신반인의 영웅이 아니라 평범하게 태어난 인간 지도자를 선거로 뽑을 뿐이다. 그렇다면 신화의 시대가 아닌 현대에 이런 영웅 신화의 구조는 어떻게 변모되어 계승되고 있을까?

바로 해리 포터 시리즈와 같은 판타지 소설에 영웅 신화의 구조가 여전히 담겨 있다. 아기 시절에 죽을 고비를 겪어 특별한 능력을 지니게 된 점, 고아가 되었지만 해그리드나 시리우스 블랙, 덤블도어 등 조력자들을 만난 점, 호그와트 입학 후 1년에 한 번씩 위기를 겪고 극복해내는 점, 마지막 대결에서 죽음을 경험하고 다시 살아나 최후의 승리자가 되는 점 등은 영웅의 일대기 구조와 같다.

이렇게 해리 포터 시리즈에 나타나는 성장소설의 공식과 연금술의 원리는 영웅 신화의 기본적인 구조와도 일치한다. 한 인간이 바람직한 성인으로 성장하는 과정은 스스로 자기 인생 신화의 주인공이 되는 과정이기 때문이다. 영웅 신화는 현실의 인간과 동떨어진 신과 영웅만의 이야기를 하지 않는다. 신화란, 유한한 존재인 인간에게 이 세상을 어떻게 의미있게 살아야 할 것인지를 말해주기 위해 생겨났다. 신화에 등장하는 영웅들의 힘든 투쟁은 우리 같은 평범한 인간들이 살면서 겪는 문제의 해결과정을 돌려서 말해준다. 그들이 경험하는 죽음의 고비란 과거의 잘못된 우리 자신을 스스로 버리고 재탄생하여 온전한 인간이 되는 정신적 각성의 순간을 의미한다.

자신의 선택을 믿으시라

'내가 어른이 되면 세상을 이렇게 바꾸고야 말겠다'고 다짐하던 그 젊은이들은 대개 그렇게도 증오하던 기성세대의 모습을 닮아가기 마련이다. 혹시 우리도 영웅이 되지 못하고 괴물이 되어버린 것이 아닐까? 영웅이 대결하는 악당들이란 대개 영웅의 또 다른 자아이며, 지금 괴물인 그들은 한때 영웅의 길을 걷던 사람들인 경우가 대부분이다. 그래서 학부형이 된 해리가 아들을 다시 호그와트행 급행 열차에 태워 보내며 '자신의 선택을 믿으라'고 말해주는 해리 포터 시리즈의 마지막 장면은 실로 보기 드문 광경이다. 해리가 과거의 업적에 도취되어 평생을 그 성과로 먹고사는 왕년의 용사가 되지 않고 아들을 걱정하는 평범하고 좋은 아빠, 좋은 어른, 진정한 영웅이 되었기 때문이다.

아이들은 이야기를 읽으면서 세상을 이해하고 자신이 누구인지를 깨달으며 어떤 어른으로 성장해야 할지 스스로에게 묻고 답을 찾아가기 마련이다. 질풍노도의 10대 시절을 해리 포터 시리즈를 읽으며 보낸 아이들에게 해리의 성장은 어떤 의미가 되었을까. 꼭 아이들만 이야기를 읽고 성장란 법은 없다. 나 역시 이 시리즈와 더불어 10년의 세월을 보냈다. 그리고 성장했다. 아니, 성장했다고 믿고 싶다.

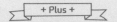

해리 포터는 왜 겨우살이 나뭇가지 아래에서 첫 키스를 했을까?

이 사연을 이야기하기 전에 켈트족의 역사, 신화, 종교부터 대략 살펴보자. 해리 포터의 마법 세계는 켈트 문화를 많이 반영하고 있기 때문이다.

켈트족은 앵글로색슨족 이전부터 작가 조앤 롤링의 고국인 영국에 살고 있던 민족이다. 원래 발달한 철기문화로 게르만족 이전에 유럽을 지배했으나 기원전 1세기에는 카이사르에 의해 갈리아(지금의 프랑스, 갈리아는 켈트족의 땅을 의미하는 라틴어)가, 기원후 1세기에는 브리타니아(지금의 영국 잉글랜드 지역)가 로마의 지배하에 들어감에 따라 로마화된다. 그래서 현재 켈트의 풍습과 언어는 유럽 대륙 중심부가 아니라 아일랜드, 스코틀랜드, 영국 남서부 웨일스 지역 등 변방 쪽에 남아 있다.

켈트 신화에는 마법과 마법사, 요정이 많이 등장한다. 아서 왕 전설에 등장하는 마법사 멀린을 떠올리면 된다. 현대적 변용이기는 하지만, 만화인 『골족(=켈트족)의 영웅 아스테릭스』에서 아스테릭스가 사제가 만들어주는 마법의 약물을 마시고 로마 군인들을 한 주먹에 날려버리는 장면도 예로 들 수 있겠다. 마법과 마법약, 마법사란 존재는 해리 포터 시리즈 전체에 걸쳐 계속 등장하는 켈트족의 유산인 셈이다.

켈트족의 종교는 드루이드교라고 하는데, 이는 그들의 사제를 드루이드라고 부르는 데에서 유래한다. 소설 속에서 호그와트 학생들이 모으는 마법사 카드에 등장하는 초기 마법사의 한 사람인 '드루이데스'는 이 사제의 호칭에서 따왔음이 분명하다. 드루이드들은 귀족층에 속하며 제사, 교육, 재판, 점술, 예언, 의료 행위 등을 담당하였다. 사제들은 일곱 품계에 따라 각각 다른 지팡이를 사용하였는데 이 점은 켈트족 전설에 등장하는 마법사들의 마법 지팡이에 반영된다. 물론 해리 포터 시리즈에서도 마법 지팡이는 매우 중요하다.

드루이드교는 참나무 등에 기생하여 살아가는 겨우살이라는 식물을 신성시했다. 겨우살이와 나무의 관계는 영혼에 대한 육체의 관계라고 보았기 때문이다. 그래서 지금까지도 서구에서는 크리스마스에 겨우살이 가지로 장식을 하며, 겨우살이 아래서 나누는 키스는 행복과 장수를 의미한다고 하여 연인들이 겨우살이 장식 아래에서 키스를 한다. 『해리 포터와 불사조 기사단』에서 해리가 초 챙과 겨우살이 가지 아래에서 첫 키스를 하는 이유가 여기에 있다.

로마 제국 점령군들과 기독교도들은 드루이드교를 탄압하여 사원을 파괴하고 그 자리에 기독교 교회를 세우기도 했다. 그러나 현재까지 드루이드교와 켈트 문화는 유럽의 설화나 '해리 포터'와 같은 판타지 문학뿐만 아니라 실제 유럽인들의 민간 풍습에 남아 있다. 예를 들자면 켈트족의 새해는 11월 1일에 시작하기에 그들의 설날 전날 행사가 오늘날의 할로윈 축제가 되었다는 것. 그래서 기독교의 축일인 만성절 전날인데 다들 이교도적인 마법사의 복장을 하고 돌아다닌다.

3부

욕망이라는
이름의 역사

소녀는 왜 빨간 구두를 욕망했을까

★1517년 루터가 '95개조 반박문'을 내걸다
★1555년 신성로마제국이 루터파를 승인하다
★1579년 개신교를 믿는 네덜란드 7주가 동맹을 맺다
★1620년 영국 청교도들이 신대륙에 상륙하다

안데르센의 동화 「빨간 구두」는 공포스럽다. 빨간 구두를 신고 춤추기를 좋아했다고 그렇게까지 심한 벌을 받아야만 했을까? 한편, 주인공 카렌도 특이하다. 모든 사람들이 손가락질하는데도 굳이 빨간 구두를 신고 보란 듯 도발하고 싶었을까? 이 소녀는 왜 그렇게도 빨간 구두에 집착했을까?

안데르센의 잔혹 동화

자신의 가난하고 힘들었던 시절을 반영해서인지 안데르센 동화에는 슬프고 잔인한 장면이 많다. 그중 가장 잔인한 장면이 등장하는 작품을 꼽는다면 당연히 「빨간 구두」다. 세상에, 잘려서 피 흘리

는 발목을 담고 춤추며 눈앞을 지나가는 빨간 구두라니! 어린 시절에 읽고 얼마나 무서웠던지 밤에 화장실 가면서 내 발목을 만져보던 기억이 지금도 생생하다. 이 동화의 영향 때문인지 어른이 된 지금도 검정색이 아닌 구두를 사려면 왠지 망설여진다.

카렌은 어머니의 장례식에 빨간 구두를 신고 간다. 남이 준 빨간 구두 한 켤레밖에 없을 정도로 가난했기 때문이다. 지나가던 부자 할머니가 이런 카렌을 보고 가엾게 여긴다. 할머니는 카렌을 데려가 키워준다. 몇 년이 지나 성장한 카렌은 세례식에 신을 새 구두를 사러 간다. 검은 구두를 사라는 할머니를 속이고 빨간 구두를 산다. 사람들이 흉보는데도 빨간 구두를 신고 교회에 간다. 예배 중에는 기도도 찬송가도 잊고 빨간 구두 생각만 한다. 심지어 할머니의 병간호를 해야 하는데도 빨간 구두를 신고 무도회장에 가서 춤을 춘다. 결국 천사가 나타나 카렌에게 평생 빨간 구두를 신고 춤춰야 하는 벌을 준다. 카렌은 은인인 할머니의 장례식에도 가지 못하고 빨간 구두에 이끌려 춤추며 떠돌아다니게 된다. 구두가 벗겨지지 않아서 발목을 잘라낸 후에야 빨간 구두에서 해방될 수 있었다. 카렌은 잘못을 뉘우쳤다. 그러나 집을 나서면 어디선가 피 흘리는 잘린 발목을 담은 빨간 구두가 춤추며 나타나 길을 막는다. 오랜 시간 동안 목사님 댁에서 봉사를 하며 반성한 후에야 천사는 카렌을 용서해준다.

빨간 구두는 교황의 상징

화학 염료가 개발되기 이전, 빨간색은 비싸고 귀한 색이었다. 빨간색으로 염색된 물건들은 사치와 권력의 상징이었다. 공식적으로 빨간 구두를 신을 수 있는 사람은 로마 황제와 황후, 교황뿐이었다. 고대 로마 제국이 멸망하고 약 1천 년 후 동로마 제국이라 불리기도 한 비잔티움 제국이 1453년에 멸망한다. 남은 로마 제국으로는 신성로마제국이 있었지만 황제는 가톨릭의 수호자로서 수수한 검정색으로 신앙을 표현했다. 결국 교황만이 빨간 구두를 신을 수 있었다. 그런데 안데르센이 살던 19세기 덴마크에서는 종교개혁 이후 루터주의 개신교를 믿고 있었다. 가톨릭 교황의 사치를 상징하는 빨간 구두가 좋게 보일 리가 없다. 그 자세한 사연은 종교개혁의 역사를 봐야 한다.

돈을 내면 죄에 대한 벌을 면제해준다는 면벌부 판매에 맞서 1517년 독일의 마르틴 루터는 '95개조 반박문'을 발표한다. 오직 믿음에 의해 구원을 받는다는 생각을 담아 루터가 쓴 팸플릿은 인쇄술 덕에 널리 읽히게 되었다. 가톨릭 교회는 루터를 파문했으나 지지자는 늘어만 갔다. 유럽 여러 지역에서 농민과 하층민이 루터를 지지하고 부패한 성직자에 반대해 봉기했다. 일부 독일 제후들은 종교적 이유보다 신성로마제국과 교황에게서 독립하기 위한 속셈으로 루터를 지지하기도 했다. 1529년, 독일의 제후들은 제국의회에서 가톨릭을 강요하는 황제 카를 5세에게 '항의서'를 제출했다. 이때부터 신교도들은 항의자(프로테스탄트, Protestant)로 불리게 되었다. 전쟁이 벌어졌다. 마침내 1555년, 루터주의는 아우크스부르크 화의에서 공식적으로 인정받아 북부 독일을 중심으로 덴마크, 노르웨이, 스웨덴에 세력을 굳힌다. 안데르센의 고향인 덴마크는 현재 기독교인 중 80퍼센트가 루터주의 개신교인이다.

이 시기 북유럽의 종교개혁가로 칼뱅도 있다. 스위스의 종교개혁가인 칼뱅은 루터의 종교개혁으로부터 영향을 받기는 했지만, 루터가 부분적으로 유지한 가톨릭의 특징들을 엄격히 거부했다. 칼뱅은 장로를 두고 예배를 간소화했으며 예식, 예복, 악기, 성상, 스테인드글라스 등을 금지했다. 뿐만 아니라 정치, 경제, 사회, 문화와 개인 사생활의 모든 부분을 종교의 원리로 통제하려 했다. 독재에 가까운 신정정치를 하며 다른 의견을 가진 사람들을 이단으로 몰아 탄압하기도 했다. 칼뱅주의 교리의 가장 두드러진 특징은 '예정설'인데, 그 개요는 자신이 구원받을지 아닐지는 하느님께서 이미 정해놓으셨다는 것이다. 그러니 멋대로 살지 말고 신께서 정해 놓은 운명에 대해 확신을 갖고 경건하게 살며 자신을 책임져야 한다며 칼뱅은 엄격한 금욕과 근면을 강조했다. 특히 근면을 강조한 부분은 서북부 유럽 지역의 상공업 발달에 크게 기여했다는 이론이 있다. 이들 칼뱅주의자들은 스코틀랜드에서는 장로파, 네덜란드에서는 회센(고이센), 프랑스에서는 위그노, 잉글랜드에서는 청교도라 불린다. 1620년, 영국의 청교도 102명은 종교의 자유를 찾아 메이플라워호를 타고 아메리카 대륙으로 건너가기도 했다.

종교개혁 이후 서북부 유럽과 영국, 영국에서 건너간 미국 쪽

개신교 사회에는 엄격하고 금욕적인 풍조가 자리 잡게 된다. 이들의 시각에서는 춤추거나 술 마시는 것뿐만 아니라 극장에 가는 것조차도 큰 죄악이 되었다. 현대에 와서 이런 엄격한 원리주의의 일상 지배는 거의 사라졌지만, 검은 양복에 검은 스타킹과 검은 구두만 착용하고 사는 근본주의 칼뱅주의자 신도들이 아직도 네덜란드에만 50~60만 명이 있다고 한다. 이런 프로테스탄트의 종교개혁에 따른 엄격한 윤리관이란 배경을 알고 읽으면, 왜 「빨간 구두」에서 카렌이 빨간 구두를 신고 춤추는 것이 그렇게나 큰 죄악이었는지를 짐작할 수 있다.

여성의 욕망과 존재를 드러내는 도구

한 사람과 그 사람이 딛고 선 현실인 땅 사이에 구두가 있다. 구두는 한 사람을 온전히 담아 그 사람이 어떤 사람인지를 한눈에 보여주는 그릇이다. 그래서 왕자가 신데렐라를 찾을 때에는 그녀가 신었던 유리 구두를, 테세우스가 아버지를 찾을 때에는 아버지가 신던 가죽신을 들고 가서 찾는다. 더 나아가 구두는 그 사람의 존재 자체를 상징하기도 한다. 『서유기』의 요괴는 손오공과 싸우다 불리해지자 신발을 벗어 자신으로 둔갑시켜 놓고 도망가지 않는가.

성인 여성들이 불편함에도 불구하고 하이힐을 신는 이유도 여기에 있다. 하이힐은 오래 신고 있기에 불편하다. 청소나 설거지, 이사나 김장할 때 신는 신발이 아니다. 하이힐은 노동할 때가 아니라 기사 딸린 승용차에서 내려 드레스 자락을 끌며 레드 카펫 위를 약간 걸을 때 어울리는 구두다. 쉽게 말해서 여자가 하이힐을 좋아하는 것은 구두 자체가 좋다기보다 하이힐을 신는 상황, 분위기가 좋은 것이다. 하이힐을 신고 외출함으로써 얼마 동안이나마 가사 노동에 시달리지 않고 세상을 내려다보는 신분의 여자가 되고 싶은 것이다. 이렇게 구두란 그 사람의 신분을 상징하기도 한다. 그러니 비실용적이어도 사람에게 특별한 구두란, 특별한 상황으로 나를 데려가 특별한 존재가 되게 해주는 마법의 도구이다. 「신데렐라」의 유리 구두처럼. 「장화 신은 고양이」의 부츠처럼. 그렇다면 카렌은 빨간 구두를 신으면서 무엇을 욕망했을까?

빨간색은 색 중의 기본이다. 색의 삼원색에도, 빛의 삼원색에도 빨강은 꼭 들어간다. 또한 빨간색은 혈액의 색깔이기에 정열과 욕망, 생명과 성의 환희를 표현한다. 이렇듯 빨간색의 일반적 이미지는 결코 수수하지 않다. 그런 빨간색을 카렌은 세례식에서 신을 구두의 색으로 고른다. 여기서 말하는 세례는 태어나자마자 받는 유아 세례가 아니다. 자라서 교리를 배운 후 사춘기를 전후해서 받는 세례로, 기독교 사회에서는 성인식의 의미를 갖는다. 가톨릭에서는 '견진성사'라고 한다. 카렌은 이렇듯 성인 여성으로 인정받는 자리에 빨간 구두를 신고 간다. 빨간 구두를 신고 춤을 추어 세상에 자신을 과시한다. 어쩌면 카렌은 여성으로서의 욕망과 성적 매력을 노골적으로 드러내었기에 공동체의 비난을 받은 것은 아닐까? 21세기인 지금도 성인 여성이 빨간 구두를 신고 보수적인 직장에 출근하면 눈총을 받는 경우가 많을 정도다. 카렌 같은 젊은 여성이 드러내놓고 욕망을 추구한다는 것은 그 시대 그 사회에서는 결코 받아들여질 수 없는 일이었을 것이다.

감히 신분을 거스르려 한 죄

한 가지 이상한 점이 있다. 빨간 구두를 신었다고 그렇게 비난할 정도면 아예 빨간 구두를 만들거나 팔지 않으면 되는 것 아닌가? 그런데 구둣방에서는 빨간 구두를 만들어 진열해놓고 있었다. 빨간 구두를 사서 신어도 비난받지 않는 고객이 있다는 의미다.

여왕의 행차 때 카렌은 멀리서 공주를 본다. 공주가 신은 빨간 구두를 보고 부러워한다. 이때 봐둔 빨간 구두를 잊지 못하여 몇 년 후 세례식 때 신을 구두를 사러 갔다가 할머니를 속이고 빨간 구두를 산다. 어느 백작이 딸을 위해 주문했다가 안 찾아간 구두였다. 그렇다. 왕이나 백작의 딸은 빨간 구두를 신어도 되지만 가난한 고아 소녀인 카렌은 신으면 죄가 되는 것이었다. 이렇게 볼 때, 카렌이 부러워한 것은 단순한 구두였을까? 마음 놓고 자신의 욕망을 추구할 수 있는 공주 혹은 백작의 영애라는 신분이 아니었을까? 그렇다면 카렌, 이 소녀는 그 사회의 다른 사람들이 보기에 위험인물이다. 가난한 고아라는 존재를 담기에 적합하지 않은 그릇, 신분을 욕망한 공공의 적이다. 그러기에 카렌은 벌을 받는다. 공주 아닌 평범한, 가난한 아이들의 본보기가 되는 벌을.

엄숙한 얼굴을 하고 있는 천사는 손에 번쩍번쩍하는 긴 칼을 들고 있었습니다.

"너는 언제까지나 춤을 추어야 한다." 천사가 말했습니다.

"너는 그 빨간 구두로 춤만 추고 있으면 그만이다. 네가 파랗게 질려서 싸늘하게 될 때까지! 네 몸이 말라서 해골처럼 될 때까지! 너는 방방곡곡 모든 사람의 집을 춤추면서 돌아다녀라! 그리고 거만하고 허영에 들뜬 아이들이 있는 집의 대문을 두드려라! 그런 아이들이 네가 왔다는 소리를 듣고 무서워 벌벌 떨게 해주어라! 자, 출 수 있는 데까지 춤을 추어라! 자꾸 추면서 가거라!"

"살려주십시오, 제발 살려주세요!"

카렌은 큰 소리로 외치며 애원했습니다. 그러나 천사가 무어라고 대답했는지 카렌의 귀에는 들리지도 않았습니다. 그것은 구두를 따라 울타리를 벗어나 한길로 춤을 추며 나갔기 때문입니다.

모든 억압 너머로 춤추며 날아가버리고 싶다

카렌은 은인인 할머니의 병구완을 하지 않고 춤추러 간다. 어쩌면 카렌은 키워준 은혜를 강조하며 나에게 잘하라는 잔소리를 끊임없이 하는 할머니에게서 도망가고 싶었을지도 모른다. 할머니 문병와서 보은과 의무를 강요하는 주변 사람들에게 지쳐, 병실을 떠났을지도 모른다. 살림을 돌보며 집에 얌전하게 있다가 교회 올 때만 외출하라는 목사님의 훈계가 싫어 무도회장으로 달려갔을지도 모른다. 세례식, 견진성사, 성인식을 하는 나이를 생각해보자. 부모와 기성세대에 반항을 시작하며 독립적 삶을 꿈꾸는 나이 아닌가.

그러나 세상은 가난한 고아 소녀의 솔직한 욕망 표현을 곱게 봐주지 않는다. 교회 안에 모인 사람들은 카렌을 손가락질한다. 자신들 안에도 있지만 숨겨놓은 욕망, 모든 현실적 제약과 의무를 벗어던지고 마음껏 춤추고 싶은 욕망을 감히 공주도 아닌 고아 소녀가 추구했기 때문이다. 집단이란 공통의 적을 비난할 때 하나로 뭉치는 법. 카렌 같은 존재가 한 명 있으면 그 집단의 구성원들은 다 함께 그녀에게 돌을 던지고 같은 구호를 외치면서 동질감을 느끼게 된다. 마음을 고쳐먹고 교회에 가려는 카렌 앞에 피가 흐르는 잘린 발목을 담고 있는 빨간 구두가 계속 나타나 방해하는 장면은 상징적이다. 오직 하나의 엄격한 규율이 지배하는 닫힌 사회에서 한 개인이 저지른 미숙했던 한때의 잘못이 두고두고 사람들의 입에 올라 평생 심판을 받는 모습으로 보인다. 그러므로 발목을 잘라내고 교회에 가려는 카렌 앞에 빨간 구두는 계속 나타나야만 한다. 죄인이라고 낙인찍힌 자가 빨리 용서받으면 공동체가 단합할 좋은 기회가 없어지기 때문이다.

일반적으로 금욕적 기독교인들을 '청교도적'이라고 부르는 것은 영국 국교회의 개혁에 불만을 느낀 영국의 칼뱅주의자들이 교회를 정화(purify)해야 한다고 주장하여 청교도(Puritans)라고 불린 것과 관련 있다. 청교도의 청(淸)은 '맑을 청' 자이기 때문이다. 여기서 또 다른 의문이 생긴다. 그럼 자신들의 '맑은' 기준에 맞지 않는 나머지는 다 '탁하고 더러운' 것이었나? 그 기준은 과연 누가 정하는 것인가? 하고 말이다.

결국 저주 때문에 유령이 출몰하는 묘지 위에서 밤새 춤추는 것보다, 발목을 도끼로 잘라내는 것보다 더 무서운 것은 사회적 약자나 소수자, 가난한 자 그리고 여성의 일탈만을 엄격하게 단죄하며 단합하는 사회다. 자신의 욕망을 주체 못할까봐 무서워 욕망에 솔직한 다른 존재를 규제하는 이중 잣대다.

카렌, 그녀는 이런 이중적인 세상에 대고 빨간 구두를 신은 자신의 발을, 존재를, 욕망을 내보이고 싶었던 것이 아닐까? 도덕적 의무, 가난한 현실과 밑바닥 계급, 억압적인 종교, 여성의 욕망에 대한 단죄, 그 모든 억압 너머로 카렌은 빨간 구두를 신고 춤추며 날아가버리고 싶었던 것은 아닐까? 바로 이 점에서, 잔혹한 내용과 뻔한 결말에도 불구하고 「빨간 구두」 이야기는 세상의 어떤 소녀들에게는 영원히 매혹적이다.

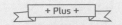

실제로 춤추는 병이 있었다

무도병(舞蹈病)이라 불리는 이 병은 수세기 동안 이탈리아 폴리아 주(부츠처럼 생긴 이탈리아 반도의 뒤축에 해당하는 지역)에서만 집단적으로 발병했다. 타란툴라라는 거미에 물려서 생기는 병이라고 하는데, 독거미에 물린 후 극도로 흥분한 환자들은 거리나 장터에 모여 며칠 동안 음악에 맞춰 쉬지 않고 집단적으로 춤을 춰야만 병이 나았다고 한다.

연구에 따르면 이 병은 기독교 전래 이전의 디오니소스 숭배와 같은 고대 풍습 중 하나가 살아남아 그 지역에서만 특징적으로 발생하는 일종의 신경증이라고 한다. 이 병도 「빨간 구두」 이야기처럼 어느 정도는 엄격한 기독교 교리에 저항하는 의미가 담겨 있는 것 같아 흥미롭다. 게다가 이들 무도병에 걸린 사람들은 검은 옷을 입은 사람은 무리에서 몰아내고, 빨간 천 조각을 쥐고 흔들어대며 춤을 추었다고 하니 말이다.

오, 나의 왕자님과
나의 거지님

★1547년 에드워드 6세가 즉위하다
★1553년 제인이 9일 만에 퇴위하다
★1553년 메리 1세가 즉위하다
★1558년 엘리자베스 1세가 즉위하다

드디어 이 이야기를 할 차례다. 어떻게 말해야 할까, 나의 왕자님과 나의 거지님에 대한 이야기를! 어릴 적에 이 책을 읽으면서 이야기의 배경에 대해 얼마나 많은 궁금증을 가졌던지, 지금 다시 책을 꺼내 책장을 넘겨보니 당시의 물음표들이 책갈피에서 우수수 떨어지는 것이 보인다.

거지 왕자의 모델은 에드워드 6세

마크 트웨인은 『톰 소여의 모험』이나 『허클베리 핀의 모험』 같은 모험 소설의 작가로 유명하다. 그래서인지 『왕자와 거지』도 거지가 된 왕자가 세상을 떠돌며 모험을 하는 이야기로만 기억하시는 분들이 많을 것이다. 하지만 이 소설은 의외로 대담한 정치적인 메시지를 지닌 진보적인 역사 소설이다.

이 작품의 역사적 배경을 처음 알게 되었던 중학교 세계사 시간을 나는 지금도 기억한다. 영국의 종교개혁과 절대왕정에 관한 소단원을 배우다가 갑자기 '아, 그 왕자가 바로!' 하고 이 소설이 떠올랐던 것이다. 소설에 등장하는 왕자는 바로 에드워드 6세였고 부왕은 헨리 8세였다. 게다가 그의 누님 공주들인 메리, 엘리자베스, 제인 그레이도 모두 16세기 영국에 실제로 존재했던 여왕들이었다. 이 놀라운 소설의 줄거리는 아래와 같다.

거지 톰 캔티와 왕자 에드워드 튜더는 한날한시에 영국 런던에서 태어났다. 톰은 아버지의 강요로 동냥을 하면서도 앤드루 신부에게 라틴어를 배운다. 어느 날 톰은 궁전에 가서 왕자를 구경하다가 문지기에게 폭행을 당한다. 이를 본 왕자는 톰을 불쌍히 여겨 방으로 데려가 이야기를 나눈다. 서로의 얼굴이 매우 닮았다는 것을 발견한 둘은 신기해하며 옷도 바꿔 입어본다. 왕자는 톰과 옷을 바꿔 입은 사실을 잊은 채 나갔다가 거지로 취급받고 궁궐 밖으로 쫓겨난다.

이후 왕자는 톰의 아버지에게 매를 맞기도 하고, 자칭 대천사라는 수도원장의 칼에 죽을 고비도 넘긴다. 하지만 자신이 왕자 신분이라는 것을 잊지 않는다. 떠돌아다니다가 만난 가난한 농민들과 억울한 죄인들의 사정을 귀담아듣고 잘못된 점을 고치겠노라고 약속한다. 이때 마일스 헨든이라는 기사가 왕자를 도와준다.

한편 궁궐에 남은 톰은 자신이 거지라고 말해도 아무도 믿어주지 않자 그냥 왕자 노릇을 한다. 톰은 실제로 잘해낸다. 그러던 중 부왕인 헨리 8세가 죽는다. 이제 거지인 톰이 영국의 새로운 국왕으로 즉위하게 되었다.

다행히 대관식 날 왕자와 마일스 헨든이 극적으로 나타난다. 둘은 원래 신분으로 돌아간다. 왕이 된 에드워드 6세는 톰에게는 그리스도 육아원의 원장 자리를, 마일스 헨든에게는 켄트 백작 작위를 준다. 그리고 가혹한 법률을 폐지했으며 거지로 떠돌던 시절에 한 약속을 모두 지켜 훌륭한 왕이 되었다.

기본적으로는 종교 문제

어릴 적에 이 이야기를 읽으면서 우선 이 점이 궁금했다. 허물어져가는 수도원에 혼자 살던 노인은 왕자의 아버지가 헨리 8세라는 말을 듣고 왜 왕자를 죽이려고 할까? 왕이 무슨 잘못을 했기에? 알고 보니 영국 종교개혁의 역사와 관련한 사연이 있었다.

"나를 못살게 굴었던 사람이 바로 헨리 8세였다는 걸 너는 알고 있나, 응? 이봐!"

그러나 어린 왕자는 아무 대답도 없었습니다. (중략)

노인은 다시 칼을 갈았습니다. 갈면서 혼자 중얼거렸습니다.

"저 놈의 아비 때문에 이 꼴이 됐다. 저 놈의 아비가 나를 망쳐놓았거든. 그 놈 때문에 내가 교황도 못 됐단 말야."

왕자의 아버지 때문에 교황이 못 되었다고 말하는 것으로 보아, 수도원의 노인은 가톨릭 교회의 고위 성직자였던 것으로 보인다. 그는 헨리 8세의 종교개혁으로 자신이 누리던 지위와 재산을 잃었기에 앙심을 품고 있었을 것이다. 헨리 8세에 대한 반감으로 왕자를 죽이려 하는 수도원 노인의 모습을 통해서 당시 영국 내 가톨릭 신도들의 종교개혁에 대한 반발을 엿볼 수 있다.

왕자는 위기를 넘기고 궁전으로 돌아가서 헨리 8세의 뒤를 이어 에드워드 6세로 즉위한다. 하지만 행복한 결말로 끝난 소설과 달리 몸이 약했던 그는 16세의 어린 나이로 죽는다. 왕위에 오른 지 겨우 6년 만이었다. 에드워드 6세는 죽기 전에 왕위 계승 서열 1위인 큰누나 메리 튜더 대신에 헨리 7세의 증손녀인 제인 그레이를 후계자로 지목한다. 이유가 뭘까? 물론 가까운 신하 귀족들과 제인 그레이 가족의 강요도 있었지만, 기본적으로는 종교 문제가 있었다. 메리는 엄격한 가톨릭 신자였고 제인은 신교도였기 때문이었다. 이 사연을 설명하려면 헨리 8세와 여섯 명의 아내들에 대한 길고 유명한 이야기를 해야 한다.

헨리 8세와 여섯 명의 아내들

'여섯 명의 아내들'이라 쓰다보니 또 생각나는 중학교 시절의 추억이 있다. 명사의 단수, 복수형을 배우던 중1 영어 시간이었다. 선생님은 'f'로 끝나는 단어의 복수형은 그냥 'fs'가 아니고 '-ves'

라는 설명을 해주시고 우리에게 교과서의 연습문제를 풀게 하셨다. 그런데 연습문제에 떡하니 'wife'라는 단어가 있는 것이 아닌가! 우리는 배운 대로 'wives'로 고치면서도 어떻게 'wife'가 복수형이 될 수 있는지 의아해했다. 결혼이란 한 남편과 한 아내가 맺어지는 것이니 아내란 원래 단수밖에 없는 것 아닌가. 그때 선생님께서 들려주신 이야기가 바로 이 '헨리 8세와 여섯 명의 아내들'이었다.

헨리 8세의 첫 왕비는 신앙심 깊은 가톨릭교도인 에스파냐의 공주 캐서린(아라곤의 캐서린)이었다. 둘 사이에서 첫째 공주인 메리가 태어났다. 이후 대를 이을 왕자가 태어나지 않은 데다가 왕비의 시녀인 앤 불린과 사랑에 빠진 헨리 8세는 캐서린과 이혼하려 들었다. 그러나 가톨릭은 이혼을 인정하지 않았다. 어떻게든 꼼수를 써보려고 해도 통하지 않았다. 교황청 뒤에는 오스트리아, 에스파냐, 네덜란드 등 유럽 대륙을 호령하는 신성로마제국의 황제 카를 5세가 버티고 있었는데, 캐서린은 바로 카를 5세의 막내 이모였기 때문이다. 캐서린의 부모는 에스파냐의 통일을 이룩한 가톨릭 군주 부부, 그 유명한 페르난도와 이사벨이었다. 요컨대, 헨리 8세는 워낙 대단한 처가 때문에 싫증난 아내를 쉽게 버릴 수 없는 처지였다.

교황청의 승낙을 얻기에 지친 헨리 8세는 교황과의 관계를 끊고 영국의 캔터베리 대주교에게 억지로 결혼 무효 선언을 하게 한 다음 캐서린과 이혼하고 앤과 결혼한다. 그리고 독자적인 개신교 교회, 즉 영국 국교회(19세기에 성공회로 명칭을 변경했다)를 설립하고 스스로 교회 수장이 된다. 이 두 번째 결혼에서 둘째 공주가 태어난

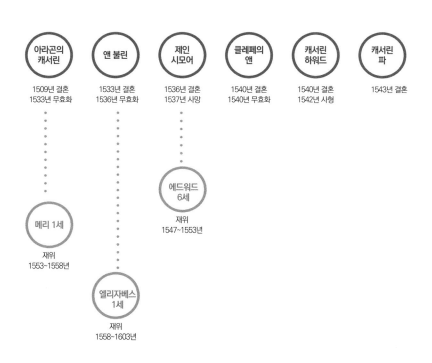

헨리 8세 가계도

다. 나중에 에스파냐의 무적함대를 격파하여 대영제국 시대를 연 엘리자베스 1세이다.

앤 역시 캐서린처럼 유산만 거듭하고 왕자를 낳지 못한다. 헨리는 앤에게 누명을 씌워 처형해버리고 제인 시모어와 결혼한다. 이 세 번째 결혼으로 드디어 우리의 왕자님인 에드워드가 태어난다. 제인 왕비가 출산 후 사망하자 헨리는 지금의 독일 지역에 있었던 클레페 공국의 공주인 앤과 네 번째로 결혼한다. 가톨릭 국가 에스파냐에 대항하기 위해 유럽 대륙의 개신교 국가와 손잡기 위한 정략결혼이었다. 그러나 헨리는 그녀의 외모에 실망하여 또다시 이혼하고 만다. 다섯 번째 왕비는 10대 소녀 캐서린 하워드였는데, 간통죄로 처형한다. 여섯 번째 왕비 캐서린 파는 그의 마지막 왕비가 되었다. 변덕스럽고 잔인한 헨리 왕의 비위를 잘 맞추어 살아남았다. 왕 사후 재혼까지 했지만 안타깝게도 출산 후 사망한다. 요약하자면, 헨리 8세는 여섯 명의 아내 중 둘은 처형하고 둘과는 이혼했다. 둘은 출산하다 사망했다.

왕비들의 종교가 후대 왕들의 종교 정책으로

이상이 바로 조선 왕조에 비하면 짧아 보이는 118년 역사의 튜더 왕조가 지금까지 서구 영화와 드라마, 소설의 단골 소재가 되었던 배경이다. 영화로는 〈천일의 앤〉과 〈천일의 스캔들〉, 드라마로는 〈튜더스〉, 대중 문학으로는 앨리슨 위어와 필리파 그레고리의 작품들이 유명하다. 이런 현대의 리메이크물이 대부분 여섯 왕비들의 삶을 너무 흥미 위주로 다뤄왔다는 점에서 아쉬운 부분도 있다. 당시는 여자에게 삶과 사랑을 선택할 기회가 주어지지 않은 시대가 아니었던가. 가문과 국가의 요구에 떠밀려 장기판의 말처럼 대리전쟁을 겪다가 희생된 여자들의 삶을 단순한 흥밋거리로 다루는 것은 역사 속의 개인을 다루는 공정한 자세가 아니지 않을까.

하지만 이 왕비들에 대해 제대로 알아야만 영국의 종교개혁 과정이 어떻게 진행되었는지를 쉽게 이해할 수 있다. 첫째, 둘째, 셋째 왕비의 종교가 바로 그들의 자녀로 후에 왕위에 오른 에드워드 6세, 메리 1세, 엘리자베스 1세의 종교 정책으로 이어지기 때문이다.

"나의 누님 엘리자베스 공주는 열네 살, 또 사촌누이〔실제로는 5촌 조카-지은이〕 제인 그레이는 나와 동갑인데 매우 아름다울 뿐 아니라 퍽 다정한 사람이야. 그러나 맏누님인 메리 공주는 언제나 불쾌한 얼굴을 하고 계시지. 너의 누나들도 신하들에게 웃는 건 죄라고 하여 못 웃게 하느냐?"

메리는 어머니인 캐서린 왕비의 영향으로 웃는 것도 죄라고 할 정도로 엄격한 가톨릭교도였다. 한편, 어린 나이에 즉위한 에드워드 6세를 돕던 제인 시모어 왕비 집안 사람들은 신교도였다. 그 영향으로 에드워드는 신교적인 내용을 가미한 '일반 기도서'를 제정한다. 왕의 외삼촌들을 중심으로 뭉친 영국의 신교도 귀족들은 가톨릭교도인 메리가 왕위에 오르는 것을 두려워했다. 종교개혁이 다시 원점으로 돌아가고 가톨릭 세력의 보복으로 나라가 혼란에 빠질 것을 예상했기 때문이다. 그들은 병들어 죽어가는 어린 에드워드에게 압력을 넣어 신교도인 5촌 조카 제인 그레이를 후계자로 공표하도록 했다. 에드워드 왕이 사망하자 본인은 원하지 않았건만 신교도 귀족 세력에 등 떠밀려 제인 그레이가 여왕 자리에 오른다. 메리는 지지자들을 모아 반격하여 제인 그레이를 처형하고 여왕 자리를 차지한다. 즉위한 지 9일 만에 처형당한 제인 그레이는 '9일 여왕'이라는 별칭을 얻게 되었다. 독실한 신교도이자 책벌레였을 뿐인 한 소녀가 부모의 야심에 희생되어 겪은 비극이었다. 한편, 메리 여왕은 가톨릭을 부활하고 어머니의 복수에 나선다. 칵테일 이름이기도 한 '블러디 메리(Bloody Mary, 피의 메리)'를 별칭으로 얻게 될 정도로. 메리에 이어 엘리자베스가 즉위한다. 그녀의 어머니인 앤 불린 왕비는 프랑스에 있던 시절에 위그노(프랑스의 개신교)를 접하여 이후 헨리 8세의 종교개혁에 직접적 영향을 준 인물이다. 앤의 딸인 엘리자베스는 어머니의 스승이 지은 프랑스 신앙서적을 영어로 번역할 정도로 신교에 관심이 많았지만 언니 메리의 경우를 보았기에 종교 문제를 신중하게 처리했다. 개인의 신앙보다 국가의 통합을 중시했기에 '통일령(1559)'을 발표하여 부왕 헨리 8세가 세운 영국 국교회를 확립했다. 이어 중상주의 정책을 펼치고 에스파냐의 무적함대를 무찔렀으며 동인도회사를 설립하여 대영제국의 기초를 닦았다. 엘리자베스 1세는 주변 국가들과 혼담을 빙자한 외교적 이익만 누리며 평생 결혼하지 않았기에 그녀를 마지막으로 튜더 왕조는 문을 닫게 된다.

종교 개혁을 하면서까지 이혼하고 아들을 낳아 왕조를 이어가려고 노력했던 헨리 8세. 그가 벌인 여섯 번의 결혼 소동은 결국 이렇게 튜더 왕조의 단절로 막을 내린다. 그러나 헨리 8세가 이런 기형적인 결혼생활을 하게 된 데에도 나름의 이유가 있었다. 그는 부왕인 헨리 7세가 30년간의 내전인 장미전쟁을 수습하고 어렵게 세운 튜더 왕조가 자신의 대에서 끝날지도 모르며, 자기가 죽은 후 국가가 다시 혼란에 빠질 것에 대한 두려움에 병적으로 시달렸다.

헨리의 심리야 어쨌든, 이 과정에서 영국의 종교개혁이 이루어진 것은 사실이다. 1534년에 제정된 '수장령'은 영국 국교회에서 최고 위치에 있는 유일한 사람은 영국의 국왕이라고 규정한 법이다. 이로써 영국 국교회는 외교적으로는 물론 정치적으로도 로마 교황청에서 독립하게 되었다. 덕분에 영국은 다른 유럽 대륙의 국가들처럼 국가 간의 종교 전쟁에 휘말리지 않고 일찌감치 자국의 발전을 꾀할 수 있었다. 물론 헨리 8세는 종교개혁을 통해 원하던 이혼과 재혼을 했을 뿐만 아니라 가톨릭 교회와 수도원의 재산을 빼앗아 재정을 살찌우는 현실적 이익도 누렸다. 그래서 『왕자와 거지』에서 퇴락한 수도원의 자칭 대천사라는 노인이 헨리 8세에게 불만을 품고 아들인 에드워드 왕자에게 복수를 하려는 것이다.

엘리자베스 여왕 사후에는 헨리 7세의 고손자인 스코틀랜드의 제임스 1세가 잉글랜드의 왕으로 즉위하여 새롭게 스튜어트 왕조가 시작된다. 스튜어트 왕조의 제임스 1세와 찰스 1세는 영국의 칼뱅파 개신교도인 청교도들을 탄압하고 영국의 의회정치 전통을 무시하는 전제정치를 함으로써, 이후 크롬웰이 주도한 잉글랜드 내전이 일어나는 원인을 제공한 왕들이다. 크롬웰 사후 왕정복고가 이루어져 즉위한 찰스 2세는 친가톨릭 정책을 펼친다. 이어서 제임스 2세는 가톨릭의 부활을 시도한다. 의회는 신교도 왕손을 찾는다. 제임스 2세의 딸 메리와 남편 윌리엄에게 '권리장전'을 승인하게 하여 새로운 왕으로 삼는다. 바로 명예혁명이다. 이렇듯 튜더 왕조 이후에도 영국의 종교개혁과 관련한 역사는 계속 이어진다.

이런 사실들을 알고 보면 『왕자와 거지』는 영국 국교회 성립과 튜더 왕조 전후의 이야기를 숨 가쁘게 담고 있는 정말 재미있는 역사 소설이다.

미국인인 작가는 왜 이 작품을 썼을까

『왕자와 거지』의 배경은 16세기 중반 영국이다. 그런데 마크 트웨인이 이 작품을 쓴 것은 19세기 말이었다는 점, 그가 영국에서 독립한 지 100여 년 된 신생국가 미국에서 살았던 지식인이었다는 점에 주목해서 이 소설을 다시 보자.

독립 당시의 미국은 대서양 연안 몇몇 주의 연합체에 불과했으나 이후 아메리카 대륙에 살던 원주민들을 몰아내고 프랑스로부터 땅을 매입하며 영토를 확장해나갔다. 19세기 말은 멕시코와의 전쟁으로 영토를 확대하여 미국이란 국가의 외형을 완성한 시기였다. 또한 남북전쟁이 끝난 후 세계 1위의 공업국으로 성장하면서 유럽에 대한 열등감에서 벗어나기 시작했으며 오히려 귀족제 같은 구제도가 남아 있는 유럽에 대해 민주 시민으로서의 자부심을 갖게 된 시기이기도 하다. 이런 시대정신을 이어받아, 작가 마크 트웨인은 '왕자와 시종'이란 민담에서 모티프를 얻은 『왕자와 거지』를 통해 봉건적 신분제도의 문제점을 유쾌하게 풍자한다.

> "폐하, 저를 잊으셨습니까? 저는 폐하의 매를 대신 맞는 아이입니다."(중략)
>
> "내가 틀린 것을 가지고 어째 너를 때린다더냐?"
>
> 톰은 놀라며 소리쳤습니다.
>
> "아, 폐하께서는 잊으셨습니까? 그 선생님은 폐하께서 공부를 하시다가 잘못하시면 언제나 저를 때리기로 되어 있습니다. 저는 매를 맞는 일을 맡고 있습니다. 그 대신 돈을 받고 있지요."

『왕자와 거지』에서 왕자 대신 매 맞는 아이가 등장하는 부분이다. 실제로 영국 왕실에는 왕자가 공부를 게을리하거나 잘못을 저질렀을 때 대신 매를 맞는 아이(Whipping Boy)를 두는 제도가 있었다. 아무리 왕자가 잘못하더라도 가정교사나 양육자는 왕권신수설 때문에 감히 국왕의 자녀에게 매를 들 수 없었기 때문이다. 경우에 따라 국왕이 자신의 아들을 몸소 때리는 경우도 있었다. 하지만 왕자가 부왕 외에 어떤 어른도 무서워하지 않아 말을 듣지 않는다면 그 왕자를 교육시킬 방법은 없다. 그래서 만든 제도가 '매 맞는 아이'다. 가난한 소년으로 묘사된 『왕자와 거지』와 달리 매 맞는 소년은 보통 상류층 출신이었다. 왕실에서는 왕자가 어릴 때부터 또래의 귀족 소년과 함께 교육시키며 단짝 죽마고우로 자라게 했다. 그래야 소년이 대신 매 맞을 때 왕자가 죄책감을 느끼고 잘못을 고치려고 노력할 것이므로. 대개 소년과 왕자의 정서적 유대감은 강했다. 한 예로, 찰스 1세는 왕이 된 후 어릴 적의 정을 잊지 않고 자신 대신 매 맞는 소년이었던 윌리엄 머리를 백작에 임명하기도 했다. 왕과 귀족이 없는 것이 자랑인 공화국 시민인 미국 작가는 소설 속에 매 맞는 아이를 등장시킨다. 톰의 목소리를 빌려 봉건 신분제의 모순을 비판한다. "내가 틀린 것을 가지고 어째 너를 때린다더냐?"

또한 작가 마크 트웨인은 거지가 된 왕자의 눈을 통해 억울하게 마녀로 몰려 처형당하거나, 인클로저 운동 때문에 토지를 빼앗긴 후 거지가 된 농민이 구걸을 했다고 귀를 잘리거나, 사소한 죄로 끓는 물이나 기름에 던져지는 등 가혹한 형벌을 당하는 현실을 고발하기도 한다.

그런데 작가는 왜 왕자와 거지가 옷을 바꿔 입게 했을까? 혈연관계도 아닌 두 소년의 얼굴은 왜 똑같이 생긴 걸까? 거지인 톰도 왕자의 옷을 입자 훌륭히 왕 노릇을 해내는 것을 보여줌으로써, 왕자나 거지나 모두 같은 인간이라는 것을 말하고 싶었던 것은 아닐까? 왕자가 된 톰은 과거 자신이 학대받고 살았기에 약자의 입장을 고려할 줄 안다. 거지 옷을 입고 세상을 떠돌아다니던 왕자도 몸소 밑바닥 인생을 체험했기에 억울한 백성들의 입장을 이해할 수 있었다. 결국 작가는 사람의 가치란 신분이나 재산, 입고 있는 옷에 달려 있는 것이 아니라 남의 고통을 보고 공감하며 문제의식을 갖고 고치려 하는 순수하고 정의로운 마음에 있다는 것을 보여준다.

한편 마크 트웨인은 봉건 유럽의 신분제와 형벌제도를 비판하고 미국식 민주주의의 우월성만 강조하려든 편협한 지식인은 아니었다. 20세기 초는 서부 개척을 완료함에 따라 태평양에 도달한 미국이 새로운 해양제국을 꿈꾸던 시기이다. 작가는 조국의 제국주의적 침략을 강력하게 비판했다. 1901년부터 1910년 세상을 떠날 때까지 그는 미국반제국주의동맹의 부의장이었다. 1898년 미국-스페인 전쟁에서 이긴 미국이 스페인의 식민지였던 필리핀을 넘겨받아 지배하는 것에도 반대했다. 미군의 필리핀 원주민 학살에 분노하는 글을 쓰기도 했다. 이런 작가의 삶을 볼 때, 자신이 속한 국가의 이익을 넘어선 발언과 행동을 할 수 있어야만 진정한 지식인이라는 생각을 하게 된다.

책갈피에서 우수수 떨어지던 물음표들, 이제 다 주웠다. 작품의 배경이 되는 영국 튜더 왕가의 역사와 작가 마크 트웨인이 살던 시대의 역사를 같이 볼 때, 우리는 『왕자와 거지』가 결코 만만한 어린이용 모험 소설이 아니라는 것을 알 수 있다. 이 작품은 진정한 지식인이 쓴 놀라운 풍자 소설이었다. 이제 이 훌륭한 작품을 '뒤바뀐 출생의 비밀'이라든가 '부자 친구를 사칭하여 사기 치는 막장 드라마'의 원형으로만 기억하지는 말자. 나의 왕자님과 거지님이 너무 섭섭해하실지도 모른다.

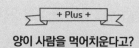

양이 사람을 먹어치운다고?

"농사꾼들은 제 땅을 모두 빼앗겼지, 나리들이 양 먹이는 목장으로 만든다고 빼앗은 거야."

『왕자와 거지』에서 농부였던 이들이 하루아침에 부랑자가 된 사연을 왕자에게 설명해주는 대목이다. 근대 초에 일어난 '인클로저 운동'을 반영한 부분이다.

인클로저(Enclosure) 운동은 장원을 지닌 영주나 부유한 농민이 자신의 경작지 가까운 농지를 사들여서 둘레에 울타리를 치고 양을 키우는 것을 말한다. 지주들은 소작인을 두고 곡물 농사를 짓는 것보다 양을 키우면 더 많은 이익이 남았기 때문에 경쟁적으로 인클로저에 나섰다. 목양사업은 더 적은 일손으로도 가능했고, 당시 영국의 모직물 산업이 발달하면서 양모에 대한 수요가 늘어나서 고수익이 보장되었기 때문이다.

그러나 영주들이 경작지를 양을 키우기 위한 목초지로 바꾸고, 심지어 마을의 공유지까지 울타리를 쳐서 농민들을 내쫓았기에 가난한 소작인들은 갈 곳이 없었다. 그들은 유랑민이 되어 어쩔 수 없이 생계를 위한 범죄를 저지르게 되었다. 인클로저로 인한 사회문제가 심각해지자 1489년 영국 의회는 인클로저를 금지했으나 제대로 시행되지 않았다.

1516년에 토머스 모어는 저서 『유토피아』에서 "양이 농민들을 먹어치우고 있다"고 인클로저를 비난했다(토머스 모어는 헨리 8세의 국교회 성립 후 왕을 교회의 수장으로 인정하지 않아 반역죄로 1535년 처형당한다).

영국 자본가와 미국 자본가의 한판 대결

★**1773년** 보스턴에서 차 사건이 벌어지다
★**1775년** 13개 식민지가 대영제국과 전쟁을 벌이다
★**1776년** 13개 식민지가 독립을 선언하다
★**1783년** 파리 조약으로 미국이 독립을 인정받다

어른이 되어 명작동화를 다시 읽는 것은 즐겁다. 예전에는 생각지 못했던 부분에서 미처 몰랐던 재미가 툭툭 튀어나오기 때문이다. 지금 이야기할 『소공자』(Little Lord Fauntleroy)도 그렇다.

주인공인 세드릭은 엄마 에롤 부인과 단둘이 뉴욕에서 산다. 어느 날, 영국에 사는 할아버지가 변호사를 보내어 세드릭 모자를 데려간다. 알고 보니 할아버지는 도린코트 성에 사는 백작이었고 세드릭은 후계자인 폰틀로이 공자였다. 백작은 3남인 에롤 대위가 하녀 출신 미국인 여자와 결혼한 것에 분개하여 세드릭의 아빠 에롤 대위와 의절했다. 그러나 백작의 다른 아들들이 후손을 남기지 못하고 다 사망하자 할 수 없이 미국에 사는 손자 세드릭을 찾은 것이다. 백작은 고집쟁이에 괴팍한 성격이고 너그럽지 못한 영주여서 사람들이 싫어한다. 여전히 미국

인 며느리를 미워하여 영국에까지 데려가서도 성 근처 마을에 떼어놓고, 세드릭만 성에 데리고 가서 산다. 그러나 착하고 순수한 세드릭 덕분에 백작 역시 점점 좋은 모습으로 변해간다. 세드릭에게 너그러운 백작 할아버지로 보이고 싶어서 자선도 베풀게 된다. 가짜 폰틀로이 소동이 벌어지기도 하지만 미국에 있었을 때의 친구인 구두닦이 딕과 잡화상 주인 홉스 아저씨의 도움으로 위기를 넘긴다. 이후 마음을 고쳐먹은 백작은 며느리도 성에 불러 같이 산다. 귀족과 영국을 혐오하던 공화주의자 홉스 아저씨는 백작과 단짝 친구가 되어 미국으로 돌아가지 않고 영국에서 산다.

어릴 적에는 '백작 할아버지는 왜 이렇게 천사같이 착하고 아름다운 세드릭의 엄마를 구박할까'라고 의아해했다. 그런데 지금 다시 책을 읽어보니 탄성이 나온다. 어쩜 이렇게 귀여운 남자들이 다 있을까! 내가 지금 말하는 귀여운 남자는 소공자 세드릭이 아니다. 영국인 백작 할아버지와 미국인 잡화상 주인 아저씨이다. 이런 깜찍하신 꼰대들 같으니!

깜찍한 꼰대들의 투덜거림
일단 두 분의 어록부터 소개한다. 먼저 영국의 백작 할아버지다.

"미국 아이란 모두 거지같은 것들뿐이거든. 그건 못이 박히도록 들어온 말이야."

"아, 그게 바로 미국인의 비뚤어진 점이야. 그들은 그것을 조숙하다든가, 자유라고 말하고 있지. 불쾌하기 짝이 없고, 염치와 예의를 모르는 바보 녀석들이야."

"욕심쟁이에 불여우 같은 것! 미국 여자 따윈 아예 만나지도 않겠다!"

"그게 미국의 독립정신이라는 건가? 내 문전에서 거지꼴로 사는 걸보고 싶진 않아. 그 아이의 어미라는 신분을 생각해서 주는 것이니 그돈을 꼭 받게 하고야 말겠다."

이상, 미국에서 성장한 손자 세드릭과 미국인 며느리를 못마땅하게 여겨, 만나서 대화해보지도 않고 마구 욕해대는 영국 백작 할아버지였다. 자, 다음은 이에 맞서는 미국의 잡화상 주인 홉스 아저씨다.

때마침 홉스 아저씨는 왕궁에서 올리는 예식 사진이 실린 런던의 신문 한 페이지를 성난 눈초리로 들여다보고 있었습니다.

"이게 바로 놈들의 수작이란 말이야. 언젠가는 혼을 내주고 말겠다. 짓밟혀 살던 사람들이 일어서서, 놈들을 하늘까지 날려버릴 때가 꼭 올거야. 백작이니 공작이니 그까짓 게 다 뭐야! 혼내주고 말 테다."

이 소설은 1885년에 연재되어 1886년에 출판되었다. 위에서 말하는 왕궁의 예식이란 빅토리아 여왕의 장남으로 태어나 나중에 에 드워드 7세가 되는 왕자의 1863년 결혼식인 것 같다. 도대체 왕족이 든 평민이든 남의 예식 사진을 보고 축복은커녕, '날려버린다'라니, 원. 영국과 왕실, 귀족에 대해 꼬여도 단단히 꼬이신 분인가 보다.

어릴 적에 이 작품을 읽을 때는 무조건 백작 할아버지가 나빠 보였는데 지금 보니 이 미국인 아저씨도 참 만만찮아 보인다. 타인 의 문화나 역사에 대해 이해하려는 아무런 노력도 없이 무조건 자 신의 주장만 내세운다는 점에서 말이다. 그런 점에서 이 두 어르신 은 '꼰대'다. 여기서 '꼰대'라는 것은 나이가 많은 분들을 싸잡아 비 하하는 용어가 아니다. '나이가 들어가면서 완고해지고 자신의 편 협한 생각만을 고집하며 도무지 주위 사람들과 소통하지 않으려하 는 어른'을 가리키는 말이다. 그런데 『소공자』의 두 꼰대 어르신들 은 어딘지 모르게 밉지가 않다. 어찌 된 일일까?

영국과 미국 사이, 그들만의 사정

영국 백작 할아버지와 미국 잡화상 아저씨, 두 사람은 왜 잔뜩 꼬여서 상대 나라를 욕하는 것일까? 그것은 과거 영국과 아메리카 식민지 사이에 있었던 갈등의 역사 때문이다. 그런데 우리나라와 일본의 경우처럼 완전히 민족이 다른 것도 아니고, 영국계 이민자 들이 건설한 식민지였는데도 왜 영국과 미국은 서로 극심한 갈등을 겪으며 전쟁을 벌였을까?

미국의 독립 과정을 다룬 역사책들을 보면, 본국 정부의 가혹한 식민지 착취에 저항한 식민지인들이 자유를 위해 봉기하여 영국 대 미국의 구도로 독립 전쟁을 치른 것처럼 서술한다. 전쟁을 이끈 미국 측 인사들은 본국의 탄압에 시달리면서도 민주주의를 위한 고귀한 이상을 품고 부당한 제도에 맞서 싸운 사람들처럼 보인다. 사실, 그렇게 보이도록 만드는 것이 역사가 짧기에 국민을 통합할 건국 신화가 필요했던 미국이 원하는 바였다. 미군정 시기와 6·25 전쟁을 겪고 원조 물자를 받으며 미국의 영향을 많이 받은 우리나라 사람들이 비교적 최근까지 미국에 대해 가졌던 일반적인 이미지이기도 했다.

물론 미국이 영국의 지배에 맞서 민주적인 원칙을 내세워 싸우고 공화국을 세워 절대왕정의 전제정치에 신음하던 유럽 각국에 큰 영향을 끼친 것은 사실이다. 다른 나라의 독립 과정을 '독립 전쟁'으로 칭하는 데 비해 미국의 경우 '독립 혁명'이라고 칭하는 것에서 단적으로 알 수 있다. 왕과 귀족이 없는 민주 공화국을 수립했다는 것은 독립 이후 미국인들의 강한 긍지가 된다.

그러나 미국의 독립 혁명은 순수한 민주 혁명의 성격만을 지니지는 않았다. 독립 혁명의 시발점으로 역사에 기록된 보스턴 차 사건(보스턴 티 파티)만 해도, 홍차에 높은 세금을 매겼기 때문에 식민지의 가난한 민중들이 저항한 것이 아니었다. 영국 정부가 동인도 회사에만 차를 판매하는 독점권을 주자, 그동안 막대한 이익을 올리던 식민지의 차 수입상들이 반발한 사건이었다. 게다가 영국에 항의하기 위한 식민지 대표들의 모임인 대륙회의는 참가자들이 거의 다 부유층 출신들이었으며, 그중 3분의 1은 이미 식민 정부의 고위공직 자리에 있던 사람들이었다. 이들은 본국의 착취로 식민지에 실업과 빈곤이 만연하면 극빈자들이 폭동을 일으켜 자신들의 재산을 잃게 될까봐 두려워했다. 독립선언서에는 "모든 사람은 평등하게 태어났다"고 되어 있지만, 이들이 생각하는 '모든 사람'에는 인디언, 흑인 노예, 여성들은 포함되어 있지 않았다. 결국 독립 혁명의 지도자들이 지키려고 했던 것은 백인 남성의 생명과 자유와 재산이었다.

다른 쪽으로 예를 들어보자. '자유, 평등, 박애'라는 기치 아래 수많은 민중들이 피를 흘렸지만, 프랑스 혁명은 결국 도시 부르주아들의 이익을 지켜준 혁명이었다고 다들 배우고 있다. 예전처럼 프랑스 혁명을 낭만적이거나 이상적으로만 파악하지 않는다. 그런데 유독 미국 독립 혁명이나 남북전쟁에 대해서는 아직까지도 낭만적인 혁명과 자유, 정의의 이미지로만 보고 있는 것 같다. 그러나 그들의 역사를 한 꺼풀 들추고 가만히 들여다보면 미국 독립 혁명은 영국의 귀족 및 자본가들과 미국의 신생 엘리트 및 자본가들 간의 이권 대립 때문에 일어난 전쟁이었다는 점이 눈에 들어온다.

바로 이런 점 때문에 어른이 되어 『소공자』 읽기가 재미난다는 말을 맨 앞에 했다. 서로를 죽일 듯이 미워하는 영국 귀족과 미국 잡화상 주인은 바로 미국 독립 전쟁이라는 역사의 링에 선 대표 선수들인 셈이다. 홍 코너에는 '영국의 귀족 자본가', 청 코너에는 도

전자 '미국의 신생 자본가'가 서서 세기의 대결을 펼친다. 본국 영국과 신생국 미국의 역사처럼 양 선수의 나이도 차이가 난다. 또 가짜 펀틀로이 소동을 겪으며 백작이 마음을 고쳐먹고 며느리를 비롯한 미국에서 온 사람들과 친해지는 장면은 마치 제1차, 제2차 세계 대전을 겪으며 영국과 미국이 한 팀이 된 것과도 비슷해 보인다. 결말 부분에서 도린코트 성과의 거래 때문에 홉스 아저씨의 가게가 번창하는 것을 보면, 경제적 이유 때문에 영국과 미국이 국제 사회에서 서로 돕는 현재 모습이 생각나서 이 소설이 더욱 의미심장하게 다가온다.

개심한 꼰대들이 여는 새로운 역사

"그리고 전 백작이 되면 할 게 있어요. 그것은 좋은 백작이 되는 거죠. 나쁜 백작은 되지 않아요. 미국과 또 전쟁을 하게 된다면 제가 말리겠어요."

세드릭의 말이다. 역지사지가 가능한 새로운 세대가 성장하면 과거는 지나간 역사로 묻힐 수 있는 법이다. 『소공자』의 작가 프랜시스 버넷은 영국에서 태어나 16세 때 미국으로 이민을 갔다. 이 소설은 서로 다른 두 나라의 역사와 문화를 자연스럽게 체험했기에 나온 작품이다. 실제로 이 작품은 출판되자 미국과 영국 양쪽에서 모두 환영을 받았으며, 독립 전쟁이 끝난 지 100여 년이 지나도록 서로에게 반감을 가졌던 양쪽 국민들의 마음을 어느 정도 풀어주는 데 성공했다고 한다. 마치 양쪽 나라에서 다 살아봤기에 양쪽을 다 이해하고 할아버지와 홉스 아저씨를 모두 사랑하는 소공자 세드릭이 했던 역할과 같다. 세드릭, 정말 사랑스러운 소년이다.

하지만, 처음부터 끝까지 착하고 예의바르고 귀여워서 평면적 인물로 보이는 세드릭보다 서로에게 마음을 열고 변화해가는 두 어르신들이 내겐 훨씬 입체적이고 개성적 인물로 보인다.

홉스 씨는 귀족 생활이 마음에 들었고, 꼬마 친구 펀틀로이와 헤어지기가 가슴 아팠습니다. 생각 끝에 그는 뉴욕의 가게를 팔고 영국의 얼보로 마을로 이사했습니다. 거기서도 역시 가게를 차렸는데, 도린코트 성과의 거래 때문에 번창해졌고, 백작과도 아주 친하게 되었습니다. 더구나 백작보다 오히려 자기가 더 굉장한 귀족이라도 된 듯, 궁정 통신을 읽으며, 귀족원의 소식을 빼놓지 않고 알려고 애쓰는 것이었습니다.

나이 들어서도 이렇게 마음을 열고 친구가 되어 새롭게 변할 수 있는 남자라니, 이 얼마나 귀여운가!

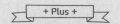

미국에도 공주가 있었다? 달러 공주!

세드릭의 할아버지는 귀족도, 전통도 없는 미국을 무시한다. 왕과 귀족이 없는 미국, 당연히 공주도 없어야 한다. 그러나 미국에도 공주가 있었다. 바로 '달러 공주'다.

19세기 후반, 골드러시와 주식투기로 졸부가 된 일부 미국인들은 돈으로는 절대 살 수 없는 '고귀한 혈통'을 갖기 위해 자녀들을 유럽 귀족들과 결혼시켰다. 산업화시대에 맞춰 자본가로 변신하지 못하고 여전히 영지에서 나오는 수입에만 의존하던 유럽 귀족들은 막대한 지참금을 들고 시집오는 미국 신부들을 환영했다. 귀족 부모들은 특히 물려받을 영지가 없는 둘째 아들을 위해 미국의 상속녀를 며느리로 구해주기도 했다. 이렇게 하여 미국 졸부의 딸 가운데 영국으로 시집간 이만 100여 명이 되는데, 이들을 '달러 공주 (dollar princess)'라고 부른다. 『작은 아씨들』에서 막내 에이미가 사촌과 함께 유럽 여행을 한 이유도 여기에 있다. 부자 친척이 귀족 사윗감을 찾아 유럽으로 장기 여행을 떠나면서 딸의 시녀 겸 말벗으로 에이미를 데려간 것이다.

당시의 달러 공주들 가운데 가장 유명한 사람은 주식투기로 졸부가 된 레너드 제롬의 둘째 딸인 제니 제롬이다. 그녀는 영국 최고의 명문가에 속하는 말버러 공작 처칠 가문으로 시집갔다. 제니의 아들이 바로 제2차 세계대전 당시 영국의 총리였던 윈스턴 처칠이다.

한편, '강도 남작(robber baron)'이란 말도 있다. 카네기나 록펠러 같은 19세기 말엽의 악덕 독점 자본가들을 비꼬는 말이다. 이렇게 볼 때, 도린코트 백작 어르신, 미국에도 귀족이 있긴 있었네요! 하하.

고난을 이겨낸
진정한 공주병

~~~~~~

★1778년 프랑스가 미국 독립을 지원하기로 하다
★1789년 프랑스 혁명이 일어나다
★1791년 국왕 일가의 국외 탈출이 실패하다
★1793년 국왕과 왕비가 처형당하다

프랜시스 버넷이 『소공자』에 이어서 발표한 『소공녀』도 어린 시절 누구나 한번쯤 읽어보았을 만한 명작동화다. 원제인 'A Little Princess'를 일본식으로 번역한 '소공녀'라는 제목이 좀 어색한 느낌이 있다. 더 쉽게 풀이하자면 '어린 공주' 정도가 적당할 것 같다. 이 작품은 앞서 이야기한 『소공자』와 달리 작품 속 배경인 영국에 대한 정보도 거의 없다. 오히려 민친 여학교의 프랑스어 수업이라든가 세라가 읽는 프랑스 역사책, 세라가 만나는 옆집 인도인과 세라의 아빠가 계신 인도 등 프랑스와 인도에 대한 이야기가 더 많이 등장한다. 그래서 이 책을 읽던 어린 시절, 19세기 영국이 지배하던 인도와 세라가 읽는 역사책에 등장하는 프랑스 혁명에 대해 궁금해했던 기억이 있다.

역사책 읽기를 통한 성장

　영국인 대위 랄프 크루의 딸인 세라 크루는 인도에서 태어났다. 어렸을 적 어머니를 잃은 세라는 영국의 기숙학교에 맡겨진다. 어머니가 프랑스 사람이었기에 세라는 프랑스어에 능통하고 프랑스 역사에 관심이 많다. 부자이고 똑똑한 세라는 인기가 많지만 거만하지 않고 정의로운 성격이다. 아둔한 아멘가드, 떼쟁이 로티, 학교의 하녀 베키와도 다 친하게 지낸다. 그러나 인도에서 아버지가 돌아가시고 아버지가 투자한 다이아몬드 광산 사업이 파산하면서 세라는 기숙학교 특별대우생의 지위를 잃게 된다. 돌봐줄 친척이 없는 세라는 할 수 없이 악독한 교장 민친 선생의 천대를 받으며 학교의 하녀로 일한다. 그래도 세라는 자존감을 잃지 않고 자신을 바스티유 감옥의 죄수이며 쫓겨난 여왕이라고 여기며 힘든 상황을 버틴다. 굶주리고 있으면서도 거지 소녀에게 여섯 개의 빵 중 다섯 개를 나누어주는 진정한 공주의 모습을 보이기도 한다. 그러다 아버지의 친구를 만난 세라는 유산을 돌려받고 다시 행복한 공주로 돌아간다.

　이 소설이 감동을 주는 이유는 여러 가지가 있을 수 있겠다. 착하고 어린 아이가 불행을 극복하고 행복해진다는 결말, 약한 자와 가난한 자에 대한 세라의 따뜻한 마음씨, 역경에 처한 주인공이 자신의 정신적인 고귀함을 지켜나가는 과정 등등. 무엇보다 이 글을 쓰는 내게는 역사책 읽기를 통해 한 소녀가 자기 성숙을 이뤄가는 점이 흥미로웠다.

소설은 역사책 읽기가 사람에게 어떤 좋은 영향을 미칠 수 있는 가를 단적으로 보여준다. 공주 대접을 받던 세라가 지붕 밑 다락방으로 쫓겨나 추위와 굶주림에 시달릴 때, 추위보다 더 차가운 멸시를 받을 때 그녀는 예전에 읽은 역사책의 내용을 떠올리며 힘든 상황을 이겨나간다. 세상에서 가장 힘들고 외로운 처지에 놓인 것 같아 모든 것을 다 놓아버리고 싶을 때 역사책을 읽으면 이보다 더한 어려움도 꿋꿋이 이겨낸 이들이 있었음을 알게 된다. 사건의 전후를 관통하는 맥락이 보이기 시작하면서 비관에서 빠져나와 어떻게 지혜롭게 대처해야 할지를 생각해보게 된다.

아멘가드는 세라가 몸짓 손짓으로 재미있게 이야기해준 프랑스 혁명 이야기가 생각났습니다. 그렇게 재미있는 이야기는 지금껏 아무한 테서도 들어본 적이 없었기 때문입니다. 세라의 눈이 반짝 빛났습니다. 세라는 무릎을 꼭 끌어안으며 이야기를 계속했습니다.

"그래, 그런 곳에 있는 셈치고 지내면 아주 재미있어. 나는 바스티유 감옥의 죄수야. 몇 해 동안 여기에 갇혀 있는 거야. 모두들 나를 잊어버리고 있는 거지. 민친 선생은 간수, 베키는……."

세라의 눈에는 또 다른 빛이 떠올랐습니다.

"그리고 베키는 이웃 감방의 죄수야. 나는 그런 셈치고 있었어. 그러면 마음이 덜 괴롭거든."

지금은 비록 감옥의 죄수이지만

다락방으로 쫓겨나 하녀 신세가 된 세라는 자신을 '바스티유 감옥'의 죄수라고 생각한다. 다른 감옥 아닌 바스티유 감옥으로 상상한 이유는 무엇일까? 바스티유 감옥은 프랑스 혁명의 상징이다. 프랑스 혁명은 전형적인 시민 혁명이다. 왕을 처형하고 공화정을 세웠으며 여러 정치체제를 극적으로 실험하면서 자유와 평등이란 이상을 널리 알렸다. 혁명은 직접적으로는 왕실 재정의 위기 때문에 시작되었지만, 당시 프랑스 사회가 가진 신분제도의 모순에 근본적인 원인이 있었다. 그래서 재정 문제를 해결해보고자 왕이 소집한 1789년 5월의 삼부회 때부터 혁명이 시작되었다고 보는 견해도 있지만 학자들은 보통 바스티유 감옥 습격을 혁명의 시작으로 본다. 현재도 프랑스 정부는 바스티유 감옥을 습격한 7월 14일을 '바스티유의 날'이라는 국경일로 지정해서 기념하고 있다.

원래 바스티유 성채는 파리의 동쪽 성벽을 지키기 위한 용도로 건설되었지만 1382년부터는 국사범이나 정치범을 수용하는 감옥으로 사용되었다. 이곳에는 철가면(실제로는 검정 벨벳 가면을 씌웠음), 볼테르, 사드 등 유명한 인물들이 많이 갇혀 있었다. 그러나 프랑스 혁명 당시 이곳에는 일곱 명의 죄수밖에 없었다. 국왕에 반역한 죄인은 아니었다. 성난 민중들은 정치범을 해방시키기 위해서가 아니라 이곳에 있던 대포를 손에 넣기 위해 바스티유 감옥을 습격한 것이었다. 이런 실제 사정과 상관없이 프랑스 국왕이 가진 전제권력의 상징이었기 때문에 바스티유 함락은 프랑스 혁명사에서 매우 중요한 의미를 가진다.

파리에는 콩시에르주리라는 다른 감옥도 있었지만 바스티유에
는 잘못된 권력에 저항한 죄밖에 없는, 죄인 아닌 지식인들이 갇히
는 경우가 많았다. 그렇기 때문에 세라는 자신을 다른 감옥이 아닌
바스티유 감옥의 죄수라고 생각한 것 아닐까. 즉, 그녀는 교장인 민
친 선생이 죄 없는 자신을 다락방에서 살게 하며 월급 없는 하녀로
굶기면서 부리는 것을 부당하게 생각했던 것이다. 더불어 억압에
저항했던 혁명의 역사를 읽으며 자신의 마음속에서 솟아오르는 반
항심을 몰래 분출했을지도 모른다.

그녀들의 공주병

'아무리 남루한 옷을 걸치고 있어도 진짜 공주는 마음가짐이 공주
인 거야. 아름다운 옷을 입고 있을 때에 누구인지 알아볼 수 있는 것보
다. 아무도 알아보지 못할 때 마음속이 공주가 되어 있는 것은 정말 훌
륭한 일이야. 저 마리 앙투아네트 여왕은 왕궁에서 쫓겨나 감옥에 들어
갔어. 허름한 검정 옷을 입고, 머리는 희어 모두가 '카페 미망인'이라고
놀렸지. 그래도 전에 여왕으로 있을 때보다 훨씬 더 여왕답고 의젓했
대. 남들이 모두 비웃어도, 심지어 교수형을 당할 때에도 여왕답게 의
젓한 태도를 지켰대.'

이런 생각은 세라가 전부터 마음속에 간직하고 있었던 것입니다. 괴

로운 일이 있었던 날에는 이렇게 생각하고 자신을 위로했습니다.

마리 앙투아네트는 루이 16세의 왕비이다. 프랑스 혁명기에 왕에 이어 단두대에서 처형당한 그녀는 사치스럽고 낭비가 심해서 왕실의 재정적자를 심화시켜 프랑스 혁명의 원인을 제공한 것으로 알려져 있다. 혁명 당시 자신과 왕실 가족의 안전만을 위해 친정인 오스트리아에서 군대를 불러들이려는 반역죄를 범하기도 했다. 다 사실이다.

그러나 프랑스의 경쟁국가인 오스트리아에서 시집온 공주였기에 프랑스인들이 가진 오스트리아에 대한 반감과 혁명기에 지나치게 고양된 반(反)왕실 감정 때문에 자신이 저지른 잘못 이상의 가혹한 평가를 받는 면도 있다.

예를 들어, 굶주리는 민중들에게 했다는 "빵이 없으면 케이크를 먹으면 되지"라는 유명한 말은 마리 앙투아네트가 한 말이 아니다. 그녀가 프랑스의 왕비가 되기 20년 전에 이미 장 자크 루소의 책에 적혀 있는 말이다. 실제로 이 말을 한 사람은 루이 14세의 왕비인 마리 테레즈라고 한다. 이렇게 선대 왕비의 잘못된 언행까지 마리 앙투아네트가 뒤집어쓴 점으로 보아 혁명기에 그녀에 대한 민중들의 반감이 상당한 수준이었음을 알 수 있다.

여하튼, 마리 앙투아네트는 남편인 루이 16세가 처형당한 이후로는 왕비로 대우받지 못하고 '카페 미망인(루이 16세는 시민 '루이 카페'로 불리며 재판을 받았다)'의 신분이 되었다. 그 후 재판을 받고 처형당하기까지의 기간 동안 그녀가 예전과 달리 놀라울 정도로 성숙하고 침착한 모습을 보였다는 기록이 남아 있다.

이렇게 역사 속 왕비와 자신을 동일시하는 세라를 보면 세라의 공주병이 참으로 심각하다는 것을 알 수 있다. 하지만 공주병이라고 다 나쁜 것만은 아니다. 세라의 공주병은 자신은 손가락 하나 까딱하지 않으면서 주위 사람들을 부리려고만 하는 수준 낮은 공주병이 아니니까 말이다. 세라는 하녀의 처지가 되었어도 늘 자기보다 가난하고 배고픈 다른 아이들을 배려하고 자신이 먹을 빵을 양보하는 진정한 공주의 자세를 보여주지 않았는가.

이러한 세라의 긍정적인 공주병은 역사책 읽기를 통해 성립되었기에, 명작동화책의 배경 읽기를 통해 역사를 이야기하려는 내게 『소공녀』는 늘 각별한 의미로 다가온다.

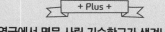

+ Plus +

영국에서 명문 사립 기숙학교가 생겨난 이유

영국 기숙학교의 역사는 길다. 유명한 이튼 스쿨만 하더라도 15세기에 설립되었을 정도다. 전통적으로 영국의 귀족층은 집에 가정교사를 들이거나 수도원의 신학교에 기부금을 내고 자녀를 맡겼다. 이에 원래 목적이 엘리트 성직자 양성이었던 신학교 측에서는 아예 일반 학생(General public)을 받는 부설학교를 따로 만들게 된다. 학비가 비싸서 전혀 대중적이지 않은 영국의 명문 사립 기숙학교를 퍼블릭 스쿨(public school)이라 부르는 유래가 여기에 있다(그러니 퍼블릭 스쿨을 공립학교로 번역하면 안 된다).

1870년, 영국에 교육법이 제정되어 공립학교가 설립되기 시작한다. 하층 계급의 자녀들에게 실용적인 직업 교육을 시키는 것이 목적이었다. 그래서 귀족 자녀들과 산업혁명 이후 경제력을 갖게 된 중상층 자녀들은 여전히 비싼 수업료를 내는 사립 기숙학교에 다녔다. 지금도 영국 상류층 자녀들은 공립학교에 다니지 않고 퍼블릭 스쿨에 다니고 있으며, 유명 정치인을 비롯하여 사회 각계를 이끄는 지도자들은 거의 퍼블릭 스쿨 출신들이다.

귀족이나 중상층 사업가들이 자녀들을 기숙사가 있는 학교에 맡기는 이유는 이렇다. 겉으로는 기본적인 교육 문제 해결 외에 집에서 돌봐주는 유모와 하인을 떠나 자립심을 키우게 한다는 명분을 내세웠다. 실제로는 시골에 영지가 있기 때문에 사업이나 사교 활동상 집을 비우는 경우가 잦아서 자녀를 감독할 수가 없기에 맡기는 경우가 대부분이었다. 그래서 산업혁명 이후 기숙학교는 더욱 발전하게 된다. 전국적인 철도 건설에 따라 멀리서도 명문 소문을 듣고 찾아와 자녀를 맡길 수 있게 되었기 때문이다(해리 포터 시리즈에 나오는 호그와트행 급행 기차를 생각해보시라).

기숙학교 사업은 영국 제국주의 팽창과 함께 더욱 번성한다. 대영제국이 절정에 이른 빅토리아 여왕 시절(1838~1901)에 기숙학교의 수요는 최고로 높았다. 해외 식민지에서 근무하는 외교관이나 동인도회사 직원들이 학교 갈 나이가 된 자녀들만 고국으로 돌려보내 사립 기숙학교에 맡겼기 때문이다. 『소공녀』의 세라 역시 인도에서 태어나 아버지와 함께 있다가 학교에 갈 나이가 되자 아버지의 모국인 영국의 민친 여학교에 맡겨졌다.

민친 여학교 같은 기숙학교는 소수의 상류층 자녀들만이 다닐 수 있었다. 『제인 에어』에서 제인이 있었던 로우드 학원 역시 기숙학원이기는 하지만 그곳은 자선 학교이다. 빈민층의 아동들이 읽기, 쓰기, 교리 문답과 재봉이나 편물 등 실용적인 직업 훈련을 받던 곳이었다. 세라나 처칠 수상이 다니던 기숙학교와는 근본적으로 달랐다.

파리의 하수도에서
혁명의 냄새가

〰〰〰〰〰〰〰〰〰〰〰〰〰〰〰〰〰〰〰〰〰〰〰

★1815년 나폴레옹이 워털루 전투에서 패배하다
★1815년 루이 18세가 다시 왕위에 오르다
★1830년 7월 혁명으로 샤를 10세가 물러나다
★1832년 군주제 폐지를 요구하는 6월 봉기가 일어나다

빅토르 위고가 쓴 작품들은 하나같이 목침만큼 두껍다. 원작을 읽어보면 주요 인물들과 관련된 이야기보다 시대 배경에 대한 설명이 더 많다. 『레 미제라블』의 경우에도 워털루 전투라든가 파리의 하수도에 대한 서술이 엄청나다. 그러니 사람들이 큰 줄거리만 간추린 동화책인 『장 발장』과 원작 『레 미제라블』을 서로 다른 작품으로 착각할 만도 하다. "『장 발장』은 읽었는데 『레 미제라블』은 못 읽었다"는 썰렁한 농담이 말이 되는 것도 같다.

'장 발장'과 '장발족'을 헷갈리기도 했던 1970년대에 동화책으로 이 작품을 처음 접했던 어린 나는 크게 두 가지가 궁금했다. 왜 같은 나라 사람들끼리 편을 나누어 총까지 들고 전쟁터도 아닌 시내 한복판에서 싸우는가, 사람이 어떻게 하수구 안을 걸어서 탈출할 수 있는가 하는 것이었다.

레 미제라블, 불쌍한 사람들

장 발장은 배고픈 조카들을 위해 빵 한 덩어리를 훔친 죄로 감옥에 간다. 탈옥을 거듭 시도한 끝에 19년형을 살게 되어 세상에 대한 분노가 마음에 가득 찬다. 출옥 후 냉대받던 그는 하룻밤 재워준 미리엘 주교의 집에서 은식기를 훔쳐서 달아나다 경찰에 잡힌다. 미리엘 주교는 선물한 것이라고 경찰에게 말하며 은촛대까지 내어준다. 감동받은 장 발장은 새 사람으로 거듭난다. 이름을 바꾸고 공장을 세워 사업에 성공한다. 힘든 사람들을 돕곤 하여 인망을 얻어 시장이 된다. 그러나 다른 사람이 자신으로 오인당해 종신형을 선고받자 양심의 가책을 느낀다. 장 발장은 자신의 정체를 밝히고 다시 감옥에 간다.

장 발장은 공장 여공이었던 팡틴이 죽기 전에 부탁한 딸 코제트를 책임지기 위해 탈옥한다. 탐욕스런 테나르디에 부부로부터 데려온 코제트가 아버지라고 부르며 따르자 장 발장은 행복해한다. 그러나 계속 장 발장을 추적하는 자베르 경감을 피해서 옮겨 다니며 살아야 했기 때문에 부녀의 삶은 안정적이지 못하다. 그러던 1830년, 파리에서는 왕당파에 대항한 혁명이 일어난다. 2년 후 6월 봉기의 혼란 중에 장 발장의 도움으로 죽을 위기를 넘긴 자베르 경감은 격렬한 내적 갈등을 겪다가 자살하고, 코제트가 사랑한 청년 마리우스는 혁명에 앞장서다 부상을 입는다. 장 발장은 마리우스를 들쳐 메고 파리의 하수도 안을 걸어서 탈출한다. 이후 마리우스는 코제트와 결혼하고 장 발장은 신혼부부에게 유산을 물려주며 자신의 과거를 고백하고 숨을 거둔다.

프랑스어 제목인 '레 미제라블(Les Misérables)'은 '불쌍한 사람들', '비참한 사람들'이라는 뜻이다. 위고는 제목에 걸맞게 19세기 전반 프랑스에서 비참한 삶을 살고 있는 이들을 따스한 시선으로 서술한다. 야수가 되어버린 한 인간을 감화시키는 미리엘 주교의 이야기는 언제 읽어도 가슴 뭉클하다. 평생을 원수처럼 괴롭히던 자베르 경감에게 장 발장이 보여주는 인간애, 마리우스를 비롯한 젊은이들이 보여주는 자유에 대한 의지와 실천 역시 인상적이다. 게다가 빅토르 위고는 나폴레옹 3세의 제정 수립에 반대하여 망명지인 영국의 건지 섬에서 쉰 살이 되던 해부터 19년 동안이나 고국을 그리며 이 작품을 집필했다니 더욱 감동적이다. 이렇게 작품과 작가의 삶이 일치하는 경우, 우리는 그 작가를 '대가'라고 부르며 진심으로 존경하게 된다. 위고는 장례식이 국장(國葬)으로 치러질 만큼 프랑스 국민들의 존경을 받았다.

바리케이드를 치고 인간의 권리를 외치다

이 두꺼운 소설의 주요 사건은 1815년 워털루 전투부터 1830년의 7월 혁명을 거쳐 2년 후인 1832년의 왕정 반대 시위까지 17년 간을 배경으로 벌어진다. 워털루 전투에서 패한 나폴레옹은 세인트 헬레나 섬으로 유배를 가고 처형당했던 루이 16세의 동생이 루이 18세로 등극하여 프랑스에서는 다시 왕정이 시작된다. 뒤를 이어 즉위한 샤를 10세까지, 다시 돌아온 부르봉 왕가의 왕들은 오스트리아의 메테르니히와 손잡고 유럽 각국에서 세습군주제를 유지하려는 동맹을 맺는다. 빈 체제라는 반동정치가 시작되었다. 시민의 선거권이 제한되고 혁명 중에 토지를 몰수당한 망명 귀족에게 거액의 보상금이 지불되는 등, 역사는 프랑스 대혁명 이전 시대로 돌아가는 것처럼 보였다.

1830년 7월, 알제리 침략을 강행했던 샤를 10세가 의회를 강제로 해산한다. 민중들은 일제히 봉기해 파리 시내에 바리케이드를 치고 치열한 시가전을 벌인 끝에 왕을 내몰고 서민적 이미지의 루이 필리프를 즉위시킨다. 7월 혁명이다. 그러나 루이 필리프의 왕정에 불만을 품은 시민들은 파리에 콜레라가 돌던 1832년 6월, 공화주의자이며 노동자들의 인권 옹호에 앞장섰던 라마르크 장군의 장례식에 맞추어 왕정 반대 시위에 나섰다. 파리 시내에는 다시 바리케이드가 쳐지고 시가전이 벌어졌다. 바로 이때 장 발장이 왕당파에 맞서 싸우다가 부상당한 마리우스를 구해내고 시민군에 포로로 잡힌 자베르 경감을 살려주게 된다.

그러므로, 일반적으로 프랑스 혁명기라고 대충 알려져 있는 이 소설의 배경은 정확히 말하자면 1789년의 프랑스 대혁명이 아니라 7월 혁명 이후 왕정을 반대하는 1832년 6월 봉기 때의 파리 시가전이다. 『레 미제라블』에는 이렇듯 숨 가쁘고 장엄한 프랑스 혁명의 역사와 반혁명의 격랑 속에서 인간애를 실천하는 아름다운 사람들의 삶이 생생하게 그려져 있다. "예술은 아름답다. 그러나 진보를 위한 예술은 더욱 아름답다"라고 말한 대가 빅토르 위고의 세계관이 그대로 담겨져 있는 대작이라 할 수 있다. 이렇듯 원작 전체의 내용은 미리엘 주교의 일화가 강조되는 아동용 『장 발장』과는 아주 다르다.

명소가 된 파리의 하수도

시대를 초월하는 보편적인 감동을 주기 때문인지 발표된 이후 150여 년이 지난 지금까지도 작품의 배경이 되는 프랑스 곳곳에는 관광객의 발길이 끊이지 않는다고 한다. 장 발장이 출감하는 툴롱의 감옥, 미리엘 주교의 은식기를 훔친 디뉴의 성당, 어린 코제트를 데려온 몽페르메유의 테나르디에 여인숙, 마리우스를 구해낸 파리의 하수도 등등. 이중에 내가 제일 가고 싶은 곳은 단연 파리의 하수도이다.

바로 그때 그에게서 몇 발짝 떨어진 곳에 지하로 뚫린 문이 하나 눈에 띄었습니다. 그 문은 싸움 통에 부서져서 구멍이 커다랗게 나 있었습니다. 장발장은 그리로 뛰어가 쇠창살로 된 문을 들어 올린 다음 마리우스를 시체인 양 어깨에 메고 밑으로 내려갔습니다. 다행히 우물같이 쑥 내려앉은 그 지하실은 깊지가 않았습니다. 지하실로 내려서자 그는 다시 철문을 닫았습니다. 그는 이제 긴 지하도 속에 들어선 것이었습니다.

그의 위로 마지막 전투의 총 소리가 어렴풋이 들려 왔습니다. 그곳은 파리 시내의 하수도였습니다. 마리우스는 죽은 듯이 움직일 줄을 몰랐습니다. 하수도 안은 캄캄했습니다. 앞이 전혀 보이지 않았습니다. (중략) 통로는 다소 넓어졌습니다. 그러나 장 발장은 물에 빠지지 않도록 계속 벽에 몸을 바싹 붙이고 걸어야만 하였기 때문에 몹시 힘이 들었습니다. 하수도는 대체로 길을 따라 나 있었습니다. 그러나 그 당시의 파리 하수도는 갈래가 2천2백 개나 되는 데다 그 길이는 44킬로미터나 되어서 장 발장은 도무지 방향을 짐작할 수가 없었습니다.

근대 이전 유럽 도시에는 화장실과 분뇨처리시설이 제대로 되어 있지 않았다. 사람들은 용기에 담긴 분뇨를 거리나 하천에 내다 버렸다. 오염된 물을 그냥 식수로 사용했기에 도시는 늘 전염병의 위험에 노출되어 있었다. 그러다 14세기 중반 페스트 유행을 계기로 유럽 각국은 드디어 하수도 정비에 관심을 갖게 된다. 파리의 경우, 1606년에 처음 만들어진 하수도를 1802년 대홍수 이후 대대적으로 정비한다. 특히 1832년 파리 시에 콜레라가 번져 무려 1만 8천 명이 사망하자, 콜레라의 원인을 추적한 시 당국은 본격적으로 상하수도 정비에 나선다. 산업혁명 이전까지 인간의 평균 수명은 40세 정도에 불과했으나 하수도를 정비한 이후에는 평균 수명이 급격히 늘어나게 된다. 20세기 이후 늘어난 인간의 평균 수명 35년 가운데 약 30년이 하수도 덕분이라는 평가도 있을 정도다. 하수를 모아 주거지역에서 멀리 떨어진 곳으로 운반해 처리함에 따라 콜레라나 장티푸스처럼 오염된 물로 인한 수인성 전염병의 발생이 급격히 줄어들었기 때문이다.

『레 미제라블』에 묘사된 당시 파리 하수도의 모습은 아주 정확하고 자세해서 파리 시의 고증자료로 사용될 정도라고 한다. 지금도 파리에 있는 하수도 박물관(Musée des Égouts)에 가면 『레 미제라블』 관련 전시물을 볼 수 있다. 소설 중 하수도 장면의 삽화가 하수도 벽에 붙어 있는 것은 물론, 장 발장이 마리우스를 들쳐 업고 도망가던 바로 그 하수도도 직접 찾아가볼 수 있다고 한다. 현재 파리의 하수도 총길이는 2천3백 킬로미터에 이르는데, 이 정도면 프랑스 파리에서 터키의 이스탄불까지의 거리에 해당하는 어마어마한 길이이다. 이 유서 깊은 하수도의 내부는 사람이 지나다닐 수 있을 정도로 넓고 높아서 2차 대전 당시 독일군이 파리를 점령했을 때 시민 저항군인 레지스탕스들도 적의 눈을 피해 몰래 이동하기 위해 하수도를 자주 이용했다. 하수도의 각 지점마다 지상의 거리 이름이 명시되어 있어서 지하에서도 지상 거리의 방향이나 위치를 짐작할 수 있기 때문이다.

책을 읽거나 영화를 보다가 인상적인 장소가 나오면 그곳에 가서 그 장면을 재현해보고 싶은 마음이 들기 마련이다. 어른이 된 지금, 나는 아직 파리의 하수도 안을 걸어보지 못했다. 기회가 되면 꼭 친구랑 같이 가야겠다. 그래야 장 발장이 마리우스를 업고 하수도를 걸어가는 장면을 2인 1조로 완벽하게 재현할 수 있을 테니까.

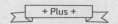

나폴레옹 3세의 걱정으로 정비된 파리

　현재 파리의 모습은 나폴레옹 3세와 오스만이 19세기에 완성했다. 나폴레옹의 조카인 나폴레옹 3세는 1852년 오스만 남작에게 도시계획을 맡겨 파리 시가를 직선 대로 위주로 개조하게 했다. 물론 명목은 도시미화였지만 숨은 이유 중의 하나는 나폴레옹 3세의 걱정이었다.

　황제가 되기 전에 혁명을 겪으면서 파리의 시가전을 목격한 그는 권력을 쥔 이후 바리케이드를 쌓기 쉬운 좁은 도로들과 불규칙하게 굽은 도로들을 모두 제거하여 시민 반란을 쉽게 진압할 수 있도록 했다. 중세 도시의 면모를 간직했던 파리는 이때 주요 광장을 직선으로 연결하는 대로를 중심으로 정비되었으며 거리는 돌 대신 아스팔트로 포장되었다. 가로등도 대대적으로 설치되었다. 상수도는 물론, 우리의 장 발장이 마리우스를 들쳐 업고 가던 하수도도 이때 함께 정비되었다. 뮤지컬 <오페라의 유령>의 배경인 파리 오페라 하우스 등 파리를 대표하는 유명한 건물들도 거의 다 이 시절에 건축되었다. 근대 도시 파리는 이렇게 탄생했다.

통일 이탈리아의 심장은 뜨겁다

★1815년 이탈리아가 오스트리아의 간섭을 받다
★1852년 카보우르가 사르데냐의 수상이 되다
★1860년 가리발디가 시칠리아를 정복하다
★1870년 이탈리아 통일이 완수되다

『쿠오레』는 우리나라에서 원제보다 『사랑의 학교』로 더 많이 알려져 있다. 이탈리아어로 '쿠오레(Cuore)'는 심장, 마음, 사랑이라는 뜻인데, 아이들을 위한 동화책 제목으로는 왠지 어울리지 않는 느낌이다. 이제 그 이유를 짚어가며 읽어보자. 이탈리아 통일운동사를 배우며 뜨겁게 뛰는 어린 애국자들의 심장에 대한 이야기를.

제목이 '심장'인 이유

만화영화 때문인지 이 소설을 소년들의 우정과 학교생활을 다룬 작품으로만 알고 있는 사람들이 꽤 많다. 하지만 내가 보기에 이소설은 어린이용 세계문학전집에 들어 있는 작품들 중 가장 목적의식이 뚜렷하고 선동적이다. 저자 에드몬도 데 아미치스는 1866년

스무 살의 나이로 이탈리아 통일전쟁에 참가하여 1870년의 로마 점령 때까지 군대에 있었다. 그는 일곱 개의 작은 나라로 나뉘어 오스트리아와 프랑스의 위협에 시달리는 이탈리아를 하나의 이탈리아로 통일하려는 리소르지멘토 운동(이탈리아어로 '부흥'이라는 뜻)을 온몸으로 경험한다. 제대 후 작가가 된 그는 이 경험을 어린 세대들에게 전하기 위해 알프스 산맥 아래에 있는 토리노의 초등학교 4학년인 엔리코가 1년 동안 쓰는 일기 형식으로 장편소설 『쿠오레』를 집필한다. 그래서 이 소설에는 좀 과도하다 싶을 정도로 애국심을 강조하는 어른들의 직설적인 훈계가 자주 등장한다.

> "내가 말하는 것을 잘 기억해두어라. 이런 일은 언제든 벌어질 수 있단다. 칼라브리아의 소년이 토리노를 자기 고향처럼 생각하며 살 수 있고 토리노의 소년도 칼라브리아의 레치오에 가서 그곳을 고향처럼 여기며 살 수 있는 거란다. 우리 조국은 오십 년 동안 투쟁했고 삼만 명이나 목숨을 잃었다. 너희는 서로 존중하고 사랑해야 한다. 우리 고장에서 태어나지 않았다는 이유로 친구를 모욕하는 사람은 이탈리아 국기가 지나갈 때 쳐다볼 자격도 없는 사람이다."

위 문단은, 칼라브리아에서 전학 온 소년을 환영하는 담임선생님의 말이다. 칼라브리아는 이탈리아 남부의 지명으로, 부츠같이 생긴 이탈리아 반도의 구두코에 해당하는 지역이다. 토리노는 반대로 북서쪽에 위치한다. 결국 아이들의 교실은 이탈리아를 의미하고, 선생님과 부모님들이 강조하는 '전학 온 친구와 사이좋게 지내기'는 이탈리아 각 지역 국민들 간의 화합을 의미한다. 제목인 '심장'은 당연히 애국심이다.

이탈리아 통일사를 받아쓰기하는 아이들

소설의 시간적 배경은 이탈리아 통일 10년 후이며 공간적 배경은 이탈리아 왕국의 첫 수도였던 북부 피에몬테의 토리노 시이다. 그러나 학교 건물이 있는 곳이 토리노였을 뿐, 저자는 의도적으로 이탈리아 전역을 균형 있게 다루고 있다. 매달 말 일기 뒤편에 '이달의 이야기'라는 코너를 마련하여 엔리코의 학교생활 이야기와 별도로 단편소설 아홉 편을 싣고 있다. 소설에 등장하는 주인공들은 파도바, 롬바르디아, 피렌체, 사르데냐, 나폴리, 로마냐, 제노바, 시칠리아 등 이탈리아 각 지역 출신 소년들이다. 여러 개의 도시국가나 왕국으로 나뉘어 독자적으로 발전해온 까닭에 지역감정이 심한 이탈리아 국민들의 화합을 강조하기 위한 장치로 보인다.

이런 장치는 지역적 배분만으로 끝나지 않는다. 저자는 토리노의 교실 내에서도 소년들의 출신 계급을 적절히 섞어놓았다. 모두와 두루두루 친한 주인공 엔리코는 중산층이다. 엔리코는 귀족, 미장이, 철도원, 상인, 대장장이의 아들 등 다양한 출신 배경을 가진 아이들과 한 반에서 공부하고 있다. 아버지들은 모두 아들들에게 친구와 나라를 사랑하라고 가르친다. 아이들끼리 때리고 싸워서 아버지들이 만나게 되는 경우에도 빈부나 계급 차이에 상관없이 마음을 여는 모습을 보여준다. 참으로 '바른생활남'들이 넘치는 소설이다. 특히 가르로네의 경우 너무 이상적인 소년이어서 현실감이 없다는 생각마저 들 정도이다. 또한 엔리코의 아버지는 자주 아들에게 편지를 쓰는데 아들에 대한 사랑 자체를 표현하기보다는 대부분 가리발디 장군, 카보우르 수상, 에마누엘레 국왕 등 이탈리아 통일 영웅에 대한 이야기들을 들려준다. 심지어 수업 시간에 선생님이 불러주는 받아쓰기 문장마저 이렇다.

> "주세페 마치니. 1805년 제노바에서 출생. 1872년 피사에서 사망. 위대한 영혼을 지닌 애국자. 뛰어난 재능을 지닌 작가. 이탈리아 혁명을 맨 처음 이끈 정신적 지도자이며 순교자. 조국에 대한 사랑 때문에 40여 년을 추방당하고 박해받으며 빈곤 속에서 유랑생활을 했고 자신의 원칙과 계획을 영웅적으로 지키며 살았다."

초등학생의 받아쓰기 문장이라 하기에는 너무 노골적으로 목적이 보이지 않는가? 솔직히 말해서 난 어릴 적에 이 소설을 읽으면서 북한이 생각났다. 소설 속에 등장하는 어린 북치기 소년이 온몸에 총알을 맞고 죽는 장면은 끔찍했으며 국왕 폐하에게 내 피를 바치겠다는 코레티의 아버지 말씀은 무서웠다. 지금 어른이 되어 다시 읽으니 이건 말 그대로 세뇌교육이다. 지나친 영웅중심주의 사고방식을 노골적으로 드러내고 있으며, 군국주의적 성격이 너무 강한 소설로 보여 거부감마저 들 정도이다.

그러나 잊지 말아야 한다. 저자가 이 작품을 쓸 당시 이탈리아의 상황을 고려해야 한다는 것. 당시 이탈리아는 통일 달성과 외세 배격에 대한 열망으로 가득했다. 우리가 일제강점기나 1960년~80년대의 저항시를 읽으면서 지금의 입장에 서서 '시가 왜 이렇게도 세련되지 못하고 거칠게 경직되어 있느냐'라고 시대 상황과 떼어놓고 단순히 비판하는 것은 옳지 않다. 『쿠오레』를 읽을 때도 마찬가지다. 당시 이탈리아의 역사적 배경과 사람들의 정서를 고려해야한다.

이탈리아 통일운동사의 성격

이탈리아 통일운동의 역사에는 특이한 점이 있다. 우리나라의 경우에는 개화기에 반외세운동이, 일제강점기를 겪으면서 독립운동이, 광복과 분단 이후 현재까지 통일운동이 각각 일어났다. 그런데 19세기 이탈리아의 리소르지멘토 운동은 반외세운동이자 민족운동, 독립운동이며 동시에 통일운동인 종합적 성격을 보인다. 그 역사적 이유는 이러하다.

476년 고대 로마 제국 멸망 이후 이탈리아 반도는 혼돈과 분열의 연속이었다. 각 지역에는 왕이나 귀족이 지배하는 군주정 국가나 공화정을 실시하는 도시국가가 들어섰다. 중세를 거쳐 지중해 무역으로 번영을 누린 각각의 도시국가들은 찬란한 르네상스 문화를 꽃피우기도 했지만, 이탈리아인들에게는 통일된 이탈리아라는 국가 관념이나 같은 이탈리아 사람이라는 민족 관념은 없었다. 각 국가의 지배층은 이탈리아 전체의 이익보다 가문의 이익을 위해 생각하고 행동했다. 이들은 외부의 적과, 혹은 권력 다툼으로 인해 내부의 적과 전쟁을 벌이게 되면 승리를 위해 또 다른 외국 세력을 끌어들이곤 했다.

한편, 현재의 독일과 오스트리아 지역을 차지했던 신성로마제국은 고대 로마 제국을 계승했다는 의식을 갖고 있었기에 늘 로마가 있는 이탈리아 반도를 지배하려고 했다. 신성로마제국과 유럽의 패권을 놓고 경쟁하는 프랑스 역시 알프스 산맥을 넘어 북부 이탈리아를 자주 침략했으며 심지어 이탈리아 영토 내에서 신성로마제국과 전쟁을 벌이기도 했다. 로마에 교황청이 있는 것도 정치적으로는 이탈리아에 득보다 실이 되는 경우가 많았다. 교황은 이탈리아 반도 중부에 있던 교황령의 군주이면서 현재의 UN(국제연합)과 같은 국제기구 역할까지 했다. 교황은 유럽 각 지역의 분쟁을 조정했는데, 이는 종종 복잡하게 얽힌 유럽 각국의 이권 다툼을 이탈리아 반도 내로 불러들이게 되어 전쟁이 벌어지는 상황을 만들었다.

결과적으로 이탈리아 북부는 프랑스와 신성로마제국의 후예인 오스트리아에, 남부는 에스파냐의 지배와 간섭을 받는 분열의 역사가 근대까지 이어졌다. 이들 외국 세력에 대항해 싸우는 과정에서 점차적으로 형성된 이탈리아인의 민족의식은 19세기 초 나폴레옹의 침략을 겪으며 통일 이탈리아에 대한 열망으로 발전하게 된다.

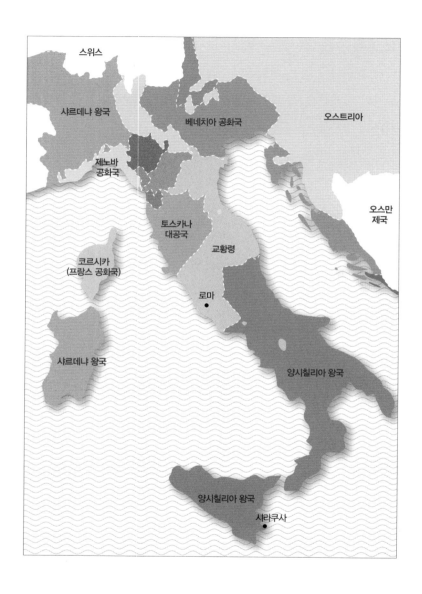

스위스

샤르데냐 왕국

베네치아 공화국

오스트리아

제노바
공화국

오스만
제국

토스카나
대공국

교황령

코르시카
(프랑스 공화국)

로마

샤르데냐 왕국

양시칠리아 왕국

양시칠리아 왕국

시라쿠사

1796년 이탈리아

1796년 나폴레옹의 군대가 북부 이탈리아에 영향력을 행사하던 오스트리아를 물리친다. 프랑스 혁명 이념을 침략 명분으로 내건 나폴레옹은 이탈리아 각 지역 국가의 구체제를 깨고 교황을 로마에서 몰아내 공화제 국가를 설립한다. 이탈리아는 프랑스 혁명의 이념을 반영한 나폴레옹 법전으로 통치된다. 말로는 프랑스 군대가 구체제 아래에서 신음하던 이탈리아 민중을 해방시켰다지만, 그 해방은 이탈리아 민중을 위한 것이 아니라 나폴레옹의 개인적 야망을 위한 것이었다. 곧 이탈리아의 예술품과 문화재가 약탈되어 파리로 옮겨지고, 이탈리아는 새로운 왕가를 이룬 나폴레옹 집안의 사적인 영지로 전락한다. 게다가 프랑스 견제를 위해 영국이 시칠리아와 사르데냐를 장악했기에 여전히 이탈리아는 열강들의 각축장이었다.

1815년 나폴레옹이 몰락한다. 오스트리아의 수상인 메테르니히의 주도로 프랑스 혁명 이전으로 유럽을 돌려놓는 복고주의 반동 정치가 실시된다. 이탈리아의 도망갔던 군주들도 속속 복귀한다. 돌아온 군주들은 자신들을 도와준 오스트리아를 외면할 수 없었기에 친오스트리아 정책을 펼 수밖에 없었다. 그러나 나폴레옹 치하에서 형식적으로나마 봉건적 특권 폐지와 통일 이탈리아를 경험했던 이탈리아 민중들은 절대 그 이전으로 돌아갈 수 없었다. 이탈리아인들은 이탈리아의 헌법으로 통치되는 정치체제의 성립과 오스트리아 등 외세 추방, 민족 독립과 유일 정부로 다스려지는 통일 이탈리아의 성립을 요구하는 리소르지멘토 운동을 벌인다. 이런 역사

적 이유로 이탈리아의 통일운동은 반외세운동이자 민족운동이며
독립운동의 성격을 갖게 된다. 당시의 뜨거운 분위기가 그대로 반
영된 소설이 바로 『쿠오레』, 즉 '사랑의 학교'다.

사랑의 학교, 수업은 아직도 진행 중

1848년 프랑스의 2월 혁명 이후 청년이탈리아당의 마치니 주도
로 이탈리아 통일운동은 활발하게 전개된다. 그러나 지나치게 이
상적이었던 마치니는 망명 중에 삶을 마치게 되고, 이후 통일운동
은 북부 이탈리아의 프랑스 접경지역에 있던 작은 나라 사르데냐
왕국을 중심으로 전개된다. 사르데냐 왕국은 카보우르 수상의 강
력한 지도 아래 오스트리아에 대한 통일전쟁을 일으켜 롬바르디아
등 북부 이탈리아를 통합한다. 한편 청년이탈리아당 출신의 가리발
디가 이끄는 '붉은 셔츠 의용군단'이 남부 이탈리아의 양시칠리아
왕국(시칠리아와 나폴리 통합 왕국)을 정복한 뒤 사르데냐 왕에게 바친
다. 1861년 드디어 남북이 통합된 이탈리아 왕국이 성립된다. 이
후 오스트리아 영토였던 북동부 베네치아 쪽은 프로이센-오스트리
아 전쟁을 이용해서 합치고, 로마 주변의 교황령은 프로이센-프랑
스 전쟁 때 점령하여 1870년, 드디어 이탈리아는 통일전쟁을 마친
다. 1871년에는 수도를 로마로 옮겼다. 20세기에 들어서 무솔리니
의 파시스트당 독재와 제2차 세계대전을 겪은 후, 1946년 군주제
를 폐지하여 드디어 마치니의 염원이었던 이탈리아 공화국이 탄생

한다.

하지만 오랫동안 각 지역이 독자적인 역사 발전 과정을 거쳤기에 이탈리아의 지역감정은 아직도 심각한 사회문제로 남아 있다. 그리스, 이슬람, 노르만, 에스파냐 세력의 지배를 받은 남부와 중프랑크 왕국에서 발전하여 오스트리아와 프랑스 세력의 영향을 받은 북부는 엄밀히 말해 다른 민족으로 볼 수도 있다. 심지어 공업이 발달한 북부 지역의 사람들은 자신들이 힘들게 일해서 낸 세금을 게으른 남부 지역 사람들이 다 써버린다고 생각하면서 로마 이남은 이탈리아가 아니라고 말하기도 한다. 이런 심각한 지역적 분열을 우려한 이탈리아인들은 1922년, 국가 권력을 동원하여 정치적 분열을 민족의 위대성이란 구호로 덮어버리려는 파시스트당의 무솔리니를 지지하여 수상으로 만드는 과오를 범하기도 했다. 이후 2차 세계대전을 거쳐 현재까지 이어지는 이탈리아의 여러 문제점들을 보면 그 근원은 통일운동 당시 완벽히 통합하지 못한 이탈리아의 지역적 차이에서 비롯한 경제 격차와 정치적 분열에 있다. 150여 년 전 '사랑의 학교'에서 시작된 통일 이탈리아의 민족 통합 수업은 아직도 진행 중인 셈이다.

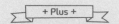

이탈리아의 통일을 이룩한 피자

피자처럼 구운 빵을 접시 삼아 각종 재료를 올려 먹는 음식은 세상에 많다. 피자가 피자인 이유는 토마토 소스에 있다. 그런데 토마토 소스를 이용한 피자의 역사는 생각보다 짧다. 전문가들은 피자가 18세기 초에 이탈리아 나폴리 지방에서 발생하였다고 본다. 남아메리카 대륙이 원산지인 토마토가 유럽에 전해진 것은 16세기였지만 유럽인들은 토마토에 독이 들어 있다고 믿었기에 토마토를 먹지 않았다. 반면 나폴리의 가난한 사람들은 값싼 토마토를 밀반죽에 얹어 먹었다. 지금까지도 토마토 소스와 모차렐라 치즈만으로 만드는 기본 피자는 아예 '나폴리 피자(Neapolitan pizza)'라고 부른다.

나폴리의 피자는 싼 가격 덕분에 집안에 화덕이 없는 빈민층과 노동자층이 주로 사먹는 길거리음식이었다. 프랑스의 소설가 알렉상드르 뒤마가 "나폴리 빈민들은 여름에는 수박, 겨울에는 피자만 먹고 산다"라고 나폴리 여행기에 기록했을 정도다. 외국인인 뒤마뿐만 아니라 다른 지역의 이탈리아인들도 피자를 부정적으로 보았다. 『피노키오』의 작가인 카를로 콜로디는 피자를 '오물덩어리'라고 평했다. 나폴리 지역의 빈민 음식이었던 피자가 이탈리아를 대표하는 국민음식(national food)이 된 역사를 보면 이탈리아 통일 역사가 생각나서 흥미롭다.

이탈리아의 남부에 위치한 나폴리 지방은 가리발디 장군에게 정복당한 후에야 통일 이탈리아 왕국에 속하게 된다. 그때가 1861년. 그러나 여전히 나폴리를 비롯한 남부 지역에서 통일 이탈리아의 새로운 국왕인 비토리오 에마누엘레 2세에 대한 충성심은 높지 않았다. 그가 북부 이탈리아에 기반을 둔 사보이 공작 가문 출신의 왕이었기 때문이다.

1889년 6월, 비토리오 에마누엘레 2세의 아들인 움베르토 1세가 취임한

지 2년이 되던 해, 왕은 왕비 마르게리타와 함께 나폴리를 방문한다. 왕비는 나폴리 시내 플레비스치토 광장의 피체리아 브란디 식당에 가서 말로만 듣던 피자를 주문한다. 통일 이탈리아의 왕가는, 로마로 옮겨오기 이전에는 궁전이 토리노에 있었고 프랑스의 영향을 많이 받았다. 왕실의 요리 역시 프랑스 요리였기에 왕비는 이탈리아의 요리를 제대로 접해보지 못한 상태였다. 당시 브란디의 요리사이던 라파엘레 에스포시토는 왕비를 위해 특별한 피자를 만든다. 토마토와 모차렐라 치즈로 만들던 기존의 나폴리 피자에 바질을 더 얹은 피자였다. 왕비는 예상을 뛰어넘는 훌륭한 맛과 그럴듯한 모양을 발견한다. 그리고 요리사의 애국심에 깊은 인상을 받는다. 바질, 치즈, 토마토 소스로 덮인 피자가 마치 초록색, 흰색, 붉은색으로 구성된 이탈리아의 삼색기같이 보였기 때문이다. 이 피자는 왕비의 이름을 따서 마르게리타 피자로 불리게 되었다.

　왕비의 인정을 받은 나폴리 피자는 이후 빈민에서 왕비까지 누구나 즐기는 음식으로 인식이 바뀌게 된다. 20세기 전반기 독재자 무솔리니의 파시즘 정부는 낭비를 막기 위해 소박한 음식인 피자를 장려하기도 했다. 피자가 본격적인 이탈리아 전통 음식이 된 것은 2차 대전 이후 남부 농촌 지역 사람들이 일자리를 찾아 공업 지대인 북부로 대거 이주하면서였다. 재미있는 사실은 북부에서 남부로 전개되었던 이탈리아 통일운동과 반대로, 피자는 남부에서 북상하여 이탈리아 반도를 통일했다는 점이다.

　현재까지도 이탈리아 북부와 남부 사이의 지역감정은 심각하지만 맛있는 피자 앞에서는 지역감정 따위도 맥을 못 춘다. 1997년 여름, 북부 이탈리아의 분리주의자들은 남부의 음식인 피자에 대해 보이콧 운동을 제안했다. 그러나 이 제안은 북부연합의 지도자조차도 거부했다고 한다. 이렇게 보면, 지역감정까지 없앤 진정한 통일의 영웅은 정치가도 군인도 아닌 피자인 것 같다.

4부

역사는
비슷한 운율로
반복된다

모든 모국어는
가장 아름답다

～～～～～～～

★870년 알자스-로렌이 동프랑크 영토가 되다
★1648년 알자스-로렌이 프랑스 영토가 되다
★1871년 알자스-로렌이 독일 영토가 되다
★1919년 알자스-로렌이 프랑스 영토가 되다

'마지막 수업'에 대한 오해

만약 일본에 이런 단편소설이 있다면 어떨까.

　1945년 8월 15일 일본의 무조건 항복 소식이 전해진 조선 ○○시의 소학교. 일본인 국어선생(당연히 이때의 국어는 일본어다)이 이제부터 일본어를 못 가르치게 되었다고 아쉬워하면서 마지막 수업을 한다. 그는 목멘 소리로 학생들에게 일본어를 결코 잊지 말라고 당부하고 조선인 학생들은 그동안 일본어를 열심히 배우지 못한 것을 후회하며 수업에 집중한다. 한 학생은 까치가 우는 소리를 듣고는 '앞으로 저 까치도 조선어로 울어야 할까?'라고 생각하며 감상에 빠져든다. 수업이 끝나는 종이 울리고 창밖에서 "대한 독립 만세!"를 외치는 소리가 들리자 일본인 선생은 칠판에다 크게 "대일본제국 만세!"라고 쓴다.

게다가 이 소설이 패전국 일본의 아픈 마음을 자극하여 이후 일본인들의 필독서가 되었다면? 이 소설을 읽은 일본의 우익들이 '국토(즉, 조선) 회복'이란 피켓을 들고 시위를 벌인다면? 이 소설이 세계 각국 언어로 번역되어 우리의 일제강점기 역사를 모르는 외국인들이 잘못된 역사인식을 갖게 된다면? 심지어 우리나라에 여행 온 일본인들과 다른 외국인들이 ○○시를 방문하여 "아, 이곳이 그 유명한 「마지막 수업」의 배경이구나! 역시 모국어는 소중한 것이야"라는 헛소리를 해대며 기념사진을 찍는 장면을 보게 된다면?

조금 과격하지만 이런 가정을 프랑스와 독일로 바꾸면 바로 그 유명한 알퐁스 도데의 「마지막 수업」이 된다. 작품의 배경이 되는 알자스-로렌 지역은 역사적으로 프랑스 영토였던 때보다 독일 영토였던 때가 더 많았으며 원래 이곳 사람들의 기본 언어는 독일 방언의 일종인 알자스어였다. 그런데 우리는 이 소설을 일제강점기 경험을 반영하여 읽으며 프랑스인의 왜곡된 민족주의 감정에 감동을 받았다. 역사적 내막을 알고 보면 허무해도 이만저만 허무한 것이 아니다. 다음은 「마지막 수업」의 줄거리다.

프란츠는 알자스 주에 사는 소년이다. 그는 학교에서 공부하는 것보다 들판에서 뛰어노는 것을 더 좋아하여 지각을 자주 한다. 그날도 지각을 했는데 웬일로 아메르 선생님은 야단을 치지 않았고 교실 분위기는 엄숙했다. 선생님은 이 수업이 마지막 수업임을 알렸다. 프랑스가 프로이센과의 전쟁에 진 결과로 알자스와 로렌 주가 프로이센 영토로 넘어갔기에 이제 프랑스어 수업은 금지되었으며 내일부터는 독일어를 가르치게 되었다는 것이다. 이에 프란츠는 그동안 프랑스어 공부를 게을리한 것을 후회한다. 선생님은 학생들과 마지막 수업을 참관하러 온 마을 사람들에게 모국어의 중요성을 강조한다. 수업이 끝나는 종이 울리고 프로이센 병사의 나팔 소리가 울려 퍼진다. 선생님은 목이 메어 더 이상 말을 하지 못하고 칠판에 "프랑스 만세!"라고 크게 쓰고 수업이 끝났음을 알린다.

보불전쟁, 프랑스와 독일 대립의 서막

알퐁스 도데가 1871년에 발표한 이 작품은 보불전쟁과 프로이센군의 파리 점령을 다룬 40편의 단편소설들과 함께 1873년 출판된 단편집 『월요 이야기』에 실려 있다. 보불전쟁은 1870~1871년에 프랑스와 프로이센(북부 독일에 있었던 나라. 독일의 전신)이 싸운 전쟁을 말한다. 보불전쟁의 '보'는 프로이센의 한자 표기인 보로사이고 '불'은 당연히 불란서, 즉 프랑스이다. 예전에는 보불전쟁이 무슨 뜻인지 몰라 헤매는 학생들이 많았는데, 요즘 책에는 프로이센-프랑스 전쟁으로 나와 있는 경우가 더 많아 이해하기 쉬워졌다.

1870년 에스파냐의 왕위 계승 문제를 놓고 프로이센은 프랑스와 전쟁을 벌인다. 신흥 강국으로 부상하는 프로이센에게는 프랑스의 세력 확대를 막아 프로이센이 주도하는 독일 통일의 걸림돌을 미리 없애려는 의도가 있었다. 프랑스 황제 나폴레옹 3세가 스당 전투에서 크게 패해 포로로 잡히자, 프로이센군은 파리로 진군하여 남의 나라 궁전인 베르사유 궁전의 '거울의 방'에서 독일 제국 성립을 선포한다. 1871년 5월 18일 양국은 프랑크푸르트 조약을 맺는다. 프랑스는 프로이센에 50억 프랑의 전쟁배상금을 지불해야 하고, 지불이 완료될 때까지 프로이센군이 프랑스에 주둔하며, 알자스-로렌 지방은 프로이센에게 넘겨준다는 것이었다. 배상금액만 과도한 것이 아니라 프랑스의 자존심을 짓밟는 가혹한 처사였다. 알자스와 로렌을 넘겨준 이 조약은 프랑스인의 민족주의를 자극했으며 이후 제2차 세계대전에 이르기까지 유럽 정치를 불안하게 만든 프랑스와 독일의 대립이 시작되는 계기가 되었다.

알자스-로렌의 내력

알자스와 로렌은 독일과 닿아 있는 프랑스 북동부 지역이다. 고대에 이 지역은 카이사르가 점령하여 로마 제국의 일부가 되었다가 중세 카롤루스 시대에 프랑크 왕국에 속하게 되었다. 카롤루스 사후 843년, 그의 손자들 사이에 체결된 베르됭 조약에 따라 프랑크 왕국은 셋으로 분열된다. 훗날 프랑스가 되는 서프랑크 왕국, 이탈리아가 되는 중프랑크 왕국, 독일이 되는 동프랑크 왕국이다.

중프랑크 지역은 지금의 이탈리아 반도 쪽 지역을 제외하면 민족적 성격이 뚜렷하지 않았다. 알프스 일대의 중프랑크 지역에는 독일, 프랑스, 이탈리아적인 요소들이 다 섞여 있었기 때문이다. 이

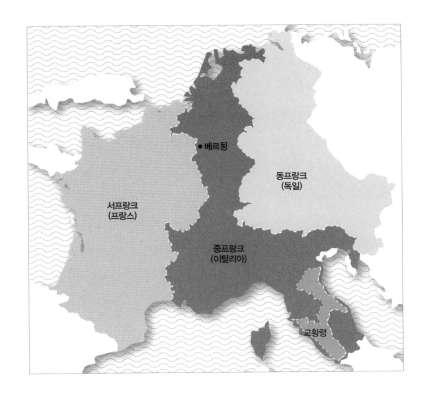

서프랑크
(프랑스)

●베르됭

동프랑크
(독일)

중프랑크
(이탈리아)

교황령

베르됭 조약

지역의 중프랑크 영토를 독일어로 로트링겐(Lothringen)이라고 부르는데 중프랑크 왕국을 차지한 로타르 1세에게서 유래한다. 이 로트링겐이 프랑스어로 로렌(Lorraine)이며, 로렌의 남쪽이 알자스 지방이다.

이후 메르센 조약으로 알자스-로렌 지방은 동프랑크 영토가 되어 오랜 세월 동안 독일 문화권에 속해 있었다. 그러다 17세기의 30년전쟁 때 맺은 베스트팔렌 조약으로 알자스-로렌 지역은 프랑스 영토가 된다. 그러나 이미 오랫동안 독일권 영토에 속해 있었기에 프랑스에 병합된 이후에도 일반 민중들은 독일어를 사용하였다. 프랑스어는 도시 상류계급 일부만 쓰는 언어였다. 1871년 보불전쟁 결과 알자스의 대부분과 로렌의 동쪽이 독일에 병합될 때까지도 이 지역에서 프랑스어를 쓰는 인구는 전체의 11퍼센트밖에 되지 않았다고 한다. 이로 보아 「마지막 수업」에 나온 상황이 얼마나 프랑스 쪽 입장에서 극우 민족주의적 감정을 갖고 왜곡해서 쓴 것인지 짐작할 만하다.

학교 지붕에서는 비둘기가 낮은 소리로 꾸르륵 꾸르륵 울었습니다. 나는 그걸 들으며 이런 생각을 했습니다. '이제부터는 비둘기까지 독일어로 울어야 할지도 모른다.'

여기에서 의문이 생긴다. 위와 같은 감상적인 서술이 과연 당시 보편적인 알자스 사람들의 정서였을까? 원래 이 지역의 역사는 독일권에 더 오래 속해 있었고, 지역민은 독일의 언어와 풍습에 더 익숙해져 있었는데 말이다. 이와 같은 사실은 프랑스인들도 잘 알고 있었다. 일찍이 루이 14세가 "알자스는 프랑스 내의 독일이다"라고 말한 적도 있을 정도다. 그런데도 알자스-로렌을 프랑스어를 쓰는 프랑스 영토라고 우겨야만 했던 데에는 이유가 있다.

신대륙의 은이 유럽에 유입되기 전까지 알자스 지역은 유럽에서 드물게도 은을 채굴할 수 있는 곳이었으며 로렌 지방의 경우 석탄, 철광석, 암염 등 광산 자원이 풍부했다. 산업혁명 시기에 석탄과 철광석 산지의 결합은 어마어마한 시너지 효과를 낸다. 이 두 가지는 군수산업의 기본 재료가 된다는 점에서도 중요하다. 특히 다른 지역에 철광석과 석탄 산지가 더 있는 독일에 비해 알자스-로렌 지역 외에는 큰 광산이 없는 프랑스는 이 지역에 더 집착할 수밖에 없었다. 게다가 전통적으로 이 지역은 교통의 요지이기도 했다. 결코 양보할 수 없는 지역이었다.

프랑스 입장에서는 보불전쟁 이후 알자스-로렌을 잃은 것으로 느껴질 수 있겠지만 제3자 입장에서 보면 이 지방은 오랜 세월 동안 독일 영토였으므로 '잃었다'는 표현이 어색하기도 하다. 하지만 프랑스는 국가적 자존심에 상처를 입고 독일에 대한 복수심을 키워나갔다. 심지어 초등학생들의 체육 시간에까지도 알자스와 로렌의 수복을 위한 체력 단련과 군사 훈련을 강조하기도 했다. 이러한 당시의 과열된 사회적 분위기를 반영한 것이 바로 알퐁스 도데의 「마지막 수업」이었다.

독일과 프랑스 사이의 민족감정과 경쟁심은 이후 제1차, 제2차 세계대전으로 이어진다. 1914년 발발한 제1차 세계대전에서 독일을 이긴 프랑스는 알자스와 로렌을 가져갔다. 역시나 베르사유 궁전에 있는 거울의 방에서 조약을 체결하면서 독일에 거액의 배상금을 요구했다. 이 지나친 배상금 요구가 이번에는 독일을 자극함으로써 장차 나치와 히틀러의 집권을 도와준 셈이 되었다. 다시 독일이 제2차 세계대전을 일으켰을 때 알자스와 로렌은 독일에 점령되었다가 종전 후 프랑스령으로 복귀했다. 결국 어떻게 보면 보불전쟁부터 2차 대전까지 유럽에서 발발한 전쟁은 다 프랑스와 독일 사이의 갈등과 관련 있는 셈이다. 그리고 그 중심에 늘 알자스와 로렌 문제가 있었다.

세계에서 가장 아름다운 말이란 없다

그리고 아메르 선생님은 이번에는 프랑스어에 대해서 말하였습니다. 프랑스어는 세계에서 가장 아름답고 가장 정확한 말이란 것과, 이 말을 잘 지켜 결코 잊는 일이 없어야 한다고 힘주어 말했습니다. 왜냐하면, 어떤 국민이 노예가 되어버렸을 때도 제 나라 국어를 확실히 지키고 있으면 감옥 문의 열쇠를 가진 것과 같다는 것이었습니다.

어찌 되었든, 이 소설을 읽은 이라면 모국어의 중요성을 느끼고, 식민지나 점령지에 지배 국가의 언어를 강요하는 것에 대한 문제의식을 갖게 된다. 그런데 그만큼이나 중요하지만 우리가 못 보고 지나치기 쉬운 문제가 하나 더 있다. 자국 내에서도 수도권 등 정치적으로 우세한 지역의 방언을 다른 지역에 강요하는 문제다. 1860년에 실시된 조사에 따르면 프랑스의 4분의 1에 해당하는 지역에서는 프랑스어가 사용되지 않았다고 한다. 프랑스의 남동부 지역인 프로방스, 북서부 지역인 브르타뉴 등지의 지방 법정에서는 농민의 증언을 들을 때 통역을 썼다고 한다. 그러나 대혁명 이후 국민교육이 보급된 프랑스 학교에서는 단일한 프랑스어 교육을 강조했다. 초등학교 어린이들이 학교에서 무심코 사투리를 썼다가 선생님께 벌을 받고 모욕을 당하기도 했다.

우리가 「마지막 수업」을 읽고 감동받았던 것은 과거 역사 때문이었다. 일제강점기 시절 소학교에는 '방언찰'이라는 게 있었다. 일본어를 쓰지 않고 조선말을 쓰는 학생을 벌주는 용도로 사용했던 이 나무패는 조선에서만 사용된 것이 아니다. 일본 내에서도 오키나와를 비롯하여 방언을 사용하는 지역에서 표준 일본어를 제대로 쓰지 못하는 학생을 벌주기 위해 사용했다. 그것도 2차 대전에서 패하여 일본의 해외 식민지도 없어진 후인 1960년대까지 말이다. 이렇게 한 나라 안에서도 주변부 지역에 대한 중심부의 폭력적인 언어 권력 행사는 있었다.

나는 "프랑스어는 세상에서 가장 아름답고 정확한 말"이라는 알퐁스 도데의 서술에 동의하기가 어렵다. 세상 모든 사람에게는 각각 자신의 모국어가 있으며, 그 모든 모국어는 전부 가장 아름답고 가장 정확한 말이다. 같은 국어를 사용하는 사람들 사이에서도 태어난 지역에 따라 각각 다른 자기만의 모국어를 가질 수도 있다. 그러나 지배 국가와 피지배 국가 사이에서, 중심부와 주변부 사이에서, 다른 계급 사이에서 우열을 가리며 다른 상대에게 강자의 언어를 강요하는 순간, 폭력은 시작된다.

그러니 혹시 지금 이 글을 읽는 독자분께서 나중에 프랑스의 스트라스부르에 여행가게 된다면 "여기가 바로 그 명작 「마지막 수업」의 배경 도시래! 역시 언어와 민족혼이란…"이라며 감동받는 일은 없기를 바란다. 알고 보면 참 허무한 명작, 남의 나라 극우파 작가의 왜곡된 역사인식에 속기 쉬운 소설이 바로 이 「마지막 수업」이다.

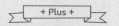

알자스-로렌에서 시작된 유럽연합

여기, 알퐁스 도데와 다른 생각을 가진 알자스-로렌 출신의 한 사람이 있다. 그의 이름은 로베르 쉬망. 사실 그의 정확한 출생지는 로렌 근처 룩셈부르크이다. 그는 지역 정세에 따라 그때그때마다 독일인 혹은 프랑스인으로 살게 되었다. 하지만 그의 성장 환경을 보면 그냥 '알자스-로렌 사람'으로 부르는 편이 적합하다.

2차 대전 후 프랑스의 외무장관이던 로베르 쉬망은 독일과 프랑스 양국의 화해와 공동 성장을 고민하다 알자스-로렌의 풍부한 철광석과 이웃한 독일 루르의 석탄을 공동으로 관리할 것을 제안했다. 이 계획을 쉬망 플랜이라고 한다. 여기에서 유럽석탄·철강공동체(ECSC)가 탄생했다. 프랑스, 통일 이전의 서독, 이탈리아, 벨기에, 네덜란드, 룩셈부르크의 여섯 국가가 참여했다. 이 공동체는 나중에 유럽경제공동체(EEC)와 유럽공동체(EC)를 거쳐 오늘날 유럽연합(EU)으로 발전하게 되었다. 이처럼 쉬망 플랜은 '하나의 유럽'을 만드는 초석이 되었으며 이제 유럽은 물자, 인력, 서비스, 자본을 아우르는 단일 시장을 구축하고 있다. 경제 공동체뿐 아니라 정치적 동맹으로까지 결속을 다지고 있어서 평화 유지와 난민 문제 등 인도적 차원의 문제 해결까지 협력하고 있다. EU의 입법기구인 유럽의회의 본부는 바로 알자스-로렌의 대표 도시인 스트라스부르에 있다.

보불전쟁 이후 과도하고 맹목적인 민족주의에 휘말린 프랑스 지식인들이 연달아 전쟁을 불러들이는 언행을 한 것에 비하면 제2차 세계대전 후 로베르 쉬망의 '국경을 초월한 협력' 계획은 얼마나 멋진가. 이는 아마 그가 알자스-로렌 출신이어서 오히려 조국이나 민족에 얽매이지 않은 생각과 포부를 가졌기 때문이 아닐까?

정직한 씨의 나라,
지우고 싶은 역사

~~~~~~

★1619년 아프리카 노예들이 버지니아에 도착하다
★1620년 영국 청교도들이 플리머스에 도착하다
★1692년 세일럼에서 마녀재판이 벌어지다
★1924년 아메리카 원주민에게 미국 시민권을 부여하다

「큰 바위 얼굴」은 『주홍 글씨』로 유명한 작가 너새니얼 호손의 단편소설이다. 이상적인 인간에 관한 교훈을 주는 이 작품을 읽으면 미국의 건국 초기 역사와 청교도들에 관해 생각할 거리가 많다.

소설의 배경은 미국 남북전쟁 직후 어느 청교도 정착촌이다. 산맥 밑 분지에 사는 어니스트라는 소년은 마을 건너편 산에 있는 사람 얼굴 모양 바위를 바라보며 명상하는 버릇이 있다. 그 바위는 '큰 바위 얼굴'이라 불린다. 어머니에게 이 지역에서 큰 바위 얼굴을 닮은 아이가 태어나 훌륭한 인물이 된다는 인디언 부족의 예언을 들은 그는 그 위인을 꼭 만나고 싶다는 소망을 가진다. 어니스트는 청년, 장년, 노년기에 각각 부자인 개더 골드, 장군인 올드 블러드 앤드 썬더, 정치가 올드 스토니 피즈를 만나게 되지만 실망감만 느끼게 된다. 설교사가 된 어니스

트는 마지막으로 시인을 만나지만 그도 예언의 인물은 아니었다. 그러나 어니스트의 설교를 듣던 시인은 어니스트가 바로 그 위인임을 알아보고 소리친다. "보시오, 어니스트야말로 바로 저 큰 바위 얼굴을 닮은 사람입니다!" 하지만 어니스트는 여전히 겸손한 마음으로 큰 바위 얼굴의 위인이 자신 앞에 나타나기를 기다린다.

그의 이름은 정직한 씨

이 소설을 중학교 교과서로 배우던 당시 쉬운 영단어 정도는 알고 있었다. 그래서 어니스트라는 주인공의 이름을 읽자 영어의 honest라고 넘겨짚었다. 이름부터가 '정직한 씨'이니 그가 큰 바위 얼굴을 닮은 위인으로 성장할 것이라고 생각했다. 지금은 어니스트(Ernest)가 독일계 이름이고 '겸허한 씨'라는 것을 알지만 소설을 처음 읽었을 때 생각대로 이 글을 계속하겠다. 마찬가지로 가짜 위인들의 이름과 별명도 성격을 드러내주어서 흥미로웠다. 부자인 개더 골드(Gather gold)는 '돈 모아 씨'이니 돈만 밝히는 인간임에 틀림없다. 장군인 올드 블러드 앤드 선더(Old Blood and Thunder)는 '피 천둥 옹(翁)'이니 무자비한 냉혈한일 테고, 정치인 올드 스토니 피즈(Old Stony Phiz)는 '돌 닮아 옹'이니 얼굴만 큰 바위 얼굴을 닮고 속은 별로인 외화내빈형 인물일 것이다. 이들 등장인물들의 이름을 보고 있노라면 작가의 작명 센스가 유치하다는 생각마저 든다. 그러나 이들의 이름은 작가인 호손 선생의 작명 센스가 아닌 청교도 역사, 문학과 관련이 있었다.

영국에서 미국으로 신앙의 자유를 찾아 이주한 청교도들은 영국 국교회에 저항한 자신들의 존재를 새롭게 규정하기 위해 자녀 이름도 가톨릭교도나 영국 국교회 신도들과 다르게 지었다. 구교도의 신앙 대상인 성모의 이름 마리아는 기피 1순위 이름이었으며 스테판이나 카테리나 같은 가톨릭 성인들의 이름도 피했다. 그러다 보니 주로 구약성경에서 이름을 따오곤 했다. 링컨 대통령의 이름인 에이브러햄(Abraham, 아브라함) 역시 당시 청교도 사이에서 유행하던 구약의 이름이었다. 심지어 이름으로 쓰이지 않던 추상적 덕목을 뜻하던 단어들도 이 시기에는 사람의 이름으로 쓰이기 시작했다. 이 소설의 주인공인 어니스트를 비롯하여 휴밀리티(Humility, 겸허) 같은 예를 찾아볼 수 있다. 반대로, 구교 쪽 사람들은 반종교개혁 의지를 담아 남녀를 가리지 않고 모든 사람의 이름에 성모의 이름인 '마리아'를 넣게 된다. 그래서 남자인 시인 릴케의 이름이 라이너 '마리아' 릴케다.

이렇게 실제 사람의 이름조차 추상명사로 지어 불렸는데 소설 속 등장인물의 이름을 지을 때는 오죽했으랴. 청교도 문학의 주요 인물들은 성격이나 인생 과정이 단번에 드러나는 이름으로 지어졌다. 작가의 대표작인 『주홍 글씨』에 등장하는 주인공의 딸 이름을 예로 들어보자. 여주인공의 간통으로 태어난 딸의 이름은 '펄(Pearl)'이다. 유일하게 생명체가 아파하며 만들어내는 보석, 진주다. 가슴에 주홍 글씨를 달고 고난을 겪는 여주인공이 지켜낸 딸의 이름으로서 더 이상 어울리는 이름은 없을 듯하다.

그러므로 이렇게 청교도의 역사를 살펴볼 때 「큰 바위 얼굴」에 등장하는 속 보이는 이름들은 전혀 단순하거나 유치하지 않다. 오히려 문학이 당대의 사회, 문화적 배경을 반영한다는 것을 보여주는 좋은 예다.

미국과 미국인의 원형

큰 바위 얼굴은 깎아지른 듯한 절벽 위에 여러 개의 바위가 얼기설기 모여 있는 것에 불과하지만, 그것들이 묘한 조화를 이루고 있어서 멀리서 바라보면 꼭 사람의 얼굴처럼 보였습니다. 언뜻 보면, 굉장히 큰 거인이 절벽 위에 자기의 모습을 조각한 것과도 같았습니다. 그 거인의 이마는 높이가 삼십여 미터나 되었고, 콧날이 오똑하고 길며, 온 산을 쩌렁쩌렁 울릴 것 같은 커다란 입을 지녔습니다. 가까이에서 보면 거대한 바위들이 아무렇게나 모여 있는 것처럼 보이지만, 뒤로 물러날수록 사람의 얼굴 윤곽이 드러나는 것이었습니다.

내가 다니던 중학교 운동장에서는 북한산이 보였는데 한쪽 능선에 마치 사람의 옆얼굴처럼 보이는 바위가 있었다. 그래서 이 작품을 배우던 국어 시간에 우리는 자주 창문 밖을 바라보곤 했다. 그런데 작가의 고향인 매사추세츠 주에는 진짜로 큰 바위 얼굴이 있었다고 한다. 미국 동부에 있는 애팔래치아 산맥의 한 갈래인 화이트 산맥에는 사람의 옆얼굴 모양을 한 '산의 노인(The old man of the mountain)'이란 자연석이 있었다. 호손은 이 바위를 소재로 바위의 얼굴을 닮은 위인을 만나고 싶어하는 소년에 대한 이야기 「큰 바위 얼굴」을 쓴다. 안타깝게도 2003년 폭풍우로 무너져 내려서 지금은 '산의 노인'을 볼 수 없지만.

매사추세츠 주는 미국 이민사에서 오래된 역사를 지닌 지역이다. 1620년 9월, 영국 플리머스 항에서 출발한 배가 아메리카 대륙 북동부에 도착한다. 배에 탄 사람들의 목적지는 버지니아 식민지였으나 실제 도착한 곳은 훨씬 북쪽이었다. 후에 이 지역을 원주민 말로 '큰 언덕 기슭'이라는 의미의 매사추세츠 지방이라 부르게 된다. 메이플라워라고 불린 이 배에서 내린 사람들은 영국 정부의 종교박해를 피해 신앙의 자유를 찾아 나선 청교도들이다. 미국 역사에서는 이들을 '필그림 파더스(Pilgrim Fathers)'라고 부르며 건국 시조로 여긴다. 물론 이들 이전에도 황금과 땅을 차지할 욕심을 갖고 북아메리카로 이주해온 사람들이 있었지만, 미국인들은 굳이 이들을 자신들의 선조로 내세우지는 않는다.

이들 중 41명의 성인 남자들은 새로운 정부 수립을 위한 문서에 서명한다. 역사에 '메이플라워 서약'이라 기록된 이 문서는 다른 식민지들의 모범이 되었으며 미국 최초의 자치헌법이란 평가를 받고 있다. 이후 이야기는 우리가 영어 교과서나 독해집 지문에서 많이 읽었던 내용이다. 겨울을 힘들게 보내고 원주민들의 도움으로 농사에 성공하자 가을에 원주민을 초대해 첫 추수감사절을 사이좋게 보냈다 등등. 이후 원주민과의 무력 갈등에 비하면 너무도 훈훈한 이야기이며, 이들 건국의 아버지들은 성자들처럼 존경스러워 보인다. 하지만 사실은 좀 다르다. 메이플라워호가 도착하기 몇 년 전 전염병이 퍼져서 그 지역 원주민의 90퍼센트가 사망했기에 원주민과 이들 이민자 사이에 제한된 경작지를 놓고 갈등이 생길 상황이 아니었다.

필그림 파더스가 정착한 후 보스턴을 중심으로 매사추세츠 식민지가 본격적으로 만들어진다. 이들은 자신들이 떠나온 낡고 부패한 영국(잉글랜드)과 달리 종교적 열정으로 새로운 신앙공동체를 형성하겠다는 의지를 담아 정착지를 '뉴잉글랜드'라고 이름 지었다. 그리고 투표를 통해 공동체의 일을 처리하는 제도를 만들었다. 비록 청교도인 성인 남성만 투표에 참여할 수 있다는 한계가 있기는 했지만, 당시로서는 매우 진보적이고 민주적인 제도였음은 확실하다. 이후 그들은 교회와 학교 같은 공공건물을 세운다. 유명한 하버드 대학도 이때 설립된다. 뉴잉글랜드에는 매사추세츠 외에도 로드 아일랜드, 코네티컷 등의 식민지가 건설된다.

이런 미국 건국 초기의 역사를 살펴보면 소설 「큰 바위 얼굴」에서 개더 골드 같은 성공한 자본가, 올드 블러드 앤드 선더 같은 독립 전쟁의 영웅, 올드 스토니 피즈 같은 대통령 후보가 전부 한 마을에서 배출되는 것은 우연의 남발이 아니었다. 이 지역은 원래 미국 건국 초기에 수많은 유명인들을 배출했다. 그런데 작가는 그 많은 인물들 중에서 진정한 위인은 겸손한 전도사인 어니스트라고 말하고 있다.

어니스트의 일상생활은 겸손함과 깊은 생각 속에 이루어졌습니다. 그리고 그것들은 자애로움으로 그의 얼굴에 나타났습니다. 그는 주위 사람들에게 축복의 손길을 뻗는 것을 잊지 않았고, 자기도 모르게 설교가가 되어 있었습니다. 그리고 그가 가진 생각들을 행동으로 실천했습니다. 그래서 어니스트를 만나거나, 그의 설교를 듣는 사람은 깊은 감명을 받았습니다. (중략) 어니스트는 그들의 신분과 지위가 어떻든 간에 상관없이 그들을 성실하게 맞았습니다. (중략) 어니스트는 자기 마음속에 있는 것들을 청중들에게 이야기하기 시작했습니다. 그의 말은 자신의 사상과 일치되어 있었으므로 힘이 있었고, 그 사상은 일상생활과 조화되어 생명을 지녔습니다.

어니스트처럼 일상의 노동과 소박한 생활을 통해 지혜를 얻고 신에게 감사하며 지행일치의 삶을 사는 청교도 개척자의 이미지는 오랫동안 미국의 지도자를 상징하는 이미지로 여겨졌다. 이러한 미국의 지배계층을 단적으로 나타내는 단어가 'WASP(White Anglo-Saxon Protestants, 백인/앵글로색슨족/신교도)'다. 이 단어는 작가 호손의 조상들처럼 메이플라워호를 타고 온 신앙의 아버지이자 건국의 아버지인 필그림 파더스들, 그 이후 영국에서 이주해온 백인 신교도들의 자손으로 현재까지 미국을 지배하는 전통적인 주류 지배층을 뜻한다. 1920년대까지 미국 200대 기업의 대부분은 이들 소유였다. 19세기 중반 감자 기근을 겪고 이주해온 아일랜드 이민자의 후손인 케네디가 1960년 대통령에 당선되기 전까지는 대통령도 모두 WASP에서 나왔다.

정직한 씨에게 미국의 초기 역사를 묻는다

그런데 종교의 자유를 찾아 대서양을 건너온 이들 청교도들과 그 후손인 WASP들은 다른 인종에 속하거나 다른 종교를 가진 사람들에게는 종교의 자유는커녕, 삶의 방식의 자유도 인정하지 않았다. 자신들끼리 정계와 재계를 장악하고 미국을 움직였다. 1804년 매사추세츠 주 세일럼의 청교도 집안에서 태어난 작가는 이런 경직된 청교도 정신의 부정적 면을 매우 비판적으로 보았다. 특히 그의 고조할아버지인 존 호손이 1692년 '세일럼의 마녀사냥' 사건 때 19명에게 교수형 판결을 내린 7인의 판사 중 한 명이었다는 점에 대해 평생 괴로워했다. 그래서 『주홍 글씨』를 통해 인간적인 감정과 본능을 억압하는 위선적이고 금욕적인 청교도 윤리와 전통을 고발하기도 했다.

미국 건국이 오로지 청교도들이 가진 신앙의 힘으로만 이루어진 것은 아니다. 종교적 이유뿐만이 아니라 경작할 땅을 얻기 위해 빚을 얻어서 미국행 증기선을 탄 유럽 각지의 가난한 농민들, 영국에서 보낸 죄수들, 폭력을 사용해서 인신매매해온 아프리카인들,

감자 기근으로 이민해온 아일랜드 사람들, 대륙 횡단 철도 노동자로 들어온 중국 노동자들 등 새로운 이주민들로 미국의 인구는 폭발적으로 늘어갔으며 값싼 노동 인구를 얻은 신생국 미국은 날로 성장해갔다. 한인 이민 1세대가 정착한 것도 이 무렵이다. 그들은 낮은 임금을 받고 하와이 농장에 노동자로 갔다.

이렇듯 미국은 청교도 이주자들 외의 수많은 자발적·강제적인 비숙련, 저임금 노동계급 이주자들에 의해 건설되었다. 그럼에도 불구하고 많은 미국인들은 자신들의 건국 역사를 생각할 때면 늘 필그림 파더스의 경건한 이미지를 떠올리고 있다. 초기 청교도의 정착사는 역사가 짧은 미국에게는 거의 신성한 건국신화인 셈이다.

이런 태도를 두고 정직하다고 말할 수 있을까? 청교도 부모들이 깊은 신앙심을 담아 이름 지은 수많은 어린 '어니스트'들, 우리의 '정직한 씨'들은 과연 자신의 신앙은 물론 인류 전체에 대한 양심의 차원에서도 정직한 사람으로 성장했던 걸까? 작품의 주인공인 미국 건국 초기의 정직한 씨와 현재 자본주의 패권국가 미국의 이미지는 너무도 다르지 않은가? 현재 미국의 이미지는 정직한 씨보다는 금전적 이익만 밝히는 '돈 모아 씨', 무력의 힘만 믿는 '피천둥 옹'에 가깝다. 자국의 이익을 위해 해외로 군대를 보내며 외교 성명으로는 황당한 명분을 갖다 붙이는 모습이 마치 말만 번지르르하고 진정성은 없는 '돌 닮아 옹'과도 비슷해 보인다.

하루의 고된 일이 끝나면, 어니스트는 몇 시간이고 앉아서 오직 큰 바위 얼굴만을 바라보곤 했습니다. 그러면 큰 바위 얼굴은 언제나 온화한 미소로 대해주었습니다. 그것은 어니스트의 존경어린 눈빛에 답하는 것이면서 또한 어니스트를 격려해주는 것이기도 하였습니다. 그렇다고 큰 바위 얼굴이 특별히 어니스트에게만 자애로운 모습을 보여주는 것은 아니었습니다. 다른 많은 사람들 역시 큰 바위 얼굴을 바라보며 같은 생각을 했습니다.

그럼에도 불구하고 초기 청교도들의 긍정적 역할이나 너새니얼 호손의 작품에까지 트집을 잡고 싶지는 않다. 위의 인용문 중 "그렇다고 큰 바위 얼굴이 특별히 어니스트에게만 자애로운 모습을 보여주는 것은 아니었습니다"에 드러난 정신 때문에 나는 작가 호손 선생이 좋다. 청교도 명문가의 후손인 작가는 자신이 속한 집단의 기득권 수호에 급급하지 않았다. 오히려 당시 미국 사회의 잘못된 점을 고민하고 본래의 선한 의도로 돌아가기를 원했다. 짧은 역사에 대한 열등감 때문에 위인과 영웅을 과대평가하던 당시의 사회에 대고 누구에게나 자애롭고 겸손하며 지행일치가 된 사람만이 진정한 위인이라고 말했다. 어쩌면 이 작가야말로 보편적 인간애를 실천하려 했던 진정한 '정직한 씨'였을지도 모른다.

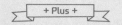

인디언 원주민의 큰 바위 얼굴

'큰 바위 얼굴'이라고 하면 흔히들 미국 러시모어 산에 있는 대통령 조각상들을 떠올린다. 원주민을 몰아내고 땅을 차지한 백인들은 러시모어 산에 워싱턴, 제퍼슨, 루스벨트, 링컨 대통령의 거대한 두상을 조각했다. 마치 아메리카 대륙의 진정한 주인이 자신들이라고 말하는 듯하다.

한편, 러시모어 산에서 27킬로미터 떨어진 사우스다코타 주 블랙 힐스의 한 산봉우리에도 큰 바위 얼굴이 있다. 19세기 중반 골드러시 시대에 일어난 일이다. 원주민인 수족(Sioux)이 살고 있던 블랙 힐스 지역에서 금이 발견되자 백인과 군대가 몰려왔다. 수족 추장인 '크레이지 호스'는 전투에 나서 1876년 커스터 대령이 지휘하던 부대를 전멸시켰다. 이 전투가 '리틀 빅혼 전투'다.

그러나 수족은 복수하러 온 연방군에게 패배하여 인디언 보호구역으로 추방당했고, 크레이지 호스는 살해당했다. 수십 년이 흐른 1939년, 조각가 코자크 지올코브스키는 "백인들에게 영웅이 있듯 우리에게도 영웅이 있었다는 것을 알게 해달라"는 수족 추장의 편지를 받는다. 그는 1948년부터 혼자서 크레이지 호스 상을 조각하기 시작했다. 원주민 수백 명이 참관하러 올 정도로 지지를 받았다. 최초의 폭파 작업에는 그때까지 생존해 있던 리틀 빅혼 전투의 참전 용사 9명 가운데 5명도 참석했다고 전한다. 반면 백인들로부터는 인디언을 위해 일한다는 비난을 받기도 했다.

1982년 조각가가 사망한 후에도 작업은 유가족들의 손에서 지금까지 진행되고 있다. 이제 겨우 얼굴이 완성되었는데, 크레이지 호스의 몸과 그가 타고 있는 말까지 다 조각하려면 100년 정도 걸린다고 한다.

지금도
엄마 찾는 마르코들

★16세기 옥수수가 이탈리아에 전해지다
★18세기 펠라그라병이 에스파냐에서 발생하다
★1850년 아르헨티나가 이민자를 받아들이다
★1914년 펠라그라병의 원인이 밝혀지다

「엄마 찾아 삼만 리」는 에드몬도 데 아미치스의 『쿠오레』에 '이 달의 이야기'라는 형식으로 삽입되어 있는 단편 9편 중 하나다. 우리가 「엄마 찾아 삼만 리」로 알고 있는 이 동화는 '5월의 이야기'로서 원제는 '아펜니노 산맥에서 안데스 산맥까지(Dagli Appennini alle Ande)'이다. 주인공 마르코가 엄마를 찾아 제노바에서 아르헨티나까지 가는 여정을 이탈리아와 남아메리카의 유명한 산맥 이름으로 표현한 제목이다.

마르코의 엄마는 왜 아르헨티나로 갔을까

제노바에 사는 마르코는 아르헨티나로 일하러 간 엄마의 소식이 끊기자 가족을 대표하여 엄마를 찾아 떠난다. 배를 타고 대서양을 횡단하는 오랜 항해 끝에 부에노스아이레스에 도착해 엄마가 일하는 집으로 찾아가지만 이미 이사 간 뒤였다. 마르코는 엄마의 흔적을 찾아 물어물어 코르도바를 거쳐 투크만까지 간다. 같은 이탈리아 사람의 도움을 받기도 하고 짐수레를 얻어 타기도 하고 혼자 밤길을 걷기도 하는 등, 온갖 고생 끝에 드디어 마르코는 엄마를 만난다. 마르코의 엄마는 병에 걸려 죽어가고 있었다. 그동안 삶의 희망을 잃고 수술도 거부하고 있던 엄마는 마르코를 만나자 수술을 결심한다. 마르코가 엄마를 살린 것이다.

이 작품이 출간된 1866년은 통일 이탈리아 왕국이 성립한 지 겨우 5년이 지난 시점이다. 원래 중세, 근대 초기까지만 해도 지중해 무역으로 번성하여 르네상스의 꽃을 피운 이탈리아였지만 오스만 제국이 성장해 동지중해 무역로가 막히자 각 도시국가들은 예전의 번영을 잃고 쇠락할 수밖에 없었다. 이 시기 이탈리아의 경제는 산업혁명이 진행되고 있는 서북부 유럽에 비해 매우 낙후된 상태였다.

이탈리아 북부의 경우에는 서북부 유럽에 비해 늦은 편이기는 했어도 토리노에 수도를 정한 사르데냐 왕국의 주도로 산업혁명이 시작되었다. 반면, 남부는 여전히 농업과 목축에만 의지하고 있었다. 자작농보다 소작농이 많아서 대부분의 농민들은 비싼 소작료를 물고 나면 거의 남는 것이 없었다. 그래서 이 시기에 수많은 남부 이탈리아 사람들이 새로운 기회를 찾아 아르헨티나, 미국 등지로 떠나게 된다. 신생국 미국이야 말할 필요도 없는 기회의 땅이었고, 아르헨티나는 당시 세계 5위의 부국이었던 데다 넓은 땅에 비해 노동력이 부족하여 적극적으로 이민을 받아들이고 있었다. 성공한 이민자들에게는 본국의 언어가 되는 가내 노동자들이 필요했다. 많은 가난한 여성들이 살림에 보탬이 되기 위해 단기 노동 이주를 떠났다. 이때 마르코의 엄마도 아르헨티나로 식모살이를 하러 간다.

오래전 노동자의 아들인 열세 살짜리 제노바 소년이 어머니를 찾기 위해 홀로 제노바에서 남미로 갔습니다. 소년의 어머니는 2년 전에 아르헨티나 공화국의 수도인 부에노스아이레스로 갔습니다. 불행한 일이 겹쳐 가난해진 데다 빚까지 잔뜩 지게 된 집안을 다시 일으킬 수 있는 돈을 짧은 시간에 벌기 위해 어떤 부잣집에서 일하려는 것이었습니다. 아르헨티나에서는 집안일을 하는 사람들에게 많은 돈을 주었기 때문에 소년의 어머니와 같은 목적을 가지고 그렇게 오랫동안 떠나 있는 용감한 여자들이 적지 않았습니다. 그들은 불과 몇년 만에 몇천 리라를 벌어 고향으로 돌아오곤 했습니다.

– 『완역 사랑의 학교 3』

「엄마 찾아 삼만 리」의 마르코는 이탈리아 북부 도시 제노바에 살고 있었다. 아버지는 농부가 아니라 부두 노동자다. 하지만 이 시기 이탈리아 사람들의 해외 이주를 설명하려면 남부와 시칠리아의 경우를 말하는 것이 더 보편적이다. 그래서 이탈리아 남부 지방 이야기를 계속하겠다.

옥수수가 그들을 내쫓았다

이탈리아는 해외에 거주하는 교포의 수가 중국의 화교, 이스라엘의 유대인 다음으로 많다. 대다수가 남부의 농촌 출신이다. 고국을 떠나온 이들 이탈리아인들의 상호 부조 정신은 끈끈하기로 유명하다. 단합해서 서로 도와야만 살아남을 수 있을 정도로 힘든 이주 노동자 시절을 보냈기 때문이다.

> "어디 생각해보자. 이 많은 동포들끼리 삼십 리라를 마련할 무슨 방법이 없을까?" (중략)
>
> "나하고 같이 가자."
>
> 할아버지는 걷기 시작했고 마르코는 그 뒤를 따랐습니다. 그들은 아무 말 없이 함께 길을 따라 오래 걸었습니다. 농부 할아버지가 한 선술집 앞에 멈춰 섰습니다. 간판에는 별이 그려져 있고 그 밑에는 '이탈리아 술집'이라고 씌어 있었습니다. (중략)
>
> "우리 동포!"
>
> "이리 와라, 꼬마야."
>
> "이민 와서 사는 우리가 있잖니!" (중략)
>
> "우리가 널 어머니에게 보내줄 테니 걱정하지 말아라." (중략)

롬바르디아 할아버지가 모자를 내민 지 십 분도 안 되어서 모자 안에 사십이 리라가 모였습니다.

– 앞의 책

그런데 원래 이탈리아 남부는 고대 로마 제국의 곡식창고 역할을 할 정도로 농산물이 풍부한 곳이었다. 아무리 산업혁명 이후 1차 산업인 농업이 사양길에 들어섰다고 해도, 주식용 곡물 농업이 제대로 이루어지기만 했다면 그렇게 많은 사람들이 굶주리다 못해 스스로 고향을 등지게 되지는 않았을지도 모른다. 어떻게 이런 일이 벌어진 것일까?

18세기 들어 이탈리아를 포함한 남부 유럽 전체에서 밀 가격이 상승했다. 지중해 무역이 퇴조하여 외부로부터 곡물 유입이 원활히 되지 않았기 때문이다. 밀값이 비싸지자 지주들은 이윤을 남기기 위해 생산된 밀을 모두 내다 팔았다. 농민들에게는 휴경지에 옥수수를 길러 주식용으로 삼도록 강제했다. 신대륙에서 전파된 옥수수는 밀, 호밀 등의 주식용 작물에 비해 단위 면적당 수확량이 두세 배에 달했고 값이 싼 편이었다. 유럽의 인구가 증가하던 18세기에 옥수수는 보조 식량으로서 가난한 사람들의 배를 채우는 데에 크게 기여했다.

한편 이 시대는 현물이나 노동력을 지대로 받던 중세가 아니었다. 지주들은 현금을 선호했다. 그러나 농토 외에 다른 생산수단이 없었기에 현금 수입을 늘리기 위해 지주들은 갈수록 소작료를 높여

받았다. 남부 유럽의 가난한 소작농민들은 농사를 지어 수확한 후 턱없이 비싼 소작료를 내고 나면 남는 돈이 거의 없었다. 그 돈으로 살 수 있는 것이라고는 값싼 옥수수 가루밖에 없었다. 이들은 할 수 없이 '폴렌타'라는 옥수수 죽만 먹으며 연명했다. 그러나 옥수수만 섭취하는 식생활에는 심각한 문제가 있었다. 바로 '펠라그라'라는 병이었다. '펠라그라'는 옥수수만 먹으면 발생하는 영양실조 병이다. 피부병, 설사, 치매가 주요 증상인 이 병은 비타민B의 일종인 나이아신의 결핍 때문에 생긴다. 옥수수를 먹더라도 육류나 야채, 과일 등을 곁들여 먹으면 그렇게 치명적으로 발병하지는 않는다. 그런데 너무 가난했던 이탈리아 농민들은 다른 식재료를 살 돈이 없어 늘 옥수수 죽만 먹고 살았기에 옥수수가 도입된 다른 남부 유럽 지역에 비해 펠라그라 발병률이 높았다. 통계에 의하면 이탈리아에서 펠라그라 발병률이 최고조에 달했던 해는 1871년이다. 이탈리아의 해외 이민이 본격적으로 시작된 시기와 거의 일치한다.

지금도 엄마 찾는 마르코들

20세기 초에 펠라그라는 유럽에서 사라졌다. 그러나 대서양을 건너 미국에서 유행한다. 노예 해방 이후 임금노동자나 소작농이 되어 노예 때보다 더 영양 상태가 나빠진 흑인들 사이에서. 그리고 이 병은 20세기 후반부터 지금까지 아프리카 지역에서 여전히 유행하고 있다.

아프리카의 농민들이 펠라그라에 걸리는 이유는 물론 값싼 옥수수만 먹어서이다. 그런데 그들이 옥수수만 살 수밖에 없을 정도로 가난해진 것은 그들 탓이 아니다. 농사를 잘못 짓는다거나 게을러서가 아니다. 전통적 주식 작물 공급을 위한 농사짓기를 막고, 상업적 농작물 재배와 높은 소작료를 강요하는 지주들과 다국적 식품 회사들 때문이다. 마치 18세기 후반 남부 이탈리아의 지주들처럼. 그들은 열심히 농사를 지어도 돈을 만져볼 수 없기에 그들의 아내는 영양실조에 시달리는 가족들을 보다 못해 일자리를 찾아 외국으로 떠날 수밖에 없다. 마치 마르코의 엄마처럼. 그러기에 그들의 아이들은 오늘도 "엄마, 어디 계세요? 엄마, 보고 싶어요!"라고 그 옛날 〈엄마 찾아 삼만 리〉 만화영화의 주제가 가사와 같은 혼잣말을 하며 옥수수 죽을 먹고 울다 지쳐 잠든다.

이렇게 아프리카에서, 어쩌면 필리핀에서, 또 다른 어딘가에서 새로운 마르코들의 '엄마 찾아 삼만 리'는 지금도 진행 중이다. 그때나 지금이나 상황은 달라지지 않았기 때문이다. 좋은 명작동화는 이렇게 시간을 초월해 현실을 돌아보게 만드는 힘이 있다. 현대의 마르코들은 엄마를 찾아 지금은 몇 만 리를 갔을까.

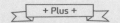

옥수수를 주식으로 먹는 인디오들이 펠라그라에 안 걸리는 이유

옥수수가 전파된 유럽과 미국 등지에서는 펠라그라가 발생했다. 그런데 옥수수 원산지이며 옥수수를 주식으로 먹는 중미의 원주민들은 이 병에 걸리지 않았다. 그 이유는 이렇다.

펠라그라는 비타민B에 속하는 나이아신의 결핍으로 발생하는 병이다. 원주민들은 전통적인 요리방식으로 이 결핍을 해결했다. 조개껍질을 갈아서 만든 생석회를 물에 풀고 옥수수 알갱이를 삼십 분 이상 담가두었다가 갈아서 만든 반죽으로 토르티야를 구웠다. 이 과정을 통해 생석회의 칼슘 성분을 흡수한 옥수수에는 특정 아미노산의 비율에 변화가 생기고 나이아신이 강화된다. 그래서 옥수수를 주식으로 먹으면서도 그들은 펠라그라에 걸리지 않게 된다.

하지만 옥수수를 가져간 유럽인들은 이 지혜를 야만인의 요리법이라고 얕잡아보고 배워가지 않았다. 결국 유럽인들은 펠라그라로 인해 엄청난 희생을 치르게 되었다. 또, 중앙아메리카의 원주민들은 옥수수 외에 야채를 많이 먹었기에 옥수수 죽만 먹던 가난한 유럽인이나 미국의 흑인들과 달리 비타민 결핍증에 걸리지 않았다.

플랜더스의 개는
어느 나라 개일까

~~~~~~~~~~~~~~~~~~~~~

★1556년 에스파냐 왕이 네덜란드를 상속받다
★1568년 네덜란드가 독립 전쟁을 시작하다
★1648년 네덜란드가 독립을 승인받다
★1839년 벨기에가 독립을 승인받다

30년 묵은 궁금증

초등학생 때 보았던 TV 만화영화 〈플랜더스의 개〉에 대해 친구랑 이야기한 적이 있다. 친구는 넬로와 파트라슈가 껴안고 죽는 마지막 회에서 펑펑 울었다고 한다. 다음날 학교에 갔을 때 반 아이들 모두 그 장면을 보고 운 이야기를 했다고 한다. 이야기를 마치고 친구는 '그런데 너는 어땠어?'라는 표정으로 날 바라보았지만, 아무리 생각해도 운 기억은 나지 않는다. 그냥 궁금했던 기억만 난다.

우선 플랜더스의 개가 도대체 어느 나라 개인지가 궁금했다. 세계지도를 아무리 찾아봐도 플랜더스라는 나라는 없었기 때문이다. 개를 군대에 보낼 것도, 국가대표 축구팀에 넣을 것도 아닌데 왜 나는 개의 국적 문제를 고민했을까? 또 넬로가 그렇게도 존경하던 루벤스라는 화가는 과연 어떤 인물인지, 미술관도 아닌 성당에 왜 명화가 걸려 있는지도 궁금했다. 그럼 지금부터 이 모든 궁금증에 대한 답을 찾아가보자.

부모를 잃은 넬로는 외할아버지와 같이 산다. 둘은 길을 가다가 술주정꾼 주인에게 매를 맞고 죽어가는 개 파트라슈를 구해준다. 몸이 회복된 파트라슈는 할아버지 대신 우유배달 수레를 끌어 보은을 한다. 넬로와 파트라슈는 매일 아침 함께 우유를 배달한다. 그림 그리는 데 소질이 있는 넬로는 친구 알루아즈를 그려주기도 한다. 그러나 부유한 풍차 방앗간집 주인인 알루아즈의 아버지 코제즈 영감은 가난한 넬로를 미워한다. 할아버지가 돌아가시고 집세를 못 내 집에서 쫓겨난 넬로는 미술대회에 출품한 작품도 낙선하자 절망에 빠진다. 눈길을 힘없이 걷다가 돈 주머니를 발견한다. 코제즈 영감의 전 재산이 들어 있는 주머니였다. 넬로는 주머니를 주인에게 돌려주며 파트라슈를 맡겼지만 파트라슈는 집에서 뛰쳐나와 넬로를 찾는다. 넬로는 성당에서 루벤스의 그림을 보고 있었다. 다음날 아침, 둘은 서로 꼭 껴안고 그림 앞에서 얼어 죽은 채 발견된다. 이 슬픈 모습을 본 사람들은 모두 눈물을 흘리며 넬로를 홀대했던 자신들의 잘못을 뉘우친다.

파트라슈의 국적은?

플랜더스의 개는 우리나라의 진돗개처럼 그 지방의 유명한 특산견이라고 한다. 플랜더스의 범위는 시대에 따라 계속 변해왔는

데, 소설의 시간 배경이 되던 시기에는 현재 프랑스 북부, 벨기에 서부, 네덜란드 남서부에 걸쳐 있었다. 북해에 접하여 북유럽과 대서양, 영국과 독일을 잇는 지역이다. 교통의 요지는 전략적으로 중요한 지역이기도 하기에 플랜더스 지역에는 늘 전쟁이 잦고 지배자가 자주 바뀌었다. 네덜란드와 벨기에로 독립하기 전까지는 에스파냐 합스부르크 왕가의 지배를 받았다.

작품 내에서 넬로의 할아버지가 상이군인 출신으로 설정된 것도 전쟁이 잦았던 이 지역의 역사와 관련이 있다. 플랜더스 사람들 중에서 검은 눈동자를 가진 사람들이 흔한 이유를 에스파냐 영토였기 때문이라고 작가가 작품 속에서 설명하는 것도 이 지역의 아픈 역사를 반영하는 부분이다. 만화영화에서든 동화책 삽화에서든 넬로는 금발에 파란 눈인 게르만 민족으로, 알루아즈는 갈색머리에 검은 눈인 라틴 민족으로 그려지는 것도 이런 역사적 이유가 있다. 아마 에스파냐계인 알루아즈 집안이 부유한 이유도 마찬가지 배경에서 나온 설정일 것이다.

에스파냐 지배자들은 지금의 네덜란드, 벨기에 지역에 가톨릭을 강요하고 무거운 세금을 부과했다. 여기에 맞서 네덜란드는 16세기에 오라녜 공작 빌럼(영어로는 오렌지 공 윌리엄이라 한다)의 지휘하에 전쟁을 치르고 에스파냐로부터 독립한다. 이후 1830년, 신교 국가인 네덜란드에서 가톨릭 신도가 많은 주는 벨기에로 따로 분리 독립했다. 그러므로 플랜더스의 개는 현재 벨기에 국적을 가진 셈이다. 『플랜더스의 개』 첫 페이지에 "그들이 사는 오두막집은 앤트

워프(네덜란드어로는 '안트베르펜')에서 5킬로미터쯤 떨어진 플랜더스 지방의 조그마한 마을 변두리에 있었습니다"라고 나와 있는데, 현재 안트베르펜은 벨기에에 속하니까 말이다. 아무리 삽화에서 알루아즈가 나막신을 신고 튤립을 들고 있는 전형적인 네덜란드 소녀로 그려져도, 플랜더스는 네덜란드가 아니라 벨기에에 속한다.

플랜더스 지방의 부익부, 빈익빈

플랜더스 지방은 플란넬 천이라는 모직물로 유명한 지역이었다. 이 지방은 모직물 산업을 바탕으로 해외 중계무역의 중심지로 발전했기에 일찌감치 자본주의가 발달했다. 현재의 네덜란드 지역에 근면성을 강조하며 경제활동을 장려했던 칼뱅파 개신교도들이 많은 점도 자본주의 발달의 한 요인이 되었다.

넬로와 파트라슈가 5킬로미터 떨어진 대도시 안트베르펜까지 우유를 배달한 것으로 보아 도시화도 상당히 진행되었다는 것을 엿볼 수 있다. 우유, 꽃, 채소를 생산하는 근교농업은 대도시 주변에서 발달하기 때문이다. 당시 대도시에는 상공업자들이 집중적으로 거주하여 경제활동을 했다. 그래서 다 같이 못 살던 일반적인 농촌과 달리 이 지역은 일찌감치 빈부차가 크게 벌어져 있었음을 짐작할 수 있다. 알루아즈 아빠가 넬로를 차별하고 가난하다며 같이 놀지도 못하게 했을 정도니 말이다.

작품 마지막을 읽어보면, 작가는 당시 기준으로는 상당히 강한 사회비판을 한 것 같다. 넬로와 파트라슈가 죽은 뒤 알루아즈의 아빠와 미술대회 심사를 맡은 화가가 뉘우치는 장면을 보자. 작가가 개를 매우 좋아해서인지 넬로에 대해 말한 부분보다 파트라슈에 대해 말한 부분이 더 비판적으로 보이기도 한다.

파트라슈와 같은 종류의 개들은 몇백 년 동안이나 플랜더스 지방에서 피나는 노동을 견디어왔습니다. 노예 중에서도 가장 비참한 노예였으며, 세상에 나서 죽을 때까지 사람에게 부려먹히는 슬픈 운명을 지니고 있었습니다. (중략)

앤트워프는 그들이 필요로 했던 모든 것을 이제야 베풀어주려고 했습니다. 그러나 그들에게는 이 세상에 살아서 고생하느니 차라리 죽는 편이 더 행복했습니다. 사랑과 믿음에 보답하려 하지 않는 이 무정한 세상에서, 죽음은 사랑에 충실한 개와 믿음이 굳은 소년의 목숨을 무참히 앗아간 것입니다.

소년의 팔이 개를 껴안고 있어서 아무리 해도 떼어놓을 수가 없었습니다. 마을 사람들은 자기들의 잘못을 하느님께 빌며, 넬로와 파트라슈가 한 무덤에 나란히 누워 잠들게 했습니다. 영원히 헤어지지 않도록….

슬픈 장면이다. 한편 죽어가면서도 넬로는 루벤스의 그림을 보고 행복을 느꼈을 것 같다. 루벤스의 그림을 보는 것은 화가 지망생인 넬로의 평생 소원이기 때문이다. 그런데 장막으로 가려놓고 돈을 내야만 보여줄 정도로 귀한 그림을 왜 미술관도 아닌 성당에 걸어 두었을까? 이때 돈을 내는 것은 성당이 타락해서 돈을 밝히기 때문이 아니다. 일반인들에게는 부담스러울 돈을 요구함으로써 신원이 확실하지 않은 사람들에게서 그림을 보호한다는 의미가 강하다.

종교 전쟁의 덕을 본 루벤스

이 시기 플랜더스 지역의 건축과 미술은 왕족, 귀족과 중산층 자본가들의 후원을 받아 눈부시게 발전했다. 미술사에서 '플랑드르 화파'라고 따로 묶어서 부르는 명칭이 있을 정도이다. 그런데 플랜더스 지역 화가들의 작품이 많이 창작된 이유가 뭘까? 일단 화가들에게 작품을 많이 주문할 만큼 이 지역이 경제적으로 넉넉했다는 것을 짐작할 수 있다. 경제 성장으로 여유가 생긴 후에야 예술을 후원할 수 있기 때문이다. 또한 예술품이 요즘처럼 투자의 목적으로 구입되지 않고 실용적으로 소비되었던 당시의 작품 구입 성향도 염두에 두어야 한다. 왕족, 귀족이나 부유한 시민은 벽에 걸어 장식을 하려는 의도로, 가톨릭 교회 측은 대다수가 문맹이었던 신자들에게 교리를 설명하고 신앙심을 북돋우려는 의도로 그림이나 조각 작품을 주문하곤 했다. 부유층에게 예술작품이란 어느 정도는 생필품이었다.

그런데 루벤스가 살던 시대에 특히 많은 작품들이 창작된 사실에는 또 다른 역사 배경이 있다. 이 시기는 많은 작품들을 계속 새로 주문해서 빈 공간에 다시 걸어야 할 정도로 전쟁으로 인한 파괴 행위가 빈번했다. 특히 1618년에서 48년까지는 유럽에서 벌어진 종교 전쟁 중 가장 참혹했던 30년전쟁이 벌어진 시기인데, 루벤스의 전성기와 거의 일치한다.

구교도와 신교도 국가들 사이에 벌어진 종교 전쟁 시기에 우상 숭배를 엄격히 꺼리는 신교도 병사들은 가톨릭 교회와 미술품들을 파괴하고 약탈한다. 한편 가톨릭의 총본산인 로마 바티칸에서는 알프스 이북의 종교개혁에 맞서 반종교개혁 운동을 벌이고 있었다. 실추당한 가톨릭의 위상을 회복하려는 것이 목적이었다. 반종교개혁 운동은 바로크(Baroque) 미술을 탄생시킨다. 로마 교황과 이탈리아의 귀족들, 가톨릭의 수호자를 자처했던 합스부르크 왕가에서는 보는 사람을 압도하는 웅대한 스케일과 구도, 화려한 장식과 과장된 표현을 특징으로 하는 종교화와 인물화를 앞다투어 주문해 가톨릭 세력의 건재를 만방에 알리려 했다.

넬로가 성당 안에서 죽어가면서 보던 그림인 〈십자가에서 내려지는 그리스도〉는 루벤스의 작품이다. 역동적인 사선 구도가 돋보이는 명작이다. 그런데 종교화치고는 이상한 점이 있다. 예수 그리스도가 처형당해 사망에 이르는 비극적 장면인데 뜻밖에도 예수의 신체는 너무나 우람한 근육질로 표현되어 있다. 이는 루벤스가 바로 과장과 위압감으로 가톨릭의 건재를 널리 알리려 한 바로크 미술의 대가였기 때문이다.

루벤스의 작품들은 지금도 벨기에 안트베르펜의 노트르담 성당에 있다. 성당 앞에는 루벤스의 동상도 있다고 한다. 루벤스는 안트베르펜의 저택에 작업장을 짓고 많은 문하생을 고용하여 마치 공장처럼 주문받은 작품들을 빠르게 생산한 것으로 유명하다. 그러므로 어떻게 보면, 루벤스는 유럽 종교 전쟁의 덕을 보았다고 말할 수도 있겠다. 물론 그의 작품 자체가 예술적으로 훌륭하기는 하지만.

넬로의 두 뺨은 눈물로 젖어 있었습니다. 휘장으로 가려진 그림 앞을 지나칠 때, 넬로는 그것을 뚫어지게 쳐다보다가 파트라슈에게 나직이 속삭였습니다.

"난 가난해서 돈을 치를 수 없기 때문에 저 그림을 볼 수 없단다. 정말 슬픈 일이야, 파트라슈! 그분이 저 그림을 그릴 때, 돈 없고 가난한 사람에게는 보이지 말라고 하셨을 리가 없었을 텐데도 말이야. 그분은 우리들에게 언제든지 보기를 원한다면 보여주리라 생각하셨을 거야. 아, 그런데도 저렇게 가려 두다니…아름다운 그림을 보이지 않게 덮어 두다니! 부자들이 와서 돈을 치르기 전에는 저 그림은 햇빛도 못 보고, 사람들 눈에 띄지도 않는단다. 저 그림을 한번만이라도 볼 수 있다면 죽어도 한이 없겠어."

그러나 넬로로서는 도저히 이룰 수 없는 소원이었고, 파트라슈로서도 어떻게 해볼 도리가 없는 일이었습니다. 이 영광스런 작품은 〈성모 승천〉과 〈십자가에서 내려지는 그리스도〉였습니다. 성당에서는 그 그림을 구경시키는 값으로 은화를 받고 있었습니다. 넬로와 파트라슈 같은 처지에서 그만한 돈을 벌기란 성당의 뾰족탑을 기어오르는 일만큼 어려운 일이었습니다.

안트베르펜 노트르담 성당의 내부 구조는 이렇다. 성당으로 들어가면 정면 제단 뒤에 〈성모 승천〉 그림이 있고 그 양 옆에 〈십자가에서 내려지는 그리스도〉와 〈십자가에 세워지는 그리스도〉가 있으며 정면의 제단에서 물러나서 고개를 들어보면 43미터 높이 중앙 돔 천정에 또 다른 〈성모 승천〉 천정화가 있다. 성당 측은 현재 관람객에게 2유로의 입장료를 받는다고 한다. 넬로 시절에 은화를 받듯이 말이다. 그리고 이 고딕 양식 성당의 첨탑 높이는 123미터라고 한다. 과연 넬로와 파트라슈가 성당의 뾰족탑을 기어오르기란 어려운 일이었으리라. 어쩌면 돈 벌기보다 더 어렵지 않았을까? 이래저래 슬픈 동화다.

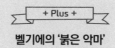

벨기에의 '붉은 악마'

앞에서 파트라슈의 국적을 궁금해하며 "개를 국가대표 축구팀에 넣을 것도 아닌데"라는 농담을 했다. 그런데 만약에 실제로 파트라슈를 국가대표 축구팀에 넣는다면 어느 팀에 들어갈까? 당연히 '붉은 악마'팀에 들어갈 것이다. 현재 플랜더스 지방이 속한 벨기에 팀의 별칭이 '붉은 악마(Diables Rouges)'이기 때문이다. 말 나온 김에 유럽 다른 나라의 축구 국가대표팀 별명에 담긴 역사적 유래도 살펴보자.

네덜란드 국가대표 축구팀의 별명은 '오렌지 군단'이다. 유니폼의 색이 오렌지색이어서 그렇다고 한다. 그런데 왜 네덜란드를 상징하는 색이 오렌지색이 된 것일까? 현재 네덜란드 왕실이 네덜란드 독립 전쟁의 영웅인 오라녜 공 빌럼의 후손이기 때문이다. 오라녜 가문의 조상은 원래 남프랑스의 오랑주(오렌지) 공국의 영주였는데 이 지역은 오렌지로 유명하다.

독일 대표팀이 '전차 군단'인 것은 제2차 대전 때 독일의 전차 군단이 프랑스의 동부전선인 마지노선을 돌파하고(엄밀히 말해서는 정면 돌파가 아니라 벨기에 쪽으로 돌아서 갔다) 다음 해에는 롬멜이 지휘하는 전차 군단이 북아프리카에서 영국 전차 부대와 싸워 크게 이겼던 역사에서 유래한다. 하지만 독일인들은 외국 언론이 자신들의 팀을 전차 군단이라 표현하는 것을 별로 좋아하지 않는다고 한다. 제2차 세계대전의 역사적 책임 때문이다.

이탈리아 대표팀은 파란색을 의미하는 이탈리아어 아주로(Azzurro)의 복수형을 사용한 '아주리 군단(the Azzurri)'이다. 뜻 그대로 파란색 유니폼 때문이다. 그런데 이상하지 않은가? 현재 이탈리아 공화국의 국기에는 파란색이 없는데 왜 파란색을 국가의 상징으로 사용하는 것일까? 1861년 이탈리아를 통일한 사르데냐 왕국의 주인인 사보이 왕가를 상징하는 색이 파란색이었기 때문이다. 이탈리아가 공화국이 되기 전 왕국 시절에 이미 국가대표 축구팀이 결성되었기에 당시 쓰던 대로 지금도 그냥 쓰고 있다.

잉글랜드 대표팀의 별칭은 '삼사자 군단(The Three Lions)'인데, 잉글랜드 축구협회의 엠블럼에 세 마리의 사자가 그려져 있어서 그렇다고들 알려져 있다. 황금빛 세 마리 사자는 원래 잉글랜드를 상징하는 문장이다. 특히 사자왕 리처드 1세의 문장으로 유명했기에 내 생각에는 용맹스런 중세 기사의 대명사였던 리처드 1세를 본받기 위한 의도가 아닐까 한다.

스페인 대표팀의 별명은 1588년 영국과 한판 붙은 그 무적함대의 이름에서 따왔다.

종이는 사람보다
참을성이 강하다

~~~~~~~~~~~~~~~~~~~~~~~~~~~~~~

★1933년 히틀러가 국민투표를 통해 총통이 되다
★1939년 독일이 제2차 세계대전을 일으키다
★1941년 나치가 유대인 전멸 계획을 추진하다
★1942년 안네가 일기를 쓰기 시작하다

동유럽 여행 중에 폴란드의 오시비엥침(독일어 지명은 '아우슈비츠')을 방문했던 날을 기억한다. 넓고 황량한 들판 한쪽에 위치한 주차장에 버스가 멈추자 사람들은 다들 카메라를 챙겨 내릴 준비를 했다. 나는 내부 견학을 포기하고 버스 안에 혼자 남아 있겠다고 우겼다. 햇빛 쨍쨍한 여름날에 버스 차창 밖으로 본 풍경도 사뭇 음산했기에 도저히 그 현장에 가볼 용기가 나지 않았다. 혼자 텅 빈 주차장에 있는 것이 더 무서울 거라는 충고에 엉거주춤 일어나 맨 끝으로 버스에서 내리긴 했다. 하지만 수용소 입구 상단의 "ARBEIT MACHT FREI(노동은 인간을 자유롭게 한다)"라는 나치의 구호를 보는 순간 내 다리는 후들거리기 시작했다. 아, 이런 곳에 어린 안네가 갇혀 있었구나!

유대인 학살과 안네의 가족

1942년, 네덜란드 암스테르담에 사는 유대인 소녀 안네 프랑크는 아버지에게 열세 살 생일 선물로 일기장을 받는다. 외로웠던 안네는 일기장에 '키티'라는 이름을 붙여주고 친구에게 말하듯 속마음을 기록한다. 나치를 피해 은신처에 숨어 있는 2년 동안 숨어 사는 고통과 전쟁의 공포는 물론, 엄마에 대한 사춘기 소녀다운 반항심과 또래 소년 피터에 대한 사랑의 감정도 섬세하게 일기에 적는다. 1944년 8월 4일 은신처가 발각되자 안네를 비롯한 8명의 은신처 사람들은 수용소로 끌려간다. 전쟁이 끝나고 은신처 식구들 중 안네의 아버지만 유일한 생존자가 되어 돌아온다. 안네의 아버지는 가족을 도와주던 미프 히스로부터 안네의 일기장을 건네받아 1947년에 일기를 출판한다. 작가가 되길 꿈꾸던 안네는 죽었지만 그녀의 일기는 영원히 살아남았다. 안네가 1942년 6월 20일 일기에 인용한 '종이는 사람보다 참을성이 강하다'라는 속담은 결국 옳았던 셈이다.

유대인들은 왜 수용소로 끌려가 학살당했을까? 유럽에 살던 유대인은 고대부터 중세까지는 주로 종교적인 이유에서 차별받았다. 19세기에 들어와 과학의 발전으로 유전학과 진화론이 탄생하자 이를 악용한 인종적 반유대주의가 등장했다. 유대인은 원래 열등한 종족이며 다른 유럽 민족의 순수함을 오염시키는 존재라는 주장이었다. 인종적 반유대주의는 곧 전 유럽에 확산되었다. 특히 독일의 경우 제1차 세계대전 이후 패전의 책임을 유대인에게 돌려서 상처 받은 민족적 자존심을 달래려는 움직임이 생겨났다. 독일 유대인 55만 명 가운데 10만 명이 1차 대전에 참전해 1만 2천 명이 전사했음에도 불구하고. 이렇듯 독일에서는 히틀러 집권 이전에 사회 불만의 원인을 유대인에게 돌리는 분위기가 형성되어 있었다. 대대적인 유대인 학살의 무대는 나치 등장 이전에 이미 토대가 마련되어 있었다.

독일은 국가 재정이 바닥난 상황에서 1929년 미국에서 시작된 대공황까지 겪게 되자 극심한 사회혼란에 빠진다. 혼란을 틈타 1933년 히틀러가 집권한다. 그해, 독일의 프랑크푸르트에서 살고 있었던 안네의 아버지 오토 프랑크는 정세의 흐름을 읽고 가족을 보호하기 위해 네덜란드로 이주한다. 군대를 키운 히틀러는 1938년에 오스트리아와 체코슬로바키아를 침략한다. 이어 1939년에 폴란드까지 침략하자 영국과 프랑스가 독일에 선전포고를 함으로써 제2차 세계대전이 시작된다.

히틀러와 나치 치하에서 유대인들은 총 5단계에 걸쳐 박해받았다. 1단계는 1933년 4월에 벌어진 유대인 보이콧 운동이다. 유대인이 독일 민족에 선전포고를 했다는 구실로 자행된 이 운동으로 인해 유대인은 모든 주요 공직에서 쫓겨났다. 2단계는 1935년 9월 나치 전당대회에서 공포한 '독일 제국 시민법과 혈통보호법', 즉 '뉘른베르크 법'의 제정으로 인한 공식적·법적 인종 차별의 시작이다. 유대인은 시민권을 빼앗기고 독일인과의 결혼이 금지되었으며 게토에 격리당했다. 이 법은 히틀러가 직접 서명했다. 이어서 1938년 말에 시작된 박해의 3단계에서는 유대인의 경제적 기반이 파괴당했다. 2차 세계대전과 함께 시작된 4단계에서 유대인은 집을 빼앗기고 식량을 배급받았으며 대중교통 이용이 금지되는 등 일상생활을 불가능하게 만드는 여러 금지 조치를 지켜야 했다. 1941년 9월 마지막 5단계에서는 노란 별 표식의 착용이 강제되었다. 더불어 유대인 강제 이송, 인종 학살 등이 대대적으로 실행되었다.

1942년 6월 20일 토요일

(중략) 1940년 5월이 되자, 갑자기 살기 좋은 시절이 사라져버렸어. 전쟁이 터지고 네덜란드가 항복을 하자 독일군이 들어온 거야. 이때부터 우리 유대인들에게는 고통스러운 시대가 시작되었어.

유대인은 노란 별표를 달고 다니게 되었어. 집에 있던 자전거는 모두 빼앗기고, 전차나 자동차도 탈 수 없게 되었단다. 가게에서 물건을 사는 것도 오후 3시부터 5시 사이에만 할 수 있어. 그것도 '유대인 상점'이라는 간판이 붙은 가게에만 들어갈 수 있지.

저녁 8시부터 아침 6시까지는 바깥에 나갈 수 없어. 심지어 자기 집 마당에도 나가면 안 된단다. 그뿐만 아니라 극장에도 갈 수 없고, 수영장이나 테니스장 등 운동 경기장에도 갈 수 없었어. 아이들은 유대인 학교에만 다녀야 하고, 크리스트교인과 친구가 될 수도 없어. 이것 말고도 금지한 것이 수없이 많아.

아버지 덕분에 다른 독일 유대인들과 달리 네덜란드로 망명하여 죽음의 공포에서 한 발짝 벗어나 있던 안네 가족에게도 유대인 박해는 현실로 다가왔다. 1940년 5월, 그동안 네덜란드의 중립을 보장하겠다던 히틀러가 약속을 깨고 네덜란드를 침공했기 때문이다. 불시에 기습당한 네덜란드는 5일 만에 항복한다. 정부와 왕가는 영국으로 망명하고 네덜란드는 독일 총독의 통치를 받게 되었다. 한동안은 큰 변화가 없었으나 1941년 초부터 네덜란드에서도 유대인 박해가 시작되었다. 이때부터 1944년 가을에 독일 점령에서 해방될 때까지 네덜란드 유대인 인구 14만 명 중 4분의 3이 추방당하거나 살해당했다. 안네의 가족은 네덜란드가 해방되기 직전인 1944년 8월에 은신처에서 발각되어 아우슈비츠로 끌려갔다. 언니와 함께 베르겐-벨젠 수용소로 옮겨진 안네는 언니가 죽자 큰 충격을 받고 1945년 3월 초쯤 영양실조와 장티푸스로 사망하고 만다. 그해 4월 30일 히틀러가 자살하고 5월 7일 독일이 연합군에 무조건 항복했던 사실을 생각하면 안타깝고 가슴 아프다.

『안네의 일기』, 더 나아가 읽어야 할 이유

암스테르담 프린센흐라흐트 263-267. 안네 프랑크가 살던 은신처가 있는 곳이다. 현재 이곳은 1년에 50만 명의 관광객이 찾는 박물관이다. 오래 줄을 선 뒤에 간신히 입장한 『안네의 일기』 독자들은 책장으로 위장된 그 유명한 문을 통해 은신처로 들어가 안네가 숨어 살던 작은 방을 보며 감동에 젖는다. 이곳에서 전문 역사가도, 성인도 아닌 한 소녀가 전시의 일상을 기록했다. 덕분에 우리는 전쟁 한복판의 삶을 구체적으로 읽고 전쟁 없는 세상을 소망하게 되었다. 박해받는 당사자의 역사가 기록으로 남는 것의 중요성을 알게 되었다. 안네가 쓴 일기는 2차 대전의 비극을 증언하는 가장 대중적인 1차 사료가 된 셈이다.

안네의 삶과 죽음, 2차 대전과 학살의 역사를 더 추적하는 사람들은 안네와 가족, 은신처 식구들이 비참하게 죽어간 아우슈비츠 수용소까지 방문하기도 한다. 그러나 그곳이 어떤 곳인지 다 알고 왔으면서도 막상 타고 온 차가 수용소 주차장에 들어서는 순간 내릴 것을 망설이게 되는 경우가 많다고 한다. 예전의 나처럼.

'ARBEIT MACHT FREI'라는 나치의 구호 밑을 통과하여 내부 견학 코스를 따라 걸을 때였다. 이제는 전시실이 된 수용소 내부에서 말로 설명할 수 없는 절망의 기운이 느껴지면서 계속 다리가 후들거렸다. 희생자들의 머리카락으로 짠 카펫 앞에서 끝내 나는 헛구역질을 하며 자리에 주저앉고 말았다. 『안네의 일기』를 통해 읽어서 알고 있던 것 이상의 충격을 받았기 때문이다. 일어나서 다음 수용소 건물로 들어갔다. 불임수술을 받은 집시 소년들의 사진들을 보았다. 깡마른 아이들의 팔에는 독일어 '군수품'의 약자가 쓰여 있었다. 생체실험을 당했던 그 집시 아이들은 그냥 군수품으로 취급당했던 것이다. 존엄성을 지닌 한 인간이 아니라. 나는 또 한번 충격을 받았다.

그날의 아우슈비츠 방문은 내 마음이 받아들일 수 있는 역사적 비극의 한계에 대해 고민해보게 만든 경험이었다. 그런데 이것이 반드시 나만의 개인적인 느낌일까? 제2차 세계대전과 나치의 만행, 학살에 대해 알고는 싶지만 더 생생하고 충격적 사실을 고발하는 수용소의 수기나 역사 자료들은 보기 힘들어 외면하는 나 같은 사람들이 바로 『안네의 일기』를 읽는 주된 독자들인 것은 아닐까? 나는 아우슈비츠 방문 이후 『안네의 일기』가 독자에게 적당히, 마음 불편하지 않을 수준의 독서 경험을 제공함으로써 더 큰 문제를 보지 못하게 만들고 있지는 않는가 하는 생각을 하게 되었다. 바로 이 점에 『안네의 일기』에서 더 나아가 읽어야 할 이유가 있다고 생각한다.

1942년 10월 9일 금요일

키티, 오늘은 슬픈 소식이 있어. 게슈타포가 유대인들을 마구 잡아들이고 있대. 그러고는 가축용 트럭에 실어 유대인 집단수용소로 보낸대. (중략) 그리고 그곳에 수용된 사람들은 여자도 머리를 빡빡 깎인 채 독가스로 죽음을 당한대.

위 인용 부분에서 알 수 있듯 『안네의 일기』에는 아우슈비츠를 비롯한 나치 치하 수용소의 현실과 학살에 대해 직접 경험을 바탕으로 한 고발은 없다. 나치의 만행과 전쟁 상황은 은신처에서 몰래 듣는 영국 라디오 방송과 어른들의 이야기를 통해 간접적으로 전해

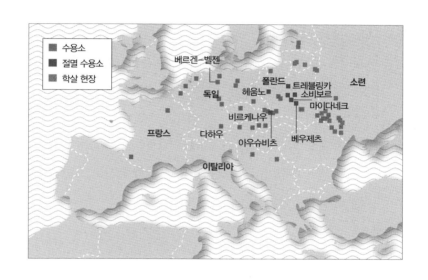

나치의 주요 수용소

진다. 안네가 발각되어 수용소로 끌려가기 전, 그러니까 직접 경험이 일어나기 직전에 일기는 끝나기 때문이다. 그래서 우리 독자들은 작가 지망생 소녀가 섬세하게 묘사한 은신처의 일상, 좁은 공간에 모여 살기에 갈등을 겪는 사람들에 대한 인물 묘사의 탁월함, 사춘기의 설레는 첫사랑의 감정과 약간의 전쟁 공포감까지만 읽게 된다. 언제나 수다스럽고 명랑한 그녀에게서 극단적인 상황에서도 꺾이지 않는 삶의 희망을 느낀다. 그리고 왠지 그녀가 악명 높은 아우슈비츠에서도 끝까지 살아남았을 거라고 착각하게 된다.

이뿐만 아니다. 『안네의 일기』가 너무도 유명한 나머지, 우리는 나치 독일이 유대인만 학살했다고 생각하게 된다. 자신들이 당한 일들을 세계에 하소연할 수조차 없었던 집시들의 존재는 알지도, 읽지도 못한 채. 정착하지 않는 민족이라 정확한 통계는 없지만, 일설에 의하면 100만 명의 집시들이 2차 세계대전 이후 유럽에서 사라졌다고 한다. 1935년의 뉘른베르크법은 유대인뿐만 아니라 집시에게도 적용되었기 때문이다. 또한 우리는 폴란드인이 겪은 일도 잘 모른다. 폴란드는 유럽 대륙의 철도노선 정중앙에 있는 지리적 위치 때문에 자신들의 땅을 죽음의 수용소로 이용당했으며, 유대인이 아님에도 200만 명이나 학살당했다.

인종 학살의 유구한 역사

더 큰 문제가 있다. 나치 독일이 자행한 유대인 학살이 너무도 유명한 나머지, 인종 학살이 단지 제2차 세계대전 당시 독일의 주도로 유럽에서만 일어난 일인 줄 알고 문제의 원인이 반유대주의 전통에만 있다고 착각할 수도 있다.

인종 학살의 역사는 길다. 특히 다른 대륙에 사는 다른 인종에 대한 대규모 학살은 서구인들의 아메리카, 아프리카 침략의 역사와 더불어 시작되었다. 15세기 말, 서구인들의 첫 식민지가 된 카나리아 군도의 원주민 8만 명은 단 1백 년 만에 지구상에서 자취를 감췄다. 같은 일이 19세기 오스트레일리아 대륙 옆의 태즈메이니아 섬의 원주민들에게는 불과 30년밖에 걸리지 않았다. 서구 침략자들은 자신들과 같은 인간으로 보지 않았기에 죄의식 없이 단순 오락 삼아 원주민들을 죽이기도 했다. 쿠바, 자메이카 등이 있는 카리브 해의 섬들은 이상하게도 아프리카 대륙과 멀리 떨어져 있는데도 흑인들의 나라이다. 섬에 살던 원주민들이 서구인 상륙 이후 학살과 전염병으로 인해 급격히 인구가 줄어들어 노동력이 부족해지자 강제로 아프리카인들을 데려와 그렇게 되었다. 북아메리카 대륙의 원주민들이 미국 건국 과정 내내 백인 이주자들에 의해 학살당하고 원 거주지에서 내몰린 결과 많은 부족들이 사라지게 된 것은 위의 예들보다 유명한 역사적 사실이다. 또한 최근 세계 곳곳의 내전 지역에서도 민족이나 종교 문제를 핑계로 얼마나 많은 인종 학살이 벌어지고 있는가.

이렇듯, 이민족 학살의 역사는 슬프게도 유구한 전통과 역사를 갖고 있다. 단순히 히틀러라는 한 악인의 출현으로 인류 역사상 우연히 2차 대전 당시에 딱 한 번만 벌어진 일이 아니다.

　『안네의 일기』를 읽은 독자들은 이 책에서 안네와 안네의 가족이 겪는 비극만 보지 않았으면 한다. 어떤 한 인간의 무리가 다른 인간의 무리를 말도 안 되는 이유로 학살하는 끔찍한 역사가 왜 발생하고 계속 반복되는지를 생각해보기를 바란다. 유대인 학살 사건은 인류 전체에 공통적으로 내재해 있었던 어떤 폭력의 전통이 히틀러와 나치즘을 계기로 폭발했을 뿐인 사건인지도 모르기 때문이다.

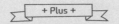
왜 나치는 유대인들에게 노란 별을 달게 했을까?

나치는 1941년 9월 1일에 '독일의 유대인 식별에 관한 경찰 명령'을 발표한다. 이에 따라 6세 이상의 유대인들은 노란 별을 달지 않고 공적인 자리에 모습을 드러내는 것을 금지당한다. 노란 별은 노란색 헝겊 위에 검은색으로 육각형 별과 Jude('유대인'이라는 독일어)라는 글자를 수놓은 표식을 말한다. 유대인들은 이 유대의 별이 잘 보이도록 의복의 왼쪽 가슴에 꿰매야 했다.

육각별은 정삼각형과 역삼각형을 겹쳐 만든 것으로 유대교에서는 '다윗의 별'이라 부른다. 원래 '다윗의 방패(Magen David)'를 의미하는 이 별은 '신의 수호'를 상징하는 유대인의 상징이다. 다윗 왕의 아들 솔로몬 왕은 다윗의 별을 유대 왕가의 문장으로 삼았다. 현재 이스라엘 공화국 깃발에도 이 별이 있다. 그러나 나치는 이를 유대인 차별과 박해에 이용했다.

나치가 다른 색도 아니고 노란 바탕색 위에 별을 그리게 했다는 점에서 중세부터 내려온 유대인 차별의 역사도 알 수 있다. 1267년 빈의 성무원(聖務院, 기독교의 최상위 입법기관)은 한눈에 알아볼 수 있도록 유대인에게 노란색의 뾰족한 모자를 쓰게 했다. 이후에는 모자 대신에 도넛 모양의 노란 천을 옷에 달게 했다. 이렇게 눈에 확 띄는 노란색은 역사적으로 유럽에서 차별민을 상징하는 색이었다. 독일이 점령한 지역에 살고 있던 집시도 '집시'라고 쓰인 완장을 차야 했다. 역시 노란색이었다.

태어나지 말았어야 할 사람은 없어, 제제!

~~~~~~

★1500년 포르투갈 원정대가 브라질에 상륙하다
★1538년 아프리카인들이 브라질로 끌려오다
★1550년 포르투갈이 서유럽 설탕무역을 독점하다
★1888년 포르투갈이 노예제를 폐지하다

펑펑 울면서 읽은 책

『나의 라임오렌지나무』를 생각하면 코끝이 찡하다. 내내 눈물을 흘리면서 책을 읽던 기억이 떠오른다. 어린 나는 제제 가족의 가난이 가슴 아프고 슬펐다. 한편으로는 답답했다. 제제네 가족의 불행의 원인에는 책에 나온 가난이나 아빠의 실업 말고 거대한 무언가가 있을 것 같은데, 당시의 내게는 보이지 않았기 때문이었다.

제제는 장난이 심하여 어른들에게 매를 맞는 경우가 많지만 착한 아이다. 이사한 후 제제는 작은 라임오렌지나무에게 '밍기뉴'라는 이름을 붙이고 말을 건넨다. 제제네 집은 아빠가 실업자여서 엄마랑 누나가 공장에 나가 일하지만 크리스마스 날 선물을 받기는커녕 제대로 된 식사도 못할 정도로 가난하다. 착한 제제는 가난한 아빠를 원망하기도 하지만 곧 뉘우친다. 포르투갈 사람인 부자 아저씨를 만나 친구가 되면서 마음의 위안을 얻지만, 아저씨는 기차 사고로 세상을 떠난다. 제제는 충격을 받아 심하게 앓는다. 회복된 제제는 라임오렌지나무를 베어버린다. 그는 이제 더 이상 어린이가 아닌 것이다.

브라질 초등학교 교과서에도 실렸다는 국민소설 『나의 라임오렌지나무』 줄거리는 위와 같다. 아래는 작품에서 두 군데를 그대로 인용했다.

"네 말대로라면 우리 식구들은 거의 모두 좋은 사람들이잖아. 그런데 왜 아기 예수는 우리에게 잘해주지 않느냔 말야! 화울라베르 박사 댁에 가봐. 커다란 식탁이 항상 먹을 것으로 가득 차 있어. 빌라스 보아스 댁도 그래. 라이문드 빠스 박사 댁은 더 말할 것도 없고."

난 처음으로 또또까 형이 울고 있는 것을 보았다.

"그래서 난 아기 예수가 마구간에서 태어난 건 가난한 사람으로 태어난 것처럼 보이기 위해서였을 뿐이라고 생각해. 더 큰 예수는 부자들이 더 소중하다고 생각하는 거야. 이제 이런 얘긴 그만두자. 이런 말하면 죄가 된대."

"아빠는 연세가 많으셔서 일자릴 얻지 못하시는 거예요. 그래서 아빠가 몹시 괴로워하신다는 것도 알고 있어요. 그래서 엄마는 우리들을 먹여 살리기 위해 새벽부터 영국인 방직공장에 나가 일을 하세요. 실타

래를 메고 일하시다가 곪아서 붕대를 감고 다닌 적도 있었어요. 랄라 누나는 책도 많이 읽고 공부도 잘했지만 지금은 공장에서 일하는 처지가 됐어요."

제제네는 도대체 왜 이렇게나 가난할까? 기독교 국가 최고의 명절인 성탄절에도 그 흔한 칠면조는커녕 겨우 포도주에 적신 빵 한 조각을 먹다니! 소설 속에서는 그저 아버지가 나이가 많은 실업자이기 때문이라고 나오지만 무언가 말하지 않은 것이 있는 느낌이다. 또 소설을 읽어보면 브라질 사람이라고 다 가난한 것도 아니다. 제제와 같은 반 친구 중에는 부자 아이도 있다. 마을의 의사 선생님도, 포르투가 아저씨도 부자다. 왜 제제네만 가난해서 어린 나를 그렇게 목메어 울게 만들었을까? 어른이 되어 역사책 좀 읽고 이 질문 앞에 다시 서니, 문득 '팡 지 아수카르' 산이 떠오른다.

설탕 빵으로 된 산

거기에서 우리는 팡 지 아수카르를 오르내리는 케이블카 놀이를 하곤 했다. 끈에 단추들을 꿰어서 노는 놀이인데, 에드문드 아저씨는 끈을 줄이라고 말씀하셨다.

'팡 지 아수카르'는 '설탕 빵'이라는 뜻으로, 브라질의 리우데자

네이루에 있는 산의 이름이다. 이 산의 이름에 바로 제제네의 가난에 대한 답이 있다.

지금처럼 비만과 성인병의 원흉으로 여겨지기 이전에, 설탕은 유럽에서 거의 같은 무게의 은과 교환될 만큼 비싼 무역품이었다. 이슬람 상인들은 더운 지방에서 자라는 사탕수수로 만든 설탕을 유럽에 전해주었다. 에스파냐어로 설탕이 아수카르(azucar)라는 사실은 포르투갈, 에스파냐가 있는 이베리아 반도와 지중해 건너 북아프리카의 이슬람 세계 사이에 빈번한 교류가 있었음을 보여준다. 설탕의 아랍어는 알수카르(alzucar)인데 이슬람과 가까운 에스파냐, 포르투갈은 거의 아랍어 그대로 사용하고 있지만, 이슬람과 먼 지역에서는 영어의 슈거(sugar)에서 알 수 있듯 아랍어에서 많이 변형되었기 때문이다. 사탕수수 재배법을 알아낸 에스파냐 사람들은 대서양 앞에 있는 카나리아 섬을 정복한 뒤에 이슬람에서 들여온 사탕수수를 심어 설탕을 만들었는데, 생산량이 많지 않았다. 그래서 16세기까지 설탕은 매우 귀해 약재로 쓰였다.

포르투갈 사람들이 브라질의 북동부 해안에서 대규모로 사탕수수를 재배하기 시작하는 17세기에 들어오면서 설탕은 대중화되기 시작한다. 곧이어 에스파냐 사람들도 서인도 제도에서 사탕수수 재배를 시작한다. 하지만 사탕수수 농장에는 막대한 노동력이 필요했다. 당연히 유럽에서 건너간 침략자들은 혹독한 노동을 하려 들지 않았다. 현지인들을 잡아다 시키고 싶었건만, 이미 현지의 인디오들은 유럽인들이 가져온 전염병과 가혹한 노동착취로 인구가 급격

북아메리카

잉글랜드

포르투갈   스페인

자메이카

바베이도스

아프리카

브라질
남아메리카

노예 무역

히 줄어 있었다.

이에 유럽인 지배자들은 아프리카인들을 서인도 제도와 브라질 등에 강제로 데려왔다. 북아메리카 남부의 목화 농장에서만 흑인 노예들을 부렸던 것은 아니었다. 이 시기 무역과 관련된 문서들을 보면 설탕은 '흰 화물', 노예는 '검은 화물'로 기록되어 있을 정도로 흑인 노예 무역은 보편적이었다. 특히 브라질을 차지한 포르투갈인 들은 에스파냐의 경우처럼 금은 광산을 찾지 못했기에 이익을 뽑아내기 위해 더욱더 흑인 노예를 이용한 사탕수수 대농장 경영에 열중했다. 사회 교과서에 나오는 '플랜테이션 농업'이 바로 이런 대농장 경영을 말한다. 단일한 상품 작물을 선진국이나 다국적 기업의 자본으로 현지인이나 흑인 노예의 저렴한 노동력을 이용하여 식민지나 제3세계에서 재배하는 것 말이다. 그래서 사탕수수 플랜테이션이 발달했던 브라질은 다른 라틴아메리카 국가보다 흑인이나 흑인 혼혈 인구의 비율이 높다. 총 인구의 45퍼센트나 차지한다.

19세기 후반까지 설탕은 가루나 각설탕이 아니라 끝이 둥근 고깔 모양의 덩어리로 만들어 팔았다. 세계 곳곳에 설탕 덩어리와 닮았다 하여 슈거로프(Sugar Loaf)라고 불리는 산이 많은 이유다. 이중 가장 유명한 산은 리우 데 자네이로의 '팡 지 아수카르'다. 이렇듯 브라질은 세계 최대의 설탕 생산지였기에 현재까지 이어지는 흑인과 혼혈인들의 빈곤 문제, 도시 빈민 문제가 생겨나기도 했다.

제제의 엄마는 인디오

지금 편의상 '라틴아메리카'와 '인디오'라는 용어를 사용하고는 있지만 이게 정당한 용어라고 생각하지 않는다. 멕시코부터 이남의 국가들을 라틴아메리카라고 부르는 이유는 이곳이 과거 스페인과 포르투갈의 식민지였기 때문이다. 스페인과 포르투갈은 남유럽 라틴 인종에 속하고, 이들의 언어가 과거 라틴어에서 갈려 나왔기 때문에 이 두 나라의 식민지배를 받은 지역을 '라틴아메리카'라고 부른다. 이는 프랑스의 나폴레옹 3세가 영국에 대항해 남아메리카 지역에 대한 유럽 라틴 인종의 종주권을 강조하려고 학자들을 동원해 만든 신조어이다. 하지만 이 말은 아메리카 대륙의 역사에 큰 기여를 한 흑인들의 업적과 인구 비율을 제대로 보여주지 못한다. 그래서 일부 학자들은 라틴아메리카를 '라틴아프로아메리카'로 불러야 한다고 주장하기도 한다.

인디오라는 말 또한 문제가 있다. 1492년에 콜럼버스가 도달한 땅이 인도인 줄 알았던 유럽인들은 나중에 그곳이 인도가 아닌 신대륙임을 알게 되자 진짜 인도는 '동인도', 신대륙의 카리브 해 일대는 '서인도'라 불렀다. 그래서 유럽 각국의 아시아 무역 회사들이 인도 동쪽 해안에 있는 것도 아닌데 모두 '동인도회사'라고 불리게 된다. 심지어 인도네시아에 있는 네덜란드 회사도 동인도회사라고 불렸다. 이에 따라 아메리카 대륙의 원주민들도 원조 인도인과 마찬가지로 모두 인도인이 되어버렸다. 각기 자국어 발음에 따라 영국인들은 북미 원주민을 '인디언'으로, 에스파냐인과 포르투갈인들은 중남미 원주민들을 '인디오'로 불렀기 때문이었다. 그래서 우리나라도 라틴아메리카 원주민들을 인디오라고 표기하는 경우가 많다. 이런 사정이 있기는 하지만 이 글에서는 포르투갈 등 라틴계 유럽 세력의 영향을 다루고 있기에 그대로 쓰고 있음을 밝힌다.

라틴아메리카 대륙으로 온 에스파냐와 포르투갈 남성들은 이베리아 반도의 이슬람교도들과 싸우면서 민족적 정체성을 키워왔기에 인종적 편견이 매우 심했다. 그러나 여러 가지 현실적 필요로 인해, 혹은 강제로 현지 인디오 여성들과 결합한다. 이 사이에 태어난 백인과 인디오 사이의 혼혈을 '메스티소(Mestizo)'라고 부른다. 이들은 브라질과 서인도 제도를 제외한 라틴아메리카 인구의 대다수를 차지한다. 하지만 백인 남성들은 어느 정도 재산을 모으고 기반을 잡은 후에는 같은 백인 여성과 정식 결혼을 하여 후손을 남겼다. 이들 식민 본국 이민자의 후손을 '크리오요(Criollo)'라고 하는데, 현재 라틴아메리카의 지배계층이다. 그리고 백인과 아프리카인 사이의 혼혈인은 '물라토(Mulato)', 인디오와 아프리카인 사이의 혼혈인은 '삼보(Sambo)'라고 부른다. 앞서 말했듯이 브라질은 사탕수수 산업 때문에 아프리카 출신 흑인 노예 후손들의 인구 비율이 다른 라틴아메리카 국가들보다 높다.

19세기에 들어서서 1821년에서 1822년 사이에 라틴아메리카의 크리오요들은 식민 본국 정부의 간섭에 반발하여 독립운동에 나선다. 미국의 독립과 프랑스 혁명의 영향을 받기도 했다. 마침 나폴레옹이 에스파냐와 포르투갈이 있는 이베리아 반도를 침략해서 본국이 전쟁을 하느라 식민지에 대한 간섭이 느슨해지자 그 틈에 라틴아메리카의 식민지들은 비교적 쉽게 독립할 수 있었다.

그러나 사병을 거느린 부유한 크리오요들이 신생국가의 권력을 독점하게 되면서 불안한 정치와 불평등한 경제 구조로 인해 각국에는 문제가 생긴다. 이 문제는 현재까지 이어지고 있다. 크리오요들이 대토지를 소유하면서 농촌지역의 가난한 혼혈인들은 땅을 빼앗기고 대도시 주변부로 흘러들어와 임금 노동자가 된다. 도시에 집중된 과잉 예비인력은 실업과 낮은 임금에 시달릴 수밖에 없었다. 교육도 제대로 받지 못했기에 부모의 가난은 자식에게로 대물림되었다. 제제네의 가난에는 이런 역사적 원인이 있었다.

"아저씨는 우리 엄마를 한번도 못 보셨죠? 엄마는 인디언이에요. 전 인디언의 아들이구요. 우리 집 형제들은 모두 인디언의 피를 절반씩 물려받은 거죠."

"그런데 네 피부는 하얗구나. 게다가 머리도 금발이고."

"그건 포르투갈인의 피가 섞였기 때문이에요. 하지만 어머니는 갈색 피부와 아주 까만 생머리를 가진 인디언이세요."

나는 엄마가 몹시 불쌍해 보였다. 일하기 위해 태어나신 게 아닐까 하는 생각이 들 정도로 어머닌 지금까지 일만 하셨다. 여섯 살 때부터 공장에서 일을 하셨다고 한다. 그때 어머닌 너무 어려서 책상을 닦으려면 책상에 올라가서 닦으셨다고 한다. 학교에는 물론 가보지도 못했고, 글 읽기를 배운 적도 없다고 하셨다.

"네, 선생님. 도로띨리아는 저보다 더 가난해요. 다른 아이들은 그 애가 깜둥이에다 가난뱅이라면서 같이 놀려고도 하지 않아요. 그래서 그 애는 매일 구석에 혼자 웅크리고 앉아 있기만 해요. 전 선생님께서 주신 돈으로 산 과자도 그 애하고 나눠 먹었어요."

가난한 제제는 엄마가 인디오인 혼혈인이었고, 제제보다 더 가난한 친구 도로띨리아는 흑인이었다. 이들 혼혈인들의 빈곤 문제는 500년이나 전부터 에스파냐, 포르투갈 지배자들이 브라질을 비롯한 라틴아메리카 전체에 만들어놓은 역사적 · 구조적인 문제였다.

왜 아저씨는 '포르투가'인가?

"얘야, 넌 세상에서 간이 가장 큰 녀석이다. 날 '포르투가'라고 부르고 싶은 거지, 안 그래?"
"그러면 더욱 친해질 거예요."

소설 속에서 제제는 아저씨를 '포르투가'라고 부른다. 이는 포르투갈인을 비하하는 호칭이라고 한다. 그런데 왜 아저씨는 포르투갈 사람일까? 중고교 시절 세계사 시험을 보면, 다른 라틴아메리카 국가들은 전부 에스파냐어를 쓰는데 브라질만 포르투갈어를 쓰는 것에 대한 문제가 꼭 나왔던 기억이 난다. 왜 라틴아메리카 국가들

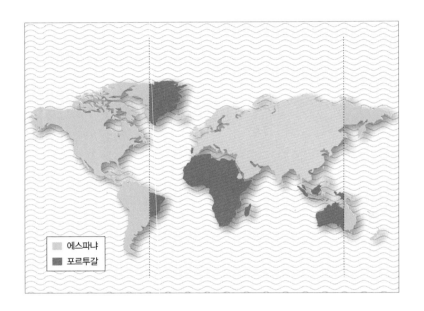

토르데시야스 조약

에스파냐
포르투갈

토르데시야스 조약

중에 브라질만 포르투갈의 지배를 받았을까?

1492년 콜럼버스의 신대륙 상륙 이후, 에스파냐와 포르투갈은 아메리카 대륙의 소유권을 놓고 분쟁을 벌였다. 이에 당시 교황인 알렉산데르 6세가 조정에 나선다. 아프리카 서쪽으로 100리그(League, 약 500킬로미터) 지점을 지나는 자오선을 경계로 서쪽은 에스파냐의 영토, 동쪽은 포르투갈의 영토로 인정해준 것이다. 그러나 이는 에스파냐에게만 일방적으로 유리했기에 포르투갈은 계속 강력히 항의한다. 1494년, 교황은 이 경계선을 서쪽으로 370리그(약 1,850킬로미터) 더 옮겨주었다. 이 조약이 스페인의 작은 마을인 토르데시야스에서 체결되었기에 토르데시야스 조약이라고 부른다. 이에 따라 브라질만 라틴아메리카에서 포르투갈령이 되었기에 현재까지 브라질은 라틴아메리카에서 유일하게 포르투갈어를 쓰고 있다.

다시 팡 지 아수카르로 돌아가보자. 제제와 동생 루이스는 팡 지 아수카르 산에 케이블카를 타러 가는 부유한 백인 가족들을 보면서 고픈 배를 움켜쥐고 무슨 생각을 했을까. 어릴 적 나는 이 산의 이름이 이국적이어서 멋지다고 생각했다. 초등학교 실과 시간이나 중학교 가정 시간에 단추 달기를 할 때마다 멋도 모르고 실 끝에 알록달록 단추들을 쪼로록 꿰며 속으로 '팡 지 아수카르'라고 읊어보곤 했다. 팡 지 아수카르, 지금은 그 슬픈 역사를 알게 되었기에 이따금 떨어진 단추를 달다 발음해보면 마음이 아프다. 『나의 라임 오렌지나무』는 여전히 나를 울리는 책이다.

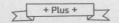

남미 지역에 백인과 원주민 사이의 혼혈인이 많은 이유

북아메리카의 경우 백인 지배자와 원주민 사이에서 남아메리카처럼 대규모로 혼혈인이 탄생하지 않았다. 그 이유는 무엇일까?

북아메리카 지역의 백인들은 신앙의 자유를 찾아, 혹은 농토와 일자리를 찾아 가족 단위로 이주하여 식민지 개척에 나선 경우가 많았다. 반면 중앙아메리카와 남아메리카 지역으로 건너온 에스파냐와 포르투갈의 백인들은 미혼 남자 혼자 인생 역전을 꿈꾸며 대서양을 건너오는 경우가 많았다. 홀몸인 이들은 재산을 모으면 고국으로 돌아가거나 본국에서 신붓감을 데려오거나 아니면 이미 현지에 와 있는 백인 여성과 정식으로 결혼할 생각이었다. 그래서 정식 결혼을 하지 않고 인디오 여성들을 성적으로 착취했다. 이 과정에서 백인 남성 지배자와 원주민 여성 사이에 혼혈인들이 태어났다.

또 북아메리카 원주민들과 중앙, 남아메리카 원주민들의 생활방식도 서로 달랐다. 북아메리카 인디언들은 농경 정착 생활을 하는 남아메리카 인디오와 달리 이동 유목 수렵 생활을 했다. 그래서 북아메리카의 백인 남성들은 현지 원주민들을 대농장의 노예로 부리는 등의 방법으로 인디언 여성과 정기적으로 가까이 접촉할 수가 없었다. 남미의 경우는 달랐다. 정복 초기, 에스파냐 왕실은 직접 지배 대신 현지에 간 에스파냐인에게 일정한 수의 원주민을 위탁하여 간접적으로 이윤을 챙겼다. 이를 위탁제도(Encomienda)라 한다. 왕실의 위탁을 받은 사람은 원주민을 보호하고 가톨릭 신앙으로 인도하는 의무를 지는 반면, 무임금으로 원주민의 노동력을 농장이나 광산에 동원할 수 있다. 이런 백인들의 대농장에서 노동을 하거나 저택에서 가사노동을 하는 과정에서 백인 지배자 남성은 원주민 여성과 일상적인 접촉이 가능했다. 그 결과 반강제로, 혹은 폭력에 의해 많은 메스티소들이 태어났다.

백인 지배자들이 혼혈인구가 늘어나는 현상을 좋게 본 것은 당연히 아니었다. 정복 초기가 지나고 도시와 마을이 세워지자 에스파냐인들은 거주 공간을 에스파냐 공화국과 인디오 공화국으로 분리하여 자신들의 혈통을 지키려고 했다. 그러나 이 분리 정책은 당시 실정과 전혀 맞지 않았다. 1560년 당시 멕시코시티의 경우, 에스파냐인은 1만 명인 데 반해 인디오는 10만 명이었다. 아무리 분리한다고 한들 에스파냐 지배자의 편리한 생활을 위해 한 집에 거주하며 가사노동을 맡아 해주는 인디오 여성들은 여전히 필요했기에 혼혈인이 탄생할 접촉 기회를 완전히 막을 수 없었다. 백인 지배자 남성들에게 성적으로 시달린 가난한 인디오 여성들은 같은 인디오 남성들에게는 칭가다(chingada, 창녀)라고 멸시받는 이중고를 겪으며 현재 2억 명이 넘는 혼혈인, 메스티소들의 어머니가 되었다.

그래서 현재 멕시코 사람들은 자신들을 비하하며 일컬을 때에 이렇게 외친다고 한다. "Viva México, hijos de la chingada(멕시코 만세, 창녀의 자식들!)." 이 구호의 역사적 근거를 따져 올라가면 정복자 코르테스가 등장한다. 코르테스가 멕시코 정복에 나선 1519년, 마야의 추장들은 코르테스에게 값진 선물과 더불어 여자 20명을 준다. 이 가운데 말린체란 여성이 코르테스의 통역 겸 현지처가 된다. 코르테스는 나중에 같은 에스파냐 여성과 정식 결혼을 한다. 결국 이 코르테스와 에스파냐 부인 사이의 자식이 '크리오요'가 되고, 코르테스와 말린체 사이의 자식이 혼혈인인 '메스티소'의 조상이 되는 셈이다. 그리고 정확히 말하면, '칭가다'는 창녀가 아니라 강간당한 여자, 능욕당한 여자다.

다른 신데렐라를
만날 권리

~~~~~~~~~~~~~~~~~~~~~~~~~~~~~~~~~~~~

★1697년 샤를 페로가 「상드리용」을 발표하다
★1812년 그림 형제가 「아셴푸틀」을 발표하다
★1950년 디즈니의 〈신데렐라〉가 흥행에 성공하다

2014년 1월, 갑자기 내 핸드폰은 바빠졌다. 애니메이션 〈겨울왕
국〉을 본 친구들이 극장을 나오자마자 내게 전화하곤 했기 때문이
었다. 영화를 보니 내 생각이 났다고 하는데, 엘사의 박력 있는 노
래를 듣고 나를 떠올린 것은 아니었다. 올라프의 귀여움을 보고 내
가 보고 싶어진 것도 물론 아니었다. 친구들은 한스 왕자를 보고 내
가 2013년 1월에 낸 이 책『백마 탄 왕자들은 왜 그렇게 떠돌아다
닐까』가 생각났다고 한다. 바로, 한스 왕자에게 열두 명의 형이 있
기에 여왕이 될 공주를 찾으려고 했다는 대사에서. 그러고 보니 〈겨
울왕국〉은 왕자가 공주를 구하여 결혼하는 도식을 깬 것으로도, 백
마 탄 왕자의 정체가 백마 탄 백수라는 것을 알려줘서 동심을 파괴
한 것으로도 의의가 있는 애니메이션이다.

한스 왕자의 경우처럼, 백마 탄 왕자가 공주를 만나 결혼하는

이야기는 역사적으로 볼 때 원래는 남자가 결혼으로 신분 안정을 꾀하는 이야기이다. 그런데 '백마 탄 왕자를 기다린다'는 표현은 여성이 수동적으로 남성의 구원을 기다리거나 신분 상승할 기회를 찾는 의미로 쓰이고 있다. 「신데렐라」도 마찬가지로 천한 신분의 여성이 왕자와 결혼해서 인생 역전하는 이야기로 보기도 한다. 과연 그럴까?

원래는 인간 성숙의 이야기

지금까지 발견된 것 중 가장 오래된 신데렐라 이야기는 9세기 중국 당나라의 수필집인 『유양잡조(酉陽雜俎)』에 '섭한'이란 이름으로 등장한다. 이 이야기는 중국에서 서아시아 지역을 거쳐 유럽으로 퍼졌다고 연구자들은 말한다. 그러나 현재까지 발견된 것 중 가장 오래전에 기록된 이야기가 중국본이기에 그렇게 볼 뿐, 신데렐라 이야기의 기원이나 전파에 대한 정설은 없다. 유라시아 대륙에는 민족마다 조금씩 다른 신데렐라 이야기가 퍼져 있다는 것만 확실하다. 우리나라의 「콩쥐팥쥐」를 비롯하여 전 세계에는 1000여 종이 넘는 신데렐라 이야기가 있다. 유럽의 신데렐라 이야기도 500여 종이 넘는데, 페로가 기록한 「상드리용」과 그림 형제가 기록한 「아셴푸틀」이 대표적이다.

독일의 그림 형제가 1812년에 정리한 신데렐라 이야기인 「아셴푸틀」의 내용은 이렇다.

'아셴푸틀'은 '재투성이'라는 뜻이다. 아셴푸틀은 어머니가 세상을 떠난 후 잿더미 위에서 살며 계모와 두 언니가 시키는 대로 일한다. 그녀는 어머니의 무덤에 개암나무 가지를 심어놓고 하염없이 울었다. 눈물을 먹은 나뭇가지는 점점 자라 큰 나무가 되었다. 무덤에 갈 때마다 하얀 새가 와서 그녀가 원하는 것을 떨어뜨려주었다. 왕자의 신붓감을 고르기 위한 무도회가 열렸다. 계모는 잿더미 속에 콩 한 말을 붓고 그 콩들을 다시 골라낸 후에 가라고 한다. 아셴푸틀은 비둘기와 다른 새들의 도움으로 일을 해낸다. 그리고 무덤가에 가서 기도하자 하얀 새가 드레스와 구두를 던져주었다. 무도회에서 만난 왕자는 그녀에게 반하지만 아셴푸틀은 도망쳐 원래의 더러운 옷으로 갈아입고 숨어버린다. 무도회 둘째 날에도 도망친다. 셋째 날, 계단에 송진을 발라놓은 왕자는 구두 한 짝을 손에 넣는다. 구두를 들고 직접 그녀를 찾아나선 왕자는 아셴푸틀의 집에도 온다. 새언니들의 발은 커서 구두에 들어가지 않는다. 계모는 발을 잘라내고 신을 신으라고 한다. 두 언니가 차례로 왕자의 신부가 될 뻔했지만 새들이 알려준다. 왕자는 드디어 아셴푸틀을 만난다. 그녀가 누더기를 입은 채로 나타나도 당황하지 않고 청혼한다. 둘은 결혼하고 두 언니는 아셴푸틀의 결혼식 날 새들에게 눈을 쪼여서 장님이 된다.

「아셴푸틀」에는 의미심장한 요소들이 많다. 우선 계모와 새언니들의 구박은 부모의 사랑을 얻기 위해 성장기에 형제자매 간에 극심한 경쟁과 갈등을 겪는 상황을 의미한다. 실제 계모와 새언니들로 보아도 좋다. 근대 이전 사망률은 지금보다 높았기에 계모 슬하에서 성장하는 일이란 흔했다. 아셴푸틀이 재투성이라고 불리고 잿더미 위에 앉아 있는 것은 돌아가신 친엄마를 애도하는 의미다. 재를 뒤집어쓰고 수수한 옷, 즉 상복을 입는 것은 애도를 의미하기 때문이다. 친엄마 무덤에 심고 눈물로 키운 나무와 새가 도와주는 것은 어린이가 성장하면서 어려움에 처할 경우, 어린 시절 엄마에게서 받았던 사랑 등 유년기의 좋았던 기억이 아이에게 큰 힘이 되어준다는 것을 의미한다. 이렇게 아셴푸틀은 자신 내면의 감정을 들여다보고 스스로 돌볼 줄 아는 강한 소녀다. 그러기에 화려한 드레스를 입은 자신의 겉모습만을 왕자가 사랑하는 것을 걱정하여 왕자에게서 세 번이나 도망친다. 왕자 스스로 찾아오게 만든 후, 아셴푸틀은 누더기 옷을 입고 왕자 앞에 당당하게 나선다. 화려하게 차려입고 조건에 맞추기 위해 발을 잘라낸 새언니들보다 자신의 본연의 모습에 충실한 아셴푸틀을 왕자가 신부로 선택하는 것은, 외적 조건보다 내면의 성숙이 더 중요함을 보여준다. 결혼을 통한 신분 상승이란 결말이 좀 맥 빠지기는 하다. 그러나 직업을 통한 신분 상승이 여성에게는 허락되지 않았던 시대 이야기 아닌가. 이런 식의 해피엔딩은 이야기를 듣는 옛날 소녀들에게 미래를 꿈꾸면서 힘든 현실을 이겨낼 수 있게 해주는 현실적 희망이 되어준다는 것을 고려해야 한다.

국민교육이 보급되는 근대 이전의 유럽 어린이들은 문자를 통한 교육을 받을 기회가 거의 없었다. 종교 교육 외에는 시설에서 전문 교사에게 교육을 받는 일도 없었다. 교육은 부모나 조부모 등 주위 어른들의 이야기를 통해 이루어졌다. 산업혁명 이전 부모의 일터는 가정과 같은 공간이거나 가정에 근접한 곳인 경우가 대부분이었고, 요즘과 달리 부모와 아이들은 하루 종일 같이 지내며 같이 일했기 때문이다. 이렇게 한 세대에서 다음 세대로 전승된 옛이야기는 성장기의 혼란스런 아이들에게 바람직한 삶의 방향을 제시하며 가치관을 정립해주는 교훈적 기능을 갖는다. 즉, 「아셴푸틀」 등 원래의 신데렐라 이야기들을 보면 친어머니 부재라는 힘든 상황과 부당한 대우에 처한 어린아이가 어떻게 현실을 이겨내고 성장할 것인가에 대한 답이 담겨 있다. 또 바람직한 성장을 이뤄냈을 경우에 받을 보상까지 제시되어 있다. 이러한 아셴푸틀의 성장담이 바로 우리가 마땅히 즐기고 누려야 할 신데렐라 이야기가 아닐까.

페로의 상드리용, 디즈니의 신데렐라

그런데 일반적으로 대중매체로 알려진 유명한 신데렐라 이야기는 이렇지 않다. 그래서 우리는 신데렐라 이야기가 소녀들에게 주는 부정적 효과를 걱정하곤 한다. 그 이유를 알아보려면 페로 판 신데렐라 이야기인 「상드리용」을 찾아보아야 한다.

1697년, 프랑스의 샤를 페로는 구전되던 옛이야기들을 모아 『교훈이 담긴 옛날이야기와 콩트』라는 책을 내었는데, 거기에 신데렐라 이야기가 「상드리용 혹은 작은 유리신」이라는 제목으로 실려 있었다. 페로가 정리한 신데렐라 이야기의 특징은 유리 구두가 등장한다는 점이다. 원래 민담 속에 등장하던 가죽신(vair)이 유리(verre) 구두로 바뀌었는데 여기에는 페로의 실수, 오해, 혹은 의도적인 변형이라는 여러 설이 있다. 여하튼 일반적인 가죽 구두보다 유리 구두가 되면서 동화적 환상을 더욱 키워준 것은 확실하다.

그런데 페로의 상드리용은 전 세계에 있는 수많은 신데렐라 이야기 속 주인공들 중 가장 의존적이고 연약한 소녀다. 요정 대모가 나타나 모든 것을 해결해주기 전까지 그저 울기만 하기 때문이다. 무도회장에서 왕자를 떠나 자정 이전에 집으로 돌아오는 것도 자신의 주체적 판단이 아니다. 상드리용은 누더기를 입은 자신의 본모습을 들킬까 두려워서 도망친다. 왕자가 찾아왔을 때도 원래 자신의 모습으로 나타나지 않는다. 요정이 상드리용을 드레스 입은 모습으로 변신시켜주니 그제야 왕자는 상드리용을 알아보고 청혼한다.

아, 이렇게 되면 신데렐라 이야기의 미덕이 모두 사라지지 않는가! 「아셴푸틀」에서 볼 수 있듯 원래 신데렐라 이야기의 매력은 오랫동안 외롭게 고생하던 아이가 스스로 역경을 헤쳐내고 자아 정체성을 확립하여 보상을 받는다는 데에 있다. 그런데 페로의 「상드리용」에는 다른 이야기들에는 없는 유리 구두라든가 요정 대모, 호박마차와 생쥐 시종 등의 환상적인 요소가 들어간 대신 정작 중요한 점은 빠져 있다.

유럽의 수많은 신데렐라 이야기들 중의 한 변형으로 프랑스에 남아 있어야 했을 페로의 「상드리용」은 그만 전 세계적으로 유명해지게 된다. 1950년, 디즈니가 페로 본을 바탕으로 장편 애니메이션 인 〈신데렐라〉를 만들면서부터이다. 이제 상드리용은 재투성이라 는 뜻의 영어 이름인 신데렐라로 불린다.

원래 신데렐라의 외모는 일 잘하는 수수한 농가 처녀에 가까웠 다. 그림 형제가 독일 민담을 수집하던 당시 지식인들의 통일 독일, 강한 독일을 향한 열망이 이야기에도 반영되었기 때문이다. 새로운 세대를 낳고 키워갈 미래의 어머니인 소녀들을 교육시키기 위해 당 시 독일의 동화들은 유약한 공주가 아니라 건강하고 집안일 잘하는 여성들을 찬미했다. 그러나 볼 붉고 팔 굵은, 건강미 넘치는 게르만 족 아가씨는 디즈니 애니메이션에 이르러 나약하고 호리호리한 금 발 공주로 등장한다. 그리고 이 이미지는 미국 주도의 세계화 과정 을 통해 전 세계를 대표하는 유일무이한 신데렐라가 되었다. 현실 속에서 자신이 맡은 일을 완수하며 긍정적 자아 정체성을 형성해나 가는 꿋꿋한 신데렐라는 사라졌다. 소녀들은 자신을 도와주고 구해 줄 타인의 손길만을 기다리게 강요받다 신데렐라 콤플렉스에 시달 리게 되었다.

다른 신데렐라를 만날 권리

남자들은 태어난 그날부터 자립하도록 교육받는다. 그러나 여자들 은 하나의 도망칠 길이 있다는 것을 체계적으로 배운다. ─ 어느 날엔가, 무슨 방법으로든 여자는 구원을 받는다고. 이런 옛날이야기와도 같은 것을 우리들은 마치 모유처럼 섭취해온 것 같다. 사실 여성들도 잠시 동안은 자기 자신이 결단을 내려 일을 할 수 있다. 학교에 가고, 직업을 갖고, 여행을 한다. 상당한 돈을 벌 수도 있다. 그러나 무슨 일을 하든 그 이면에는 여자의 자립 감정의 한계가 있다. 끝까지 남아 있는 것은 어린 시절에 귀가 따갑도록 들은 이야기뿐이다. 한동안 버티고 있기만 하면 된다, 어느 날 누군가 나타나서 참된 삶의 불안으로부터 당신을 구출해줄 테니까. (남자 아이들은 그들을 구할 사람은 그들 자신뿐이라고 배운다.)

— 콜레트 다울링, 『신데렐라 콤플렉스』

1981년, 미국의 콜레트 다울링은 동화 속의 신데렐라에 빗대어 여성의 지나친 의존성을 경계하는 『신데렐라 콤플렉스』라는 책을 썼다. 이제 신데렐라는 부정적 의미를 가지게 되어버렸다. 스스로 노력하지는 않고 자신의 삶을 변화시켜줄 백마 탄 왕자 같은 남자의 출현만을 기다리는 여자를 신데렐라로 부르기 시작했다. 이에는 부자 남성과의 연애 등으로 끊임없이 재생산되는 드라마나 영화의 영향이 컸다. 하지만 그 원류를 찾아 올라가면 만나게 되는 것은 아무래도 디즈니와 페로의 신데렐라이다.

「아셴푸틀」에서 알 수 있듯, 보편적인 신데렐라 이야기들에서 얻을 수 있는 공통된 교훈은 현실의 시련에도 불구하고 자신의 내면을 강하게 갈고 닦으면 어느 날 자신의 감춰져 있던 진정한 가치를 드러내어 인정받는 날이 꼭 오는 법이니 현실에 절망하지 말고 노력하라는 것이다. 그래서 원래 서구에서는 〈신데렐라 맨〉이란 책과 영화에서도 볼 수 있듯 오랫동안 인정받지 못했으나 꾸준히 노력한 사람이 드디어 기회를 얻어 자신의 실력을 인정받을 때 남녀 불문하고 신데렐라라고 부른다.

하나의 공통된 모티프를 가진 구전 설화는 시대와 지역의 차이를 두고 다양한 판본이 존재하는 것이 정상이다. 그러나 지금 전 세계의 어린 친구들이 만나는 신데렐라는 페로 본을 바탕으로 한 디즈니 만화 판본에 너무 치우쳐 있다. 이런 현상은 맥도날드가 전 세계를 지배하여 아이들의 입맛을 획일화시키고 비만을 유발하는 것만큼이나 위험하다고 생각한다. 아이들이 마땅히 누려야 할 옛이야기 해석과 성숙의 권리를 앗아갔기 때문이다.

세상은 이야기를 만든다. 시대와 사회 현실을 반영하여 형성된 이야기는 다시 그 이야기를 즐기는 사람들의 세계관과 가치관을 형성한다. 이렇게 이야기는 세상을 만든다. 과거 성차별적 사회문화가 디즈니의 공주 애니메이션에 반영되고, 1937년작 애니메이션 〈백설공주〉부터 80여 년 동안 디즈니에서 해석하여 만든 공주 이야기들이 여성의 성역할을 한정짓고 자존감을 왜곡해온 역사가 단적인 예다. 한편, 세상도 이야기에 영향을 줄 수 있다. 수동적이고 나약한 여성상을 재생산한다는 비판의 목소리가 높아지자 디즈니는 새로운 여성들을 등장시키기 시작한다. 포카혼타스, 뮬란, 모아나… 피부색이 다양한 여성들이 활약하기 시작했다. 드디어 2014

년, 애니메이션 〈겨울왕국〉은 자아를 찾아가며 왕자와의 사랑보다 자매애를 강조하는 공주들을 그렸다. 2019년 실사판 〈알라딘〉에는 술탄이 될 권리를 요구하며 침묵을 거부하는 공주가 등장했다. 이렇게 새로운 공주 이야기를 접하며 자란 아이들은 다르게 자랄 수 있을 것이다. 차별을 당연하게 생각하지도 않고, 스스로 한계를 정하지 않을 것이다. 아이가 어느 성별에 속하든 말이다.

그렇다. 세상이 이야기에 반영된다면, 이야기가 다시 세상에 영향을 준다면, 의식적으로 새로운 이야기를 만들고 즐김으로써 세상을 바꿀 수 있다. 역사를 더 빨리 바꿀 수 있다.

그러니 우리는 다른 신데렐라를 만날 권리, 새로운 이야기를 만들 권리, 다양한 이야기를 통해 스스로 세계를 해석하고 성숙할 권리를 요구해야 한다.

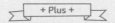

「콩쥐팥쥐」는 한국 전래동화가 아니다?

신데렐라 이야기는 1천여 편이나 있지만, 사하라 이남 아프리카와 오세아니아에는 없다고 한다. 비슷한 이야기들이 발견되기는 하나 그것은 제국주의 침략 시절 서구의 선교사들이 전해준 신데렐라 이야기가 번안되어 구전되다 토착 민담과 다시 결합된 이야기라고 한다.

우리나라에 전해지는 신데렐라 유형의 이야기로는 「콩쥐팥쥐」가 있다. 「콩쥐팥쥐」의 원전을 살펴보면 콩쥐가 계모의 구박을 받고 꽃신 덕에 결혼하게 되는 전반부는 유럽의 신데렐라 이야기와 거의 일치하지만, 후반부 내용은 아주 다르다. 콩쥐는 원님과 결혼하지만 팥쥐의 계략에 빠져 목숨을 잃는다. 하지만 다시 살아나 팥쥐와 계모에게 복수한다. 이 부분은 유럽의 신데렐라 이야기에는 없다. 그런데 복수를 위해 팥쥐의 시체로 젓갈을 담아 계모에게 보내는 후반부의 내용은 중국과 베트남, 일본 등 동아시아의 오래된 신데렐라 이야기와 매우 비슷하다.

이런 이유로, 우리의 「콩쥐팥쥐」 이야기도 동아시아적 공통 요소를 지니고 오랫동안 전래되던 「장화홍련전」 같은 계모담에다 개화기에 수입된 서구의 신데렐라 이야기가 결합된 것이라고 국문학계에서는 보고 있다. 즉, 「콩쥐팥쥐」는 순수한 한국 전래동화가 아닐 수도 있다.

출처를 밝히지 않은 인용문은 제가 어릴 적에 읽었던 계몽사 세계문학전집과, 제 조카들이 읽고 있는 기탄교육 전집에서 인용했습니다. 그 외의 경우에는 인용할 때 출처를 밝혔습니다.

C. V. 웨지우드, 남경태 옮김, 『30년전쟁』, 휴머니스트, 2011

거다 러너, 김인성 옮김, 『역사 속의 페미니스트』, 평민사, 2007

권홍우, 『부의 역사』, 인물과사상사, 2008

기쿠치 요시오, 이경덕 옮김, 『신성로마제국』, 다른세상, 2010

기쿠치 요시오, 김숙이 옮김, 『용병 2000년의 역사』, 사과나무, 2011

김복래, 『재미있는 파리 역사 산책』, 북폴리오, 2004

김상근, 『기독교의 역사』, 평단문화사, 2007

김상근, 『인물로 읽는 교회사』, 평단문화사, 2007

김철민, 『발칸유럽 사회와 문화』, 한국외국어대학교출판부, 2004

김호연, 『우생학, 유전자 정치의 역사』, 아침이슬, 2009

나종일 외, 『영국의 역사 상』, 한울아카데미, 2012

다니엘라 마이어 외, 『털』, 작가정신, 2004

다쓰미 다카유키 외, 『신대륙의 꿈과 미국 문학』, 웅진지식하우스, 2011

레이몬드 맥널리 외, 하연희 옮김, 『드라큘라 그의 이야기』, 루비박스, 2005

로베르 들로르, 김동섭 옮김, 『서양중세의 삶과 생활』, 새미, 1999

로저 프라이스, 김경근 외 옮김, 『혁명과 반동의 프랑스사』, 개마고원, 2001

리처드 솅크먼, 이종인 옮김, 『미국사의 전설, 거짓말, 날조된 신화들』, 미래M&B, 2003

린 헌트, 『프랑스 혁명의 가족 로망스』, 새물결, 1999

마르크 블로크, 『봉건사회 1, 2』, 한길사, 2001

마이클 P. 폴리, 이창훈 옮김, 『가톨릭 신자는 왜 금요일에 물고기를 먹는가』, 보누스, 2012

마크 마조워, 이순호 옮김, 『발칸의 역사』, 을유문화사, 2006

메리 풀브룩, 김학이 옮김, 『분열과 통일의 독일사』, 개마고원, 2000

미셸 파스투로, 강주헌 옮김, 『악마의 무늬 스트라이프』, 이마고, 2002

미셸 파스투로, 고봉만 옮김, 『파랑의 역사』, 민음사, 2017

미야자키 마사카쓰, 노은주 옮김, 『지도로 보는 세계사』, 이다미디어, 2005

박정오, 『신화의 나라 드라큘라의 나라』, 한국외국어대학교출판부, 2007

박지향, 『영국적인, 너무나 영국적인』, 기파랑, 2006

박지향 외, 『영웅 만들기』, 휴머니스트, 2005

박홍규, 『돈키호테처럼 미쳐?』, 돋을새김, 2007

박홍규, 『셰익스피어는 제국주의자다』, 청어람미디어, 2005

베른트 잉그마르 구트베를레트, 이지영 옮김, 『역사의 오류』, 열음사, 2008

볼프강 벤츠, 윤용선 옮김, 『유대인 이미지의 역사』, 푸른역사, 2005

볼프강 헤를레스 외, 배진아 옮김, 『책 vs 역사』, 추수밭, 2010

브라이언 P. 르박, 김동순 옮김, 『유럽의 마녀 사냥』, 소나무, 2003

브루노 베텔하임, 김옥순 외 옮김, 『옛이야기의 매력 1, 2』, 시공주니어, 1998

브루스 T. 모런, 최애리 옮김, 『지식의 증류』, 지호, 2006

브루스 커밍스, 박진빈 외 옮김, 『미국 패권의 역사』, 서해문집, 2011

비 윌슨, 김명남 옮김, 『포크를 생각하다』, 까치, 2013

사빈 멜쉬오르 보네, 윤진 옮김, 『거울의 역사』, 에코리브르, 2001

서양사학자 13인, 『서양문화사 깊이 읽기』, 푸른역사, 2008

세스 레러, 강경이 옮김, 『어린이 문학의 역사』, 이론과실천, 2011

슈테판 츠바이크, 안인희 옮김, 『다른 의견을 가질 권리』, 바오, 2009

슈테판 츠바이크, 박광자 외 옮김, 『마리 앙투아네트 베르사유의 장미』, 청미래, 2005

슈테판 츠바이크, 안인희 옮김, 『슈테판 츠바이크의 메리 스튜어트』, 이마고, 2008

시드니 후크, 민석홍 옮김, 『역사와 인간』, 을유문화사, 2000

시오노 나나미, 김석희 옮김, 『르네상스의 여인들』, 한길사, 2002

시오노 나나미, 정도영 옮김, 『바다의 도시 이야기 상, 하』, 한길사, 2002

아베 긴야, 오정환 옮김, 『중세를 여행하는 사람들』, 한길사, 2007

아베 긴야, 양억관 옮김, 『중세유럽산책』, 한길사, 2005

아베 긴야, 양억관 옮김, 『하멜른의 피리 부는 사나이』, 한길사, 2008

안드레아 아로마티코, 『연금술』, 시공사, 1998

안인희, 『게르만신화, 바그너, 히틀러』, 민음사, 2003

안인희, 『안인희의 북유럽 신화 1, 2, 3』, 웅진지식하우스, 2007

알렉시스 토크빌, 이용재 옮김, 『앙시앵 레짐과 프랑스 혁명』, 박영률출판사, 2006

앙리에트 아세오, 김주경 옮김, 『집시』, 시공사, 2003

앤 서미싯, 남경태 옮김, 『엘리자베스 1세』, 들녘, 2005

양태자, 『중세의 뒷골목 풍경』, 이랑, 2011

에두아르트 푹스, 이기웅 외 옮김, 『풍속의 역사 3』, 까치글방, 2001

에드워드 베르, 유경찬 옮김, 『차우셰스쿠』, 연암서가, 2010

에디트 엔넌, 안상준 옮김, 『도시로 본 중세 유럽』, 한울 아카데미, 1997

에릭 홉스봄, 강명세 옮김, 『1780년 이후의 민족과 민족주의』, 창작과비평사, 1998

에릭 홉스봄 외, 박지향 외 옮김, 『만들어진 전통』, 휴머니스트, 2004

에릭 홉스봄, 이수영 옮김, 『밴디트』, 민음사, 2004

엔리케 두셀, 박병규 옮김, 『1492년 타자의 은폐』, 그린비, 2011

올리비에 크리스텡, 채계병 옮김, 『종교개혁』, 시공사, 1998

요한 호이징가, 최홍숙 옮김, 『중세의 가을』, 문학과지성사, 1997

우에다 오사무, 위정훈 옮김, 『뿌리 깊은 인명 이야기』, 파피에, 2006

우에다 오사무, 위정훈 옮김, 『뿌리 깊은 지명 이야기』, 파피에, 2006

윌리엄 랭어 엮음, 박상익 옮김, 『호메로스에서 돈키호테까지』, 푸른역사, 2001

윤덕노, 『음식잡학사전』, 북로드, 2007

이경덕, 『신화로 보는 악과 악마』, 동연출판사, 1999

이경덕, 『우리 곁에서 만나는 동서양 신화』, 사계절, 2006

이상신, 『서양사학사』, 신서원, 2001

이성형, 『콜럼버스가 서쪽으로 간 까닭은?』, 까치, 2003

이종완 편저, 『합스부르크 왕가의 흥망과 성쇠』, 공주대학교출판부, 2012

자크 르 고프, 유희수 옮김, 『서양 중세 문명』, 문학과지성사, 2008

자크 르 고프 외, 최애리 옮김, 『중세에 살기』, 동문선, 2000

자크 르 고프, 안수연 옮김, 『중세와 화폐』, 에코리브르, 2011

장 마리니, 김희진 옮김, 『뱀파이어의 매혹』, 문학동네, 2012

장 마리니, 장동현 옮김, 『흡혈귀』, 시공사, 1999

장 베르동, 이병욱 옮김, 『중세의 밤』, 이학사, 1999

장 오리외, 이재형 옮김, 『카트린 드 메디치』, 들녘, 2005

전국역사교사모임, 『처음 읽는 미국사』, 휴머니스트, 2010

정미선, 『전쟁으로 읽는 세계사』, 은행나무, 2009

제프리 버튼 러셀, 김은주 옮김, 『마녀의 문화사』, 르네상스, 2004

조경원 외, 『서양교육의 이해』, 교육과학사, 2004

조동일, 『한국소설의 이론』, 지식산업사, 2004

조르주 뒤비, 정숙현 옮김, 『위대한 기사, 윌리엄 마셜』, 한길사, 2005

조르주 르 페브르, 민석홍 옮김, 『프랑스 혁명』, 을유문화사, 2000

조셉 폰타나, 김원중 옮김, 『거울에 비친 유럽』, 새물결, 2000

존 하비, 최성숙 옮김, 『블랙패션의 문화사』, 심산, 2008

주강현, 『적도의 침묵』, 김영사, 2008

주경철 외, 『근대 유럽의 형성 : 16-18세기』, 까치, 2011

주경철, 『네덜란드』, 산처럼, 2003

주경철, 『대항해 시대』, 서울대출판부, 2008

주경철, 『문명과 바다』, 산처럼, 2009

주경철, 『문화로 읽는 세계사』, 사계절, 2005

주경철, 『신데렐라 천 년의 여행』, 산처럼, 2005

주경철, 『히스토리아 노바』, 산처럼, 2013

차용구, 『중세유럽 여성의 발견』, 한길사, 2011

카렌 암스트롱, 이다희 옮김, 『신화의 역사』, 문학동네, 2005

캐럴 헬스토프스키, 김지선 옮김, 『피자의 지구사』, 휴머니스트, 2011

케네스 포메란츠 외, 박광식 옮김, 『설탕, 커피, 그리고 폭력』, 심산, 2003

콜렉트 다울링, 이호민 옮김, 『신데렐라 콤플렉스』, 나라원 2002

콜린 존스, 방문숙 외 옮김, 『케임브리지 프랑스사』, 시공사, 2001

크리스토퍼 듀건, 김정하 옮김, 『미완의 통일 이탈리아사』, 개마고원, 2001

크리스티안 엘뢰에르, 박상률 옮김, 『켈트족』, 시공사, 1998

크리스티앙 아말비, 성백용 옮김, 『영웅은 어떻게 만들어지는가』, 아카넷, 2004

클라이브 폰팅, 이진아 외 옮김, 『녹색 세계사』, 그물코, 2010

패트릭 기어리, 이종경 옮김, 『민족의 신화, 그 위험한 유산』, 지식의 풍경, 2004

패트릭 하워스, 김훈 옮김, 『훈족의 왕 아틸라』, 가람기획, 2002

페터 아렌스, 이재원 옮김, 『유럽의 폭풍』, 코기토, 2006

하마모토 다카시, 박재현 옮김, 『문장으로 보는 유럽사』, 달과소, 2004

하워드 진 외, 김영진 옮김, 『하워드 진 살아있는 미국 역사』, 추수밭, 2008

허인, 『이탈리아사』, 미래엔, 2005

헤르베르트 네테, 이은희 옮김, 『잔 다르크』, 한길사, 1998

헨리 지거리스트, 이희원 옮김, 『질병은 문명을 만든다』, 몸과마음, 2005